国家治理 的 逻辑

杨雪冬 · 著

THE

LOGIC

OF

STATE

GOVERNANCE

社会科学文献出版社
SOCIAL SCIENCES ACADEMIC PRESS (CHINA)

献给我的父亲母亲

序 言

　　每一个研究当代中国政治的中国学者都生活在当下，都深深地卷入当代中国的政治实践，以不同的角色，在不同的岗位和领域中亲身参与当代中国政治的运行、变动乃至变革。这也正是当代中国学者相较于国外中国问题研究者或者其他理论工作者具有的先天优势，当然这也可能是我们的天然劣势，因为苏东坡曾经说道："不识庐山真面目，只缘身在此山中。"有的时候，面对现实问题、体制的规训，我们也会进行严格的自我审查，将许多问题转化为应当，把复杂的原因简单地归结为国情民意。

　　我们都知道，当代中国研究已经成为国际社会的热点领域。担任过澳大利亚总理的"中国通"陆克文曾经专门撰文谈及西方汉学要转向中国研究，尤其是当代中国研究。据我所知，在过去二十几年中，欧美主要的汉学研究阵地都针对中国崛起带来的知识挑战，进行了组织重构和研究资源的重新配置。以哈佛大学为例，在过去十几年中，托尼·塞奇领导的中国研究中心虽然位于肯尼迪政府学院框架里，但由于密切关注和深入参与当代中国的发展，并建立了高级官员培养项目，无论是资金还是人员活动都在快速增长，其影响力在某种程度上正在超越大家熟知的费正清研究中心。之所以如此，除了因为中国快速发展带来的国际影响力的提升以及研究资金的大量投入外，更重要的是当代中国的发展带来的知识体系和理论框架的挑战。当代中国以及当代中国观照下的传统中国，都是值得探险的学术富矿。

　　当然，对于我们这一代研究者来说，当代中国政治研究除了有知识挑战的乐趣外，还有信仰的意义。我们生于斯长于斯，亲历着这个国家发生的深刻变化，享受着改革发展带来的巨大的物质成果，并且承受着与前辈人迥异的压力。前辈积累的经验无法回答我们内心的疑问。这个国家为什么会发展，发展的方向是什么，当下的状况如何，这些问题无时无刻不出现在我们的生活和研究中。尤其是当我们与国外学者交流的时候，他们用威权主义、集权主义、民主转型等带有明确价值指向的概念来描绘、分析我们生活的制度的时候，我总有一种特殊的感觉，一种被俯视的感觉。因此，我们对当代中国的研究，也是在回答我们内心的疑问，应对外部的质疑，寻找未来的方向。

对于中国学者来说，对当代中国政治的研究是通过田野调查、理论生产和实践参与三种基本方式实现的。我们通过这三种方式体验到政治运行中的生活逻辑、理论逻辑和实践逻辑，并从不同层次方向趋近中国这个复杂变化巨型的政治体，得出不同的图景。这些图景重叠交织在一起，使得研究的发现不断趋近现实，理论的命题更能揭示规律。

田野调查是一种获得常识，激发思维活力的过程。尽管它来自人类学、社会学，但已经被包括政治学在内的社会科学诸学科所认可并采用。社会学家郑也夫曾经说，汉语"田野"的概念精妙。"野"对峙于"文""文献"；"田"以其象形，道出边界性、局限性，拒绝泛滥无边、大而无当。但是政治学研究采取的田野调查受研究对象的层次性、规模差异以及体制性限制，所以作为研究方法主要被用于低层级的政治现象，比如村、乡镇、县，至于更高层级的政治，应用起来就有很大的困难。但是"田野精神"是非常重要的，那就是好奇、探险、想象力以及对研究对象的主体性尊重。

田野调查至少有三种功能。第一，通过田野调查我们能接触政治中鲜活的人。政治中的人不能简单地用"经济人"假设来框定，政治人的动机和激励因素更为复杂。在政治过程中，人的政治角色也是多样的，有决策者、政策执行者以及政策对象，而由于层级的变化，低层级的决策者也是政策执行者，高层级的政策执行者对于下级而言，也是决策者。这种多重角色的转化，往往会使本来清晰的行为逻辑更为复杂。在中国的制度背景下，还可以将政治行为者区分为改革者、保守者、"骑墙派"（"搭便车"

者）、极端者，党员领导干部、党员、政治积极分子、普通群众等。浙江人、福建人、上海人、东北人、四川人等这样的地域身份也会给政治行为打上鲜明的烙印。而对于田野调查者来说，如果听不懂带有地方口音的普通话，更难以进入调查对象的生活和话语语境之中。

第二，田野调查丰富了我们关于政治的常识。常识是我们生活的基本遵循，常识中蕴含人生智慧。尤其是对中国这样有着悠久政治传统，近代以来政治变动频繁的国家来说，政治常识不仅丰富，而且富有启发性。这些常识有不同的载体，有的是俗语顺口溜，有的是形象的比喻，还有的是酒桌上的段子。比如，"中央是恩人，省里是亲人，县里是好人，乡里是恶人，村里是仇人"讲的就是中国的政治信任差序格局；"党委说了算，政府算了说，人大说算了，政协算说了"揭示的是中国政治权力格局；"人多的会议不重要，重要的会议人不多；研究小事开大会，研究大事开小会；开会的人基本不干事，干事的人基本不开会"说的是我们决策方式的缺陷。还比如政策制定中的"翻烧饼"现象，政策执行中的"打排球"现象，信访中的"大闹大解决、小闹小解决、不闹不解决"、政策执行中的"一把手"现象（老大难、老大难、老大重视就不难）以及干部选拔中的"无知少女"和"白骨精"（无党派、知识分子、少数民族、女性、白领、骨干、精英）等。最近都在谈的中国概念、中国判断不是从学者头脑中生出来的，不是用文字拼造出来的，而是来自生活和实践。从某种意义上说，这些政治常识是生活提供给我们的半成品的概念，如果再做学术精加工，很有可能变成解读中国现象非常好的概念，并具有很强的解释力和描述力。

第三，田野调查能激发我们的问题意识。列宁曾说："理论是灰色的，而生活之树是常青的。"[1] 田野调查能让我们走出书斋和象牙塔，感受生动的生活，以现实的问题激发我们的思考。就我而言，曾经有连续 10 年的时间，每年都会有近两个月的田野调查。尽管出生在农村，成长在县城，但是对不同区域的调查，大大开阔了眼界，拓展了思维。比如"压力型体制"这个概念，就是 20 世纪 90 年代末期，我们在河南等地调研后形成的，现在

---

[1] 《列宁全集》第29卷，人民出版社，1985，第139页。

已经得到了国内同行的肯定。变化的中国充满问题，中国的大尺度，内部多样性，政治权力与社会力量、市场力量的互动关系，文本制度与实际制度运行的差异，后发现代化国家的赶超逻辑，执政党与国家的关系，政府层级关系，社会阶层关系，城市化的政治等，都是值得跟踪和研究、富有潜力的问题。

在我看来，研究当代中国政治有三种田野路径。第一种是家乡化研究，就是将自己的家乡作为研究对象。我自己的博士论文就是采取的这种方法。这种方法虽然进入门槛低，获得资料容易，但是也会因为卷入个人的情感而限制客观的判断。第二种是参与式观察，比如利用蹲点、挂职等方式深入某个地方，参与某个政策活动，既有"内部人"的参与便利，也能作为第三者去观察分析。但是参与式观察会遇到学术伦理问题。第三种是跟踪观察。可以选择一个或者几个地方采取定期回访的方式，进行长期跟踪观察。我曾经与德国学者就新农村建设政策的执行采取过这种方式。但这种方式所需时间和资金较多。这三种路径并不是相互排斥的，而是可以相互组合和补充使用的。田野调查也需要资料收集，地方志、组织史资料、地方党政公开的文件等都应该是我们收集分析的重要资料。在收集和使用过程中也要有保密意识。

接下来我想谈谈理论生产。研究是一个理论定位和理论对话的过程。尽管我们作为研究者也许在许多问题上的认识并不如普通人乃至干部那么深刻，但是我们能针对这些问题进行理性的思考分析，在面对与自身有利益和情感冲突的问题时保持思考的冷静，避免极端的行为，也能对这些问题的原因进行一般性归纳，乃至得出规律性发现。这是研究者的天职，也是我们赖以谋生的基础。尽管当代中国变化快速，许多发现都受时空限制，带有很强的暂时性，但这不能成为我们放弃理论思考的理由。

理论的重要性无须多言，理论资料可谓汗牛充栋。社会学家赖特·米尔斯曾经说过，"没有资料的理论是空洞的，没有理论的资料是盲目的"。这句话也道出了田野调查与理论研究之间的内在关系。我以为理论起码有三个重要的功能。

第一，理论提供了研究的起点。就社会科学各领域而言，都不是在一张白纸上开始的，哪怕是所谓的开创者、拓荒者都受到过某种理论的启发或刺激，任何一个研究者都应该清楚自己所依据的理论资源。我们的研究或者是对既有理论观点的进一步发展，或者是对其的质疑、否定乃至替代，或者是对其的补充和对话。对于刚刚开始研究工作的年轻人来说，一定要多读书，多涉猎，将理论建构的雄心建立在扎实的文献梳理上，不要一发现自己以前没有看到的现象就归纳出所谓的"模式"，也不要将理论创新等同于概念的"生造"。

第二，理论提供了研究的工具。这里的工具不是现在流行的量化、质化意义上的，而是强调理论是研究者认识和分析问题的基本依据。用亨廷顿很形象的比喻就是理论是我们旅行所需的"地图"。面对同样的问题，研究者之所以比普通人认识得更深刻些，就是因为使用了前人已经建立的，并且被实践印证的理论判断。不同的研究者面对同样的问题之所以有不同的解释和判断，也是因为使用的理论依据不同。当然，任何一种理论都有解释的边界，如果一味地强调其绝对性，那么必然导致研究过程中的"教条主义"，甚至"价值先行"或者"意识形态化"。

第三，理论提升了研究的层次。这样讲似乎有功利主义的色彩，但是哪个研究者不希望能提出新的理论发现，建构更有解释力的理论框架呢？彼得·伊文思（Peter Evans）曾经在《世界政治》杂志组织的一次关于比较政治研究的笔谈中提及，理论的价值在于帮助研究者确认所选择的问题是否具有研究的价值。因此，研究者应该关注理论热点、理论变化，并且应该积极地参与理论讨论、理论建构的过程。

必须承认，社会科学各学科的理论主要来自西方，即便是基于非西方社会发展的历史和经验产生的理论也主要是由西方学者提出来的。这是客观事实，并不可怕，可怕的是我们面对这些丰富多样、鱼龙混杂的理论时失去了判断力、辨析力和理论自觉性，只是它们的追随者、消费者和论证者。这些理论除了追求概括化、抽象化和普遍具有的"简单化"倾向外，还存在价值优越的"西方中心"、非此即彼的"二元论"色彩。将西方社会视为常态，把非西方社会视为非常态，进而认为后者的未来就是西方社会的现在。这样的假设或判断总是时隐时现，对于中国政治研究来说尤其如此。由此导致这些理论与非西方社会实践的脱节，并产生诸多的研究盲区。苏东国家的"突然"变革，中国没有马上"崩溃"，以及阿拉伯世界"茉莉花革命"的蔓延，都对现有的理论范式产生了深刻的冲击，显示出其傲慢、教条和脱离实际。近年来对于西方理论和制度多有反思的福山就曾经谈道，比较政治学还没有发展出一个完备的概念框架以对不同的威权政府进行分析，这与对民主政体的研究概念丰富形成了鲜明对比。黄宗智先生曾经总结自己的研究经历，认为在运用理论方面遇到过四个主要陷阱：不加批判的运用、意识形态的运用、西方中心主义和文化中心主义（包括中国中心主义）。

对于中国政治研究来说，认清西方理论存在的缺陷以及西方学者研究的局限性，并不意味着要创造出一套截然不同的理论体系和理论话语，在本土化研究中将中国独特的国情"绝对化"，毕竟理论的力量在于对话交流和说服，中国当代政治实践也是在开放的环境下，通过开放的方式进行的。正是在这个意义上，中国政治研究才具有理论创造乃至创新的价值。

我也注意到中国政治研究越来越重视历史，一些学者力图将历史制度主义的方法运用到研究中。孔德曾经说，"除非通过它的历史，否则任何概念都无法理解"。当代中国的许多政治现象都是历史产物，并且能在历史中找到类似。这也许是由于中国有着悠久的没有中断过的历史的原因吧。当代中国政治研究应该学习历史学的史料收集方法和运用方法，并且利用自己的理论优势，更深刻地挖掘史料背后的逻辑，进而弥补本学科重判断轻资料的不足。但是不能用理论去选择和裁剪史料，那样会进一步强化政治研究中的"意识形态化"或教条主义。福山在写作《政治秩序的起源》一书时提醒自己说，"将理论放在历史之后，我认为是正确的分析方法。应从事实推论出理论，而不是相反。当然，没有预先的理论构思，完全坦白面对事实，这也是没有的事。有人认为这样做是客观实证，那是在自欺欺人。社会科学往往从高雅理论出发，再搜寻可确认该理论的实例，我希望这不是我的态度"[1]。

---

[1] 〔美〕弗朗西斯·福山：《政治秩序的起源：从前人类时代到法国大革命》，毛俊杰译，广西人民出版社，2012，第 24 页。

最后，我想谈谈实践参与对于当代中国政治研究的意义。由于身处体制之中，我们比国外学者更能深刻地感受这个体制的优点长处、弊端不足，更能理解政治实际运行中那些"不言自明"的隐形逻辑。当然，更重要的是，我们许多人还通过多种方式参与这个制度的实际运作。在某种意义上，我们应该运用自己的智慧，尽可能地使这个制度运行得更平稳，更有绩效，更能为大多数人带来福祉。这是中国学者应有的责任。

社会角色决定了实践参与的形式。作为普通人，日常生活就是实践。我个人的感受是，自从有了孩子之后，我对于这个体制的认识更为深刻全面了。从孩子出生前办理的一系列证明，到选择医院，再到出生后的登记户口、培养教育，我真切地看到了与普通人生活密切相关的政治是怎样运行的。对于普通人来说，政治并不是动人的口号、高大的形象、崛起的国力，而是如何更轻松地生活，如何保留对未来生活的期望。结合自己的生活经验，我曾经在一篇评论中这样写道："对于普通人来说，最大的尊严来自制度的尊重，最可靠的幸福是有制度保障的幸福。如果不断完善的制度给每个普通人带来的是找不到北的'迷宫'，却把'便门'出口的钥匙给了个别人，这样的制度化建设注定是失败的。"

作为研究者，参与政策过程也是一种实践。可以利用自己的专业知识撰写研究报告，参与政策设计或评估，有的学者还会参与到政策文件起草这种富有中国特色的政治决策活动之中。这种实践的基础是研究者的专业性训练。这些年国家大力推动智库建设，为研究者参与政策过程提供了更多的机会和条件，但也出现了许多人担忧的"折子研究"，为获得更多批示猜测领导意图偏好，甚至不惜违背客观现实。专业化是研究者的基本素质要求，也是获得尊重的前提。更为重要的是，如果没有扎实的基础研究，对策研究就会成为"无源之水，无本之木"。

我们中的一些人，也会成为某个组织、某个部门的管理者，成为制度的运用者。这种实践是极有考验性的。我们经常听到这样的议论，搞民主研究的一点都不民主，搞自由研究的一点都不包容。可见真正实现"知行合一"是多么难。尽管如此，作为一个研究中国政治的学者，如果担负了某种管理责任，还是应该尽其所能地运用所学来改善这个体制的运行。如果研究中国政治的人还对现实政治采取犬儒主义态度，那么我们真的应该好好反思一下我们的研究动机了。

总之，当代中国政治研究是值得我们去投入和奉献的，田野、理论和实践对于我们认识这个复杂的现象都不可或缺，生活的逻辑、理论的逻辑和实践的逻辑虽然有所差异，甚至相互冲突，但根本指向应该是一致的，那就是政治是改善我们生活、提升我们精神道德的活动。这也许就是"人是政治动物"这个判断所蕴含的价值目标吧。当代中国人应该通过自己的努力，获得自己合意的政治生活、政治制度、政治实践。

过去30多年来国际社会科学理论方法的系统引入、国内学者长期的田野调查和丰富的案例积累、社会科学资助资金的大规模投入以及中国学者的理论自信心、自觉性的提升都为中国问题研究的深入提供了有利的条件。我们现在有条件和理由跳出社会科学的"西方中心"与"本土化"，理论概念的"普世性"与"中国特色"的二元思维，从中国的转型实践中总结概念、抽象出理论，然后对现有的理论模型、方法论工具进行验证反思，从而使中国的经验成为世界知识体系的重要组成部分，使根基于中国经验的理论总结得到世界知识体系的验证。

对于中国学者来说，要有清晰的中国问题意识，这首先意味着对中国社会发展前途的关怀。只有在这种关怀的引导下，才能把研究路径、方法和工具有效地统一起来，形成具有解释力的理论范式。而中国研究理论范式的构建，应该以三个目标为指引。首先，理论的总结必须能够准确地反映社会现实，起码要符合人们判断的"常识"。其次，理论的总结应该超越"常识"，能使人们了解到社会现象背后潜藏的关系、问题乃至规律。最后，理论的总结应该超越知识，能给人们提供改造现实可操作的路径与方法。所以，就中国现实社会政治问题研究来说，重新思考马克思关于哲学使命的判断依然富有深刻的意义。他说，"哲学家们只是用不同的方式解释世界，而问题在于改造世界"①。

---

① 《马克思恩格斯文集》第1卷，人民出版社，2009，第502页。

目录
CONTENTS

形势与回应

第一章

改革路径、风险状态与复合治理[*]

中国的改革是一个创造多元社会主体和复兴社会主体性的过程。在这个过程中，随着政治权力的退让和市场作为基础性制度的发展，从整体性社会中产生出各种类型的社会主体，它们不仅拥有以决策权为核心的自主性，而且在相对稳定的成长过程中也不断累积着自我资本。这为现代风险状态的出现提供了主体前提，即风险是社会主体在决策和行动中产生的，而且主体拥有的自我资本越多，对风险的成本—收益计算得越理性。然而，中国改革带来的社会变革并非线性的，而是具有强烈的时空重叠性，传统性、现代性和后现代性，本土性、全球性与混杂性等交织在一起，造成了风险类型的多样、风险主体的多元以及风险关系的复杂。传统的自然风险与现代的人为风险不仅并存，而且在可能的条件下相互强化，不仅带来了风险的普遍化，而且不断产生新的风险以及新的脆弱对象。因此，要应对这种复杂的风险状态，不仅需要辨别我们面临的风险，更要通过风险主体的主动自我变革，在尊重相互自主性的基础上形成共担风险的价值共识，构建相互负责的新型社会关系。

本章分为四个部分。第一部分通过对中国改革路径的分析，描绘现代风险在中国的衍生过程；第二部分重点分析中国目前面对的风险状态；第三部分针对风险状态的基本特点，提出治理风险的思路；第四部分是结论。

---

* 本章主要部分曾以"改革路径、风险状态与和谐社会治理"为题目，发表在《马克思主义与现实》2007 年第 1 期。

一 改革路径与风险衍生

贝克说，人类历史上各个时期的各种社会形态从一定意义上说都是一种风险社会，因为所有有主体意识的生命都能够意识到死亡的危险。① 的确，风险是与人类并存的，但只是在近代之后随着人类成为风险的主要生产者，风险的结构和特征才发生了根本性的变化，产生了现代意义的"风险"并出现了现代意义上的"风险社会"景观。在现代社会，风险从来源上分为两种，一种是自然风险，另一种是人为风险，但是由于自然的高度"人化"，实际上所有的风险都可以说是人为风险。随着人类活动范围的扩展和强度的增加，风险的种类也在不断增加，除了传统意义上的自然风险外，还出现了制度风险（包括市场风险）、技术风险、生态风险以及生活风险等多种类型。② 制度风险、技术风险、生态风险和生活风险四种形式成为现代风险景观的主要类型。制度风险是指最初目的是控制和利用风险的制度本身也会由于运行失效而强化现有风险或产生新的风险，具体代表是股票市场；技术风险是指技术的广泛利用虽然增强人类认识和消除某些类别风险的能力，但由于人类认知能力的有限性，无法了解其可能带来的潜在消极后果，具体代表是核能的利用；生态风险是指人类对生态环境的影响与改变所引发的风险，具体代表是温室效应的出现；生活风险是指个体生活方式的保持或变化所产生的风险，具体代表是发展中国家"富贵病"的出现。要强调的是，在这四种风险类型中，制度、生态环境以及生活个体

---

① 〔德〕贝克：《从工业社会到风险社会》（上篇），王武龙译，《马克思主义与现实》2003年第3期，第26页。

② 道格拉斯和威尔达沃斯基区分了三类风险：①社会政治风险，包括社会结构方面所酝酿成的风险，这种风险往往起源于社会内部的不正常、不安分、不遵守制度和规范的人物，还包括由于人类暴力和暴行所造成的风险，这种暴力和暴行起源于社会内部犯罪者的犯罪行为以及与社会外部的军事仇敌所进行的战争；②经济风险，包括对经济发展构成的威胁和由于经济运作失误所酿成的风险等；③自然风险，包括对自然和人类社会构成的生态威胁和科学技术迅猛发展带来的副作用和负面效应所酿成的风险等（Douglas, M. Wildvsky, A. B., *Risk and Culture: An essay in the Selection of Technological and Environmental Dangers*, Berkeley, CA: University of California Press）。

是风险源与风险对象的复合，既可以产生风险，也会受到风险的冲击或影响。而从风险的影响力来看，随着全球化进程的加快，许多风险具有了潜在的全球性影响，在条件允许的情况下会产生全球性威胁。而人类风险意识的增强与控制风险能力的提高，也使得许多风险成为虽然后果严重，但发生的可能性极小的风险。

从风险角度而言，1949 年后的中国并没有把自己彻底地暴露在现代风险面前，国家通过政治权力把自己与社会整合在一起，以国家决策和行动替代了社会，使社会下降为国家意志的完全执行者，从而切断了现代风险的主要源头，即多样化社会主体的决策和行动。这种状态一直持续到 1978 年改革开放。具体来说，导致这个历史时期现代风险状态残缺的原因有：①政治权力的高度集中和全面控制，使得国家垄断了社会经济各个领域的决策权，从而造成了风险根源向政治领域的集中；②计划经济体制以及较为频繁的以消除私有制、资本主义经济成分为目的的各类运动遏制了市场的发展，使其无法成为经济生活和资源配置的基本制度，从而也无法为以偏好风险为本质的经济活动提供动力；③以户口、单位、阶级成分等为基本要素形成的社会控制系统不仅把整个社会分割成所谓的"蜂窝型"社会，而且限制了社会成员的自由流动，从而也限制了风险的扩散；④在东西方两大阵营对抗的背景下，国家被迫采取的相对封闭政策无疑也妨碍了国家之间的密切联系，从而用边界这种现代制度严密地阻止了风险的跨国转移；⑤较为频繁的政治运动以及长达十年的"文化大革命"造成了中国经济持续增长的受挫，同时也延缓了经济增长带来的生态风险、技术风险等现代风险形式的大范围高强度的出现，使得以自然灾害为代表的传统风险依然是威胁着农业经济占主导的国民经济的主要风险形式。

上述几个因素的存在造成了 1978 年之前的中华人民共和国面临的风险状态呈现三个突出特征。①从来源上看，具有高度单一性。除了自然风险这种传统风险外，政治权力的运行及其对社会经济诸多领域的干预成为风险的唯一源泉。因此，这个时期的主要风险是一种政治风险，或者是一种制度风险。②从影响范围上看，具有高度整体性。国家通过政治权力把自己与社会紧密地结合在一起，消除了社会自身的保护机制，因此其决策和行为产生的风险必然会对整个社会产生全面冲击。③从风险的应对机制来看，具有强烈的动员色彩。一方面，国家利用其对资源的全面控制能力，可以动员全社会的资源集中解决某个局部发生的灾难性自然风险。这是集中体制的制度优势。另一方面，对于社会、政治等领域出现的制度性风险（比如腐败），国家又常常采取"运动"的形式来解决。

除了上述三个特征外，我们还必须注意到十年"文化大革命"对中国社会认识和应对风险产生的双重影响。一方面，"文化大革命"给中国人带来的最沉痛的教训就是制度扭曲带来的秩序丧失，这是最大的风险。不仅社会生产生活失去了基本的秩序，而且国家政治生活也陷于混乱。斗争的逻辑贯彻在各个领域，甚至家庭这个最小的社会单位，破坏了整个民族的基本价值。《中国共产党中央委员会关于建国以来党的若干历史问题的决议》指出，"实践证明，'文化大革命'不是也不可能是任何意义上的革命或社会进步。它根本不是'乱了敌人'而只能乱了自己，因而始终没有也不可能由'天下大乱'达到'天下大治'"。①另一方面，"文化大革命"中不断升级和无限扩大的政治斗争严重冲击了社会的价值体系，信任关系受到灾难性破坏，社会信任度下降，从而构成了风险应对过程中的潜在道德风险或价值风险，严重影响了风险责任的共担和相互负责。

改革开放是一个不断创造风险并积极应对风险的过程。国家运用制度创制的主导权，再次成为这个过程的主要角色。改革开放路径的起点是"放权让利"，过程则是国家逐渐把决策权和自主权归还给社会和市场，推动二者的发展，提高社会主体的多元化程度，增强社会行为者的主体性，从而也创造出多元化的风险来源和风险主体。

渐进的、增量的改革开放路径从四个层次上推动着现代风险的衍生以及风险治理机制的发展。首先，要创造市场，使这种偏好风险的制度成为经济生活运行的基础和资源配置的机制，推动经济主体的多元化，创造出市场风险。在农村实行家庭联产承包责任制，恢复了家庭的基本生产经营单位地位，并鼓励集体企业的建立和发展，从而在农村中创造出市场风险

---

① 《十一届三中全会以来重要文献选读》（上），人民出版社，1987，第137页。

主体；然后推行城市经济体制改革，把国有企业从计划体制中解放出来，推向市场，成为市场风险主体；改革价格体制，把商品流通和价格调整这个基本功能交给市场，使消费者也要面对市场的风险。其次，经济的高速增长不断强化着人类活动对自然生态环境的影响力度，衍生出各种类型的技术风险与生态风险。一方面，经济的高速发展是以自然资源的大量投入为代价的，因此造成了许多重要自然资源的短缺；另一方面，经济的高速发展也增加了污染物的生产和排放，从而破坏了生态环境。当经济增长成为各个地方政府的首要目标的时候，以管制不足为形式的制度风险就和已经产生的生态风险形成了恶性循环，进一步助推了后者的发展。再次，制度的改革与重建不断产生制度风险。一方面，随着国家权力的收缩，市场和公民这两个现代制度被创造出来，成为制度风险的新来源；另一方面，也是最重要的，国家管理和调控社会经济的各项制度由于受制于改革的不到位、重建的不彻底，难以应对各种新问题的出现，从而成为制度风险的主要来源。最后，开放的扩大和深化使中国彻底地加入全球化进程中，这不仅使风险有了国际来源，而且也使本国的风险能够扩散到国界之外，从而使风险具有了国际性和全球性。这无疑使风险来源更加复杂化，扩大了风险的影响范围。

从历史进程角度来看，我们可以大致把现代风险的衍生过程划分为三个阶段。第一阶段是从 1978 年改革开放开始到 1993 年《中共中央关于建设社会主义市场经济体制若干问题的决定》的颁布，主题是市场机制的创造和市场或经济风险的衍生。在这个阶段，农户、企业、个人逐渐成为经济活动的主体，也成为风险的主体。第二阶段是从 1994 年到 2002 年"建设社会主义政治文明"理论的提出，主题是制度改革的深化以及制度风险/社会风险的明显化。在这个阶段，社会政治领域改革滞后于经济领域改革的问题进一步暴露出来。面对包括社会收入差距拉大、脆弱群体增加等诸多新的社会问题或者说社会风险，自身改革的局限也使得制度本身成为风险的主要来源。在这个阶段，1997 年发生的"金融危机"被称为全球化进程中第一次危机，也使中国首次感受到了全球风险的冲击，这不仅增强了政府与公众对金融领域风险的关注度，也推动了该领域的改革。第三阶段是从

2003 年"非典"危机的出现开始,一直到目前。主题是经济增长衍生出的生态风险、技术风险和生活风险的明显化以及全球化进程推进所导致的全球性风险的突出。在"非典"危机的推动下,生态环境问题的严重性和风险的跨国传播得到了社会的普遍重视。而能源危机的出现也推动着对经济增长可持续性的深入思考。

为了进一步认识风险衍生的三个阶段,我们可以从主要风险来源、典型性风险来源、风险主体/对象、风险话语、主要的风险治理机制、风险的领域和边界六个方面,对这三个阶段进行比较。具体情况详见表 1-1。

表 1-1　风险衍生的三个阶段

时间	主要风险来源	典型性风险	风险主体/对象	风险话语	主要的风险治理机制	风险的领域与边界
第一阶段(1978~1993 年)	市场/经济	失业投资失败	农户、企业和个人	"先富论"	建立保险制度和社会保障制度	经济领域部分跨国界
第二阶段(1994~2002 年)	制度/社会	金融危机社会治安	社会脆弱群体、政权	"稳定压倒一切"	社会综合治理与惩治腐败	政治、社会领域国界内
第三阶段(2003 年至今)	生态环境/技术	生态恶化食品安全"富贵病"与"过劳死"	全体社会公众	"可持续发展""科学发展观"	环境保护与消费者权益保护	各个领域全球

必须说明的是,对风险衍生过程三个阶段的划分是相对的,因为这些风险并非按照先后顺序出现的,而是同时存在的,只不过是在不同的阶段由于客观条件的变化以及社会认知的改变而成为社会公众以及政府关注的焦点。在这个意义上,风险不仅是客观实在,也是社会认知(见表 1-2)。正如艾瓦尔德所说:"任何事情本身都不是风险,世界上也本无风险。但是在另一方面,任何事情都能成为风险,这端赖于人们如何分析危险,考虑事件。"①

----

① Ewald, F. "Insurance and Risk," in Burchell, G., Gordon, C. and Miller, P. (eds.), *The Foucault Effect: Studies in Governmentality*, Hemel Hemstead: Harvester Wheatsheaf, 1991.

表1-2 中国学术期刊网上关键词有"风险""社会风险"文章的增长情况

单位：篇

时期	关键词有"风险"一词的文章数量	关键词有"社会风险"一词的文章数量
1979~1992 年	2493	137
1993~1999 年	34904	2524
2000~2005 年	82275	3496

数据来源：根据学术期刊网整理。

二 社会全方位变革与中国当前的风险状态

（一）中国社会的全方位变革

虽然随着全球化进程的加快，中国已经被卷入了全球风险社会中，但是对于这个处于制度转轨、经济增长阶段的大国来说，其面临的风险状态也具有独特性，这集中体现在风险来源的复合性以及风险变化、风险间关系和风险影响等的复杂性上。要理解当前的风险状态，首先要认识中国社会全方位变革是如何产生出多元化的风险主体的。

改革开放以来，有三种主要力量推动了中国社会的全方位、深层次的变革。它们分别是：市场机制发育支撑的高速经济增长，渐进增量式的制度改革与制度转轨以及有控制的全球化。在这三种力量的共同作用下，中国社会在各个层面上都发生了深刻变革，为风险主体数量的增长以及主体风险意识的增强创造了条件。这具体体现在六个方面。

第一，从整体社会向多元社会转变。改革开放以前的社会是通过政治力量的全面渗透和控制而整合在一起的。政治力量的强制性和垄断性本质造成了社会结构的单一化和社会角色的模式化。政治力量一方面通过严密的单位体制规定了社会成员的分工，把它们统一在计划经济之中；另一方面通过严格的阶级标准对社会成员进行了区分，并以"人民""敌人"两分法把绝大部分人口统一在政权之中。这样，社会的每个成员都被政治力量规定了特定的功能，并且无法自我改变。改革开放以后，随着市场力量的发展以及政治力量的退让，社会多元化特征日益明显。这集中体现在两个方面。一方面是社会活动主体的大量增加。在经济领域体现为非国有法人以及在非国有经济单位中就业人口的迅速增加，在社会领域体现为各种新兴社会组织的出现。另一方面是社会活动主体的主体意识的增强。对自身权益的关注是主体意识增强的动力。主体意识的增强也推动着多元主体行为的自主性的提升。

第二，从控制型社会向决策型社会转变。在整体社会中，政治权力控制着一切，社会的各个部分不过是其命令的服从者和执行者而已。整个社会呈现为金字塔形，中央权力就是居于顶端的唯一决策者。在改革开放过程中，政治权力的收缩是沿着纵向下放和水平转移两个方向发生的。在纵向上，权力向地方和基层下放；在横向上，权力向经济和社会领域转移。权力的下放和转移实质上意味着控制的放松，社会活动主体自主决策权的加强。这样，金字塔形的控制式社会就逐渐向网络状的决策型社会转变。在决策型社会中，一方面社会自主决策能力提高了，另一方面整个社会服从统一决策的过程也更加复杂、成本更高，需要建立新的协调机制来整合多元化的决策主体。这无疑是对整个社会达成共识、提高集体行动能力的挑战。

第三，从分割的社会向流动的社会转变。改革开放前的整体社会也是内部分割严密、对外相对封闭的社会。内部的分割主要是通过户籍制度和阶级划分实现的，体现为城乡分割和身份固定化；对外封闭则是对当时国际格局的直接回应，中国对于西方世界基本上是封闭的，而对于东方阵营也强调独立自主。内部分割和对外封闭大大限制了整个社会的流动性，强化了制度的僵化。改革开放战略的实行是对内部分割、对外封闭的彻底否定，不仅在思想观念上消除了对流动与开放的恐惧感，而且通过各种制度创新和改革，不断消除着社会内外部流动与交流的障碍，使资源、人员、资本、信息等现代社会生产生活的基本要素都获得了流动的机会，不仅为经济发展提供了有力的支持，更重要的是增强了社会的活力，推动了社会结构的变革。在社会流动性和开放性增强的过程中，社会内部各种主体之间以及他们与外部社会各主体之间的联系也日益紧密，这使内部和外部主体无形中成为相互影响的利益相关者。某个主体的消极行为或者受到的消极影响都可能通过各种各样的联系蔓延到更多的主体身上，阶层、国界等制度性边界无法阻挡他们的流动与扩散。

第四，从生产的社会向消费的社会转变。以计划经济的方式优先发展重工业，赶超西方发达国家一直是改革开放以前中国经济发展的战略，因此产业分布、资源配置、积累方式以及消费方式等都是为集中发展生产、优先发展某些产业服务的。这不仅造成了整个经济结构的失衡，而且阻碍了生产发展对满足人民群众物质生活需要，提高生活水平的直接贡献。整个社会虽然生产增长，但消费匮乏。改革开放以后，满足人民群众物质生活需要成为经济发展的首要目标。一方面，人民群众的收入不断增长，消费能力不断增强，消费需要亦不断增长；另一方面，在市场机制的推动下，生产领域更加顺应社会不断变化的需求。人民消费而非国家赶超成为社会经济增长的首要推动力，生产的社会转变为消费的社会，并且消费导向逐渐压倒了生产取向。在这样的社会中，一方面，各种产品消费的大众化和普及化增强了对资源的索取和利用，有可能恶化人与自然的关系；另一方面，消费的个性化、精致化和流行化等变化也体现了消费者主体性的发展。他们不仅关注在日常消费中的自身利益，也通过消费建立自我的认同及其相互关系。

第五，从国家财富的社会向个人财富的社会的转变。国家、集体和个人一直被认为是社会的三大基本财富所有者。但是在社会经济体制下，由于高度强调公有制的纯粹性以及收入过度平均化，个人没有掌握一定数量的财产，因而在实质上也无法成为具有独立性的财富主体。整个社会的绝大部分财富是由国家所有的，而国家权力的无限性，又使得所有社会财富实际上都是由国家控制的，是可以被剥夺的。改革开放以后，整个社会的财富结构发生了巨大的变化，一方面，国家控制的财富比例不断下降，民营企业和个人逐渐成为社会财富的所有者；另一方面，个人财富得到了以所有权为核心的制度的保障，个人成为名副其实的财富拥有者。这些变化的发生不仅限制了国家权力调控、影响社会活动的范围、强度和方式，更重要的是为社会主体意识的强化提供了物质支撑，因为他们拥有更多的财富，也更关心危及自己利益的各种风险。同时这也对大范围社会集体行动的达成提出了新的挑战，即如何协调数量众多的、有着自我财富的社会主体之间的合作。

第六，从经济不断增长型社会向社会可持续发展型社会转变。与前五个转变不同，这种转变不是改革开放前后状态的变化，而是改革开放之后发展取向的变化。对于中国这个发展中大国来说，实现经济的持续增长一直是国家与社会共同的目标，因为只有经济的持续增长才能为解决各种紧迫问题提供物质保障，也才能使经济增长的收益扩散到更多社会公众身上。到目前为止，这依然是一个社会性共识。但是片面强调经济增长产生的各种后果也随着改革开放的深入日益明显。生态环境对经济发展的支撑能力以及社会对收入差距拉大的容忍能力直接挑战着现有的经济增长模式。发展经济的目标必须从单纯追求经济高速增长转变为实现社会可持续发展，即经济发展不仅要实现人与自然生态的和谐共存，更要推动社会内部以及人类代际的和谐共存。伴随着这种转变，生态风险与社会风险将得到越来越多人的重视。

（二）当前中国社会面临的主要风险

按照一个流行的说法，当人均 GDP 达到 1000~3000 美元时，各国社会都会进入不协调因素的活跃期和社会矛盾的多发期，进入社会结构深刻变动、社会矛盾最易激化的高风险期。中国也开始进入这样一个高风险时期。[①] 当然，这种说法中的风险更强调的是社会风险和制度风险。实际上，在这个时期，技术风险、生态风险等也同样处于高发和频发阶段，因为在短短20多年发生的高速现代化、市场化、城市化、全球化已经深刻地改变了中国的发展模式、消费模式、生活模式以及认知模式。人与自然的关系、人与人的关系、国家与社会的关系、国家间的关系等都面临着巨大的调整与改变；时间的浓缩扩张了存在的空间，各种关系交织在一起，打破了各

---

① 郑杭生：《"三失"制约中国社会矛盾高发期》，http://theory. people. com. cn/GB/49154/49156/4455132. html。

种边界，也创造着新的边界，形形色色的社会主体必须重新为自己定位，以获得自己的认同。在短时间发生的如此高强度的变化与调整必然产生更多、更新的风险与不确定性。正如德国社会学家卢曼所说的，我们生活在一个"除了冒险别无选择的社会"。① 风险已经成为我们生产生活的组成部分，无处不在，无时不在。风险不仅来自我们生活于其中的自然环境和制度环境，也来自我们作为集体或个人做出的每个决定，每种选择以及每次行动。

在诸多风险中，我们可以归纳出中国当前面临的几个突出的风险。

第一，制度转轨风险。在中国，制度转型产生的不安全问题非常突出。一方面，给社会个体和组织提供安全保障的制度，提供认知坐标的理念体系被人为取消或修改；另一方面，新的制度和理念又没有全面确立起来。即使建立起来，也无法在短时期内改变个体和组织的行为和思维惯性。沮丧、无助、渴望安全成为那些在制度转型中失去原有地位和利益的个体的普遍心态。

进入 20 世纪 90 年代以后，制度转型引发的一些问题日益明显化。在农村，随着农村"三乱"问题的严重化，农民收入增长处于停滞状态；在城市，随着国有企业效益的滑坡以及破产企业数量的增加，下岗人数也在增加，出现了新的贫困人口；在政府部门，由于制度漏洞的存在，腐败现象呈现出扩大化和严重化的趋势；犯罪种类不断增加，组织性和强度不断提高；等等。伴随这些制度性问题而来的是社会道德约束力的弱化和价值信仰体系的分化。对安全与秩序的期盼成为社会各个阶层的基本共识。

第二，以收入差距为核心的社会差距的扩大。在过去的 20 多年中，中国的经济增长一直保持着很高的经济增长率，推动了社会总财富的增加。与社会总财富增长相伴的是国民收入差距、城乡差距、地区差距等诸多差距的拉大，从而造成了社会各个部分发展的不均衡，相互之间矛盾的出现，甚至加深。在这些差距中，收入差距是核心。以争论很大的基尼系数为指标，根据世界银行估计，1982 年中国居民收入基尼系数（未经过城乡居民

---

① Luhmann, N., *Risk: A Sociological Theory*, Berlin: de Gruyter, 1993, p. 218.

生活费调整）为 0.28，1990 年上升到 0.35，2001 年为 0.45。[1] 而居民财产分配的不平等程度比收入分配的不平等程度更严重，全国居民财产分布的基尼系数从 1995 年的 0.40 上升到 2002 年的 0.55。[2] 就城乡居民收入差距而言，以 2000 年 100% 的标准测算，2001～2003 年中国城乡居民收入比分别为 96.51%、89.52% 和 83.81%，三年间达标率下降了约 16 个百分点。而在此后的 2004 年和 2005 年，城乡居民收入比并无明显下降。城乡居民收入比与目标值 $1 \leqslant x \leqslant 2.85$ 仍有较大距离。收入差距的拉大从根本上改变了 1949 年以后形成的社会结构，不仅瓦解了维持几十年的社会拉平状态，而且产生出众多新的社会阶层，使原来简单的阶级结构转变成多元化的阶层结构。必须看到，腐败因素在收入差距拉大过程中起到了重要作用，这自然激化了阶层多元化产生的矛盾。此外，地区发展不平衡有所加剧。在 20 世纪 90 年代，沿海地区的发展加快了，年均增长率为 13%，是增长最慢的西北地区年均增长率的 5 倍，造成国家收入的大部分集中在大都市和沿海地区。1999 年中国三个最富裕的直辖市——上海、北京和天津居于人类发展指数排行榜的前列。排在后面的全部是西部省份。而且，最穷的省份也最不平等。西藏的教育完成水平和预期寿命最低。[3]

在这种情况下，有三个问题特别值得注意。①如何调整国家与社会以及社会内部的关系？一方面，为了维持经济的持续增长，国家不能放弃"让一部分人先富起来"的基本原则；另一方面，"先富者"行为的非道德化倾向也容易在一个有着强烈平均主义传统的社会中诱发极端反应，从而增加和激化社会内部矛盾，这必然增加国家所承受的压力。②如何通过制度化建设，把新兴阶层吸纳到政治领域中，使之成为建设性力量；保护弱势阶层的利益，减少社会边缘化现象，增强体制的包容性？③如何防止新兴强势阶层对政治权力的渗透，甚至控制，保证官员的相对独立性？

---

[1] Martin Ravallion, Shaohua Chen, *China's (Uneven) Progress Against Poverty*, World Bank, June 6 (2004).

[2] 李实、魏众、丁赛：《中国居民财产分布不均等及其原因的经验分析》，《经济研究》2005 年第 6 期。

[3] 联合国开发计划署：《2003 年人类发展报告》，中国财政经济出版社，2003。

第三，代际断裂和人口结构失调。在过去 20 年中，代际更替对社会生活产生了两个直接影响：一是经历过"文化大革命"，但"高考"恢复后进入大学的人逐步在社会生活中成为中坚力量；二是 20 世纪 70 年代出生的一代人在经济领域中逐渐占据了重要地位。这两代人相互间虽然存在代沟，但是受 20 世纪 80 年代社会化环境的影响，在社会政治认知上并没有太大的分歧，保证了社会政治行为的较高连续性。此后在代际更替上将会遇到社会记忆如何传递、社会价值系统和行为如何协调等问题。由于社会生活的巨大变化，中国极有可能成为世界上代际差距最大的国家之一，而且有三个因素决定着这种代际差距的扩大：①对独生子女的教育模式；②以电视、网络为主要手段的信息传递方式和相应的人际交往模式的改变；③制度改革和变动的剧烈程度和彻底程度。应该看到，20 世纪 80 年代以后出生的一代已经在思维和行为上与前几代有了很大差别，那以后出生的人究竟有什么变化更需要研究，因为代际关系是维系社会信任的重要纽带。

此外，在人口中男女比例的失调也有可能产生新的风险。根据中国统计局的调查，5 岁以下儿童性别比指数特别值得关注。观察 2000～2003 年该指标的达标率，不难发现只有 2001 年略有起色，达到 13.90%，其余年份均为 0，也就是说均为不容许值（$x < 94$ 或 $x > 120$）。性别均衡是社会安定的基本前提，男女比例失衡势必带来许多社会问题。目前，这个反映社会成员性别和谐、有序状况的指标是畸形的，表明我国幼儿性别比例严重失调，将给未来社会的和谐发展埋下隐患。[①]

第四，暴力的滥用和分散化。国家既是暴力工具的合法垄断者，也是暴力使用规则的制定者。国家不允许其他组织与它分享暴力，也不允许代表国家的个人滥用暴力。近年来，由于制度运行中潜在的问题以及管理的不力，出现了两种滥用暴力的倾向：①代表国家的个人滥用暴力；②暴力机器被某些职能部门用来完成工作或任务，多表现为通常说的"暴力行政"。暴力的滥用造成直接威胁公民个人的生命权、损害合法暴力的神圣性

---

① 国家统计局课题组新近完成的"和谐社会统计监测指标体系研究"报告，http://zgxxb.com.cn/news.asp? id=1621。

的后果，并造成社会与国家的紧张关系。

此外，黑社会的发展也在通过有组织的犯罪分散着国家对暴力的垄断。据估计，中国目前黑社会成员至少有 100 万人。黑社会猖獗的主要原因，在客观上是农村盲流人口涌入城市，个别人迫于生活加入黑帮；在主观上是党政官员腐败，造成扫黑障碍。黑社会除了有一套对抗国家的机制外，还通过各种手段向政治权力渗透，甚至进行跨国活动，并有可能与国际恐怖主义力量勾结。这是黑社会最大的危害所在，甚至影响政权的稳定。

根据中国统计局的调查，2000～2003 年，社会安全指数达标率逐年下降。以 2000 年 100% 的标准测算，2001～2003 年社会安全指数分别为 94.87%、93.39% 和 92.07%，三年间下降了近 8 个百分点，平均每年下降约 2 个百分点。这与专业调查机构对中国城乡居民进行的社会治安安全感调查结果十分相似。零点公司的调查显示，2005 年居民社会治安安全感得分为 3.53 分，低于 2004 年的 3.62 分，更低于 2003 年的 3.66 分。社会安全指数逐年走低，使老百姓的安全感每况愈下，当是各级政府构建和谐社会中急需解决的主要社会问题之一。①

第五，信息的流动与控制。无疑，信息和知识的流动在全球化进程中扮演着越来越重要的角色。它们的跨国界流动不仅扩大了知识和技术的使用范围，有助于一些具体问题的解决，而且也推动着在全球范围内共识的达成，有助于跨越国界组织集体行动，从而使"全球村"更趋向于全球共同体。版权贸易、广播电视的覆盖范围、互联网的发展水平都是衡量知识和信息流动的重要指标。根据国家版权局的统计，1995～1998 年，中国年引进版权数量以平均 50% 的速度增长。1999 年，全国图书、期刊、报纸的进口额为 2073.43 万美元，357511 种；2000 年为 2263.28 万美元，445563 种；2001 年为 2430.39 万美元，453722 种。其中，哲学社会科学出版物的进口在 1999 年为 189.75 万美元，13340 种；2000 年为 178.17 万美元，27760 种；2001 年为 283.75 万美元，29198 种。而音像、电子出版物的进

---

① 国家统计局课题组新近完成的"和谐社会统计监测指标体系研究"报告，http://zgxxb.com.cn/news.asp? id = 1621。

口额在 1998 年为 35.79 万美元，1762 种；1999 年为 75.39 万美元，3753 种；2000 年为 117.81 万美元，11546 种。中国的互联网发展迅速。据中国互联网络信息中心调查，从 1994 年接入互联网以来，到 2003 年 6 月 30 日，中国的上网计算机总数已达 2572 万台，和 2002 年同期相比增长 59.5 个百分点，是 1997 年 10 月第一次调查结果 29.9 万台的 86 倍。截至 2003 年 6 月 30 日，中国的上网用户总人数为 6800 万，和 2002 年同期相比增长 48.5 个百分点，同 1997 年 10 月第一次调查结果 62 万上网用户人数相比，上网用户人数已是当初的 109.7 倍。[①]

　　集中体制对于信息的控制是非常严格的，保障了社会公众的认知和判断能处在国家中心的治理结构所承受的范围之内。但是任何一种控制都无法从根本上阻碍信息的流动，因为流动是信息的本质。小道消息的盛行是集中体制下信息自发流动的特有形式。然而，随着以互联网为代表的信息技术的广泛使用，尤其是被个人所掌握，信息实现了即时性的流动和跨国界的流动，对信息的集中控制无法有效实现。

　　信息流动的加快带来了两个突出问题。一是大量信息出现产生的"信息爆炸"效应使得习惯于控制信息和引导信息流动的国家难以应对。国家中心的治理结构淹没在信息的海洋之中。国家已经建立的信息选择和传播机制无法有效地对各种信息进行分类，并主导信息的传播。二是对于广大公众来说，信息的突然增加也使他们难以分辨信息的真伪，产生盲从心理和行动。在 2003 年的"非典"事件中，一些城市出现的"抢购"风潮就说明了信息流量增加与人们分辨能力有限的矛盾。

　　第六，生态风险。生态环境的恶化已经引起了整个社会的高度重视。生态环境的恶化不再是某个局部地区或者某个社会群体自己的事情，而是关乎整个社会的可持续发展，影响到每个社会个体和组织的切身利益。

　　目前，在生态风险中有两类风险最为突出，第一类风险是经济增长方式导致的生态环境的污染与恶化。根据国家环保总局《2005 年全国环境统计公报》，2005 年，全国废水排放总量 524.5 亿吨，比 2004 年增加 8.7%。

---

　　① 详细情况请访问 www.ccnic.net.cn。

其中工业废水排放量为 243.1 亿吨，比 2004 年增加 10.0%。城镇生活污水排放量为 281.4 亿吨，比 2004 年增加 7.7%。废水中化学需氧量排放量为 1414.2 万吨，比 2004 年增加 5.6%。废水中氨氮排放量为 149.8 万吨，比 2004 年增加 12.6%。工业废水排放达标率和工业用水重复利用率分别为 91.2% 和 75.1%，比 2004 年分别提高 0.5 个百分点和 0.9 个百分点。全国废气中二氧化硫排放量为 2549.3 万吨，比 2004 年增加 13.1%。烟尘排放量为 1182.5 万吨，比 2004 年增加 8.0%。工业粉尘排放量为 911.2 万吨，比 2004 年增加 0.7%。2005 年，全国工业固体废物产生量为 13.4 亿吨，比 2004 年增加 12.0%。生态环境的污染严重化也可以通过环保行政处罚案件的增加得到说明（见表 1-3）。

表 1-3 全国环境治理有关数据

单位：起

年度	行政处罚案件	行政诉讼结案案件	行政赔偿案件
1995	1966	3854.7	4056
1997	29523	90	44
1999	53101	427	71
2001	71089	696	48
2003	92818	579	18
2005	93265	399	10

数据来源：根据国家环保总局（1998 年前为国家环境保护局）历年统计整理。

第二类风险是人员和物质流动带来的有危害性的外来物种的侵入。据报道，在世界上 100 种具危险性的外来入侵物种中有一半已侵入中国。全国所有省区市都发现了入侵物种，尤其是低海拔地区和热带岛屿最为严重。外来物种的侵入造成了四个方面的威胁。①造成生态破坏和生物污染。外来生物成功入侵后，大量繁殖，迅速生长，难以控制，造成生态环境破坏，形成生物污染。大米草最为典型。②生物多样性消失。外来物种如果生存和繁殖能力强，则会压制和排挤本地物种，形成优势种群，导致生物多样性消失。③造成农林业损失。许多外来生物造成农作物和牲畜死亡，对农林业生产造成巨大威胁。这些外来生物的入侵仅对农林业造成直接经济损失每年达 574 亿元。④威胁人类健康。比如豚草、三裂叶豚花粉是引起人体过敏性症状——枯草热的主要病源。美国每年豚草病患者 1460 万人，加拿大有 80 万人。江西医学院第一附属医院，每年收诊 2000 多名花粉过敏者，其中近半数是豚草花粉引起的。①

第七，金融危机。金融业作为现代社会中最重要的中介制度之一，不仅承担着经济生活中的信用生产和保障的功能，还威胁着一个社会的稳定。对于中国来说，金融业的作用更为关键，因为它集中体现了国家信用对货币信用的支持。

中国成功地躲过了 1997 年的亚洲金融危机，大大增加了国际社会对中国政府解决金融问题的信心以及本国政府的自信心。但是面对资本的快速流动，如何有效地应对潜在的金融危机对中国来说依然是一个严峻挑战。中国金融秩序的稳定主要得益于中国经济的持续增长以及广大公众对政府解决问题能力的信心。一旦经济增长无法持续，公众对政府的信心大幅度减弱，整个金融系统就面临着瘫痪的危险。目前，三个因素值得特别重视。一是银行系统的呆坏账问题。在加入世界贸易组织后要提高银行业的竞争力，就必须解决庞大的呆坏账，提高资产的质量。二是银行系统的改革问题。目前主要银行正在大幅度精简在各地的网点，减少人员。从长期看这肯定有利于提高银行的效率，但是目前由于步伐过快，在一些地方已经出现了网点正常工作停顿现象，当地居民受到银行挤兑，造成了当地金融秩序的混乱。三是金融监管机制的建设问题。中央政府加强监管机制的努力存在陷入"一统就死，一放就乱"的恶性循环的危险。金融秩序的整顿如果不断侵害广大普通投资者的利益，就可能把金融问题社会化，动摇公众对金融市场以及整个改革的信心。

第八，生活风险。随着物质生活水平的提高，人们更加关注生活的质量和生活的安全问题，生活风险自然就突出出来。目前，有四大类生活风险特别值得关注。

①日常事故。由于个人财产增加以及活动范围的扩大，个人安全、交

---

① 《加强物种引进的监管，防止外来生物入侵》，www.china.com.cn。

通、火灾等各类日常事故的发生有增加的趋势，并且产生的后果更加严重。根据国家统计局历年的统计，1993～2004年，"治安案件立案率"增长了80.3个百分点，年均增长率为5.5%；"交通事故发生率"增长了96个百分点，年均增长率为6.3%；"火灾事故发生率"增长了5.03倍，年均增长率为17.7%；"法定报告传染病发生率"增长了24个百分点，年均增长率为2.0%。②食品安全。现在的食品安全已经不是传统意义上的食品提供不足或者食品变质过期等问题，而是食品生产技术、生产过程以及辅助手段导致的问题。由于食品种类的增长和消费数量的提高，食品安全已经影响到每个人从胚胎到生命终结整个过程。近年来出现的"假奶粉事件""苏丹红事件""转基因食品事件""毒奶瓶事件"等不过是食品安全中的典型案例。而在每年的"3·15消费者权益"保护活动中，食品安全的投诉一直排在各种消费投诉的前列。值得注意的是，虽然农村的食品生产有相当一部分是自己生产的，但是食品安全问题也日益突出，因为随着城市食品安全管制的不断加强，一些伪劣产品开始流入农村市场。安徽发生的"假奶粉事件"就是这方面的代表。③医药安全。医疗体制和药品生产管理体制的改革在为人们提供更多的求医问药的机会的同时，也带来了新的风险。这一方面体现为医患关系的恶化，另一方面体现为药品安全问题的出现。造成这种现象的原因是多重的，但根本上有两个，一个是国家对医药行业监管的力度不够，另一个是医院、药品生产企业的过度市场化倾向，追求利润压倒了社会服务。值得注意的是，医药安全问题不仅出现在设备技术水平低的小医院、小诊所以及小医药企业中，还出现在大医院、大的医药企业中。"博士伦事件""齐二药事件"就是这方面的典型。④心理健康。快速的社会变迁必然产生各种心理健康问题。农村自杀率的增长以及城市中心理诊所的增加就说明了这点。个体的心理健康是整个社会心理健康的基础。如果对个体心理问题或疾病不能给予足够重视，就可能诱发出更多的越轨行为和反社会行动，影响到家庭稳定、组织协调，以及整个社会的和谐。

（三）中国当前风险状态的基本特征

在全球化和社会经济转轨同步进行的背景下，中国当前面临的风险是多样而混杂的。从这些风险产生的过程以及在整个风险结构中的位置来看，我们可以归纳出中国当前风险状态的基本特点。

第一，风险的来源日益多样化，风险的种类不断增加。虽然自然风险与人为风险是中国面临的两大基本风险，但是随着社会行动影响范围的扩展和影响强度的增强，在整个风险结构中，人为风险在数量和潜在影响后果上压倒了自然风险。同时，自然风险也由于人为干扰因素的增强而带有了强烈的人为色彩，这尤其体现在自然风险影响强度的增强和范围的扩大上。人为风险不断产生各种新风险。以风险影响对象为标准，可以划分出个体风险、组织风险、社会风险、体制风险、生态风险以及国际社会风险。按照这些风险的基本来源，可以划分为市场风险、制度风险、技术风险、生活风险、环境风险等。在现实生活中，这些风险是交织在一起的，并且在很多情况下，是同时出现的，相互增强，因此导致风险后果的严重化、风险应对的复杂化。

第二，社会的快速变迁导致了风险诱发因素的大量增加。这些诱发因素虽然不是风险源，但是是风险发生的"加速器"和"扩散器"。在其推动下，一方面风险发生的概率大大提高，另一方面风险潜在后果的严重性也大大增加。这些诱发因素可以粗略地划分为五大类。①流动。人员、物质、资本、信息等物质和非物质因素在国内地区以及国际上的大量、快速流动为风险的转移和扩散提供了载体，使风险可以摆脱起源地扩展到更广的地域和人群之中，并且在扩散和转移的过程中可能转化为新的风险。②制度转轨。作为控制风险的制度本身就是风险源，而在制度转轨过程中，诱发风险的可能性更大。中国的制度转轨是一个融取消旧制度、借鉴国外制度以及建立适应本国国情新制度于一体的三重进程。在这个进程中，制度缺位（在需要制度的地方没有必要的制度）、制度错位（新建立的制度偏离了领域）以及制度虚位（新建立的制度不能运转）以及制度之间不配套等现象经常发生，这不仅增加了制度风险，更严重的是，制度本身的公信力也受到了质疑，引发了社会成员的道德风险。社会成员认为不服从制度才可能获得收益，因此对新建立的制度更加不信任。这样就容易导致制度风险与道德风险相互促进的恶性循环。③规模。风险影响对象的规模直接决定了风险后果的严重程度。对象的规模越大，风险后果的破坏性就可能越强。在中国，庞大的人口和地理规模已经决定了风险后果的巨大影响。而随着经济的发展，经济规模的扩大则为风险影响的扩大提供了新的条件，因为经济规模越大，风险发生造成的损失也越大。这方面最典型的案例就是近年来自然灾害造成的损失的增加以及金融风险发生的潜在威胁。④增长。经济增长是政府和社会所渴求的，对于中国这个发展中大国来说，这种情感更加强烈。但是经济增长在增强人们抵御风险的能力的同时，也诱发了新的风险。比如环境污染问题日益严重、增长所需资源的短缺（典型的是能源问题）、技术滥用造成的各种危害、增长的不均衡产生的各种社会风险和制度风险等。当然，必须明确的是，经济增长只是这些风险的诱发因素或"催化剂"；风险的解决必须依靠经济的增长，但要调整的是经济增长的方式。⑤观念。观念的改变会带来对风险认识程度的加深和敏感度的增强。这一方面体现为人们风险意识增强了，在应对风险上更加主动，并且更加关注与自身生活、发展有关的各种风险。典型的案例就是人们消费权益意识的增强和对食品、健康风险的关心。另一方面则表现为人们对于风险的发生更加敏感，这虽然有利于增强自我保护意识，但常常也会诱发过度反应，比如听信和传播谣言等，不仅会夸大风险，而且会引发集体的非理性行动，如恐慌等。

第三，风险影响的普遍性和不平等并存。在贝克看来，风险是最为"民主的"，因为其影响是普遍的，超越了国家、阶级、财富等界限，在风险面前，财富和权力都失去了力量，每个主体都是平等的。① 当然，就风险的本质以及风险的发展趋势来说，这种判断是正确的。但是对于具体的社会主体来说，这种只强调风险的普遍性、平等性的观点就非常偏颇，实际上是有意忽视了风险社会中不平等现象的存在。这种不平等现象集中体现在两个方面。一是自身条件和拥有资源的差别，造成了不同风险对象在一定时期内应对风险和抵御风险能力的差别。有的社会个体或群体必然成为

① Ulrich Beck, *The Reinvention of Politics: Rethinking Modernity in the Global Social Order*, Translated by Mark Ritter, Cambridge, UK: Polity Press.

风险面前的最脆弱者。二是不同的社会个体或群体也由于自己在整个社会结构、地理上的位置，将遇到不同类型的特殊风险。比如失业群体面临的风险就与有稳定收入的"白领"阶层不同。在中国，风险影响的普遍性和不平等并存。就前者而言，生态环境恶化、能源短缺、社会不稳定等风险已经影响到所有社会成员和社会组织，有的甚至扩散到国际范围，有可能演化成全球风险；就后者而言，整个社会发展的不平衡也在加剧风险影响的不平等。除了传统的地区差距、城乡差距外，同一个地区、城市、乡村内部也在出现巨大的差别。这些差距一方面把分化出来的社会群体置于不同的风险面前，另一方面也造成了他们在风险认知和判断上的分歧，阻碍了风险应对中集体行动的有效达成。

三　风险社会、公共责任与复合治理

根据上述分析，我们可以说风险社会已经在中国出现。当然，这里说的"风险社会"并非历史分期的，也并非对个别社会特征的归纳，而是指现代化和全球化进程深入发展带来的风险多元化及反思状态。在这种状态下，一方面，风险的来源大大增加，风险的影响范围逐步扩大，并形成了全球风险。任何个体、组织的决策和行动都可能给自身以及社会带来风险，而这些风险也由于交往关系的全球化有可能演变成全球风险，涉及社会全体成员、全球每个角落。另一方面，个体与组织对自身利益和存在质量的关注，也推动了风险意识的增强和风险文化的形成。它们对风险的产生更加敏感，对风险的应对更加主动。更重要的是，它们对风险所持的价值尺度、形成的判断和认知会影响到整个社会解决风险、分担责任的效果。因此，"风险社会"不仅是一个风险增多、影响扩散的社会，更是一个重新确定和分配风险应对过程中的各自责任，保证所有社会成员共同生存和发展的社会。

在数量、强度、频度不断增加的风险面前，非常有必要反思一下现代科层制占主导地位的风险治理机制。科层制不仅是各国政府的基本组织形式，也是各种国际组织以及企业的基本组织形式。就单个组织来说，科层制强调的部门责任、对上级的服从责任有利于提高整个组织的效率和行动力。但是在风险社会中，科层制的弱点就充分暴露出来，因为它所面对的风险在来源上是多样的，在影响上是扩散性的。如果单个组织及其成员只对本组织或部门负责，抱着"铁路警察各管一段"的态度，那么就可能造成风险的扩大，出现所谓的"有组织的不负责任"或"组织性无政府"状态。因此，科层制的单向或纵向责任机制必须被多层次、多维度的复合公共责任所替代。

所谓的复合公共责任，包括两重含义。一是每个社会主体都要对自己负责；二是为了自己的生存与发展，也要对其他所有的利益相关者负责。这些利益相关者既包括自己的家庭成员、组织成员、社区伙伴、同胞，也包括其他国家的公民，是全球性的利益相关者。对于每一个社会主体来说，只有承担起对其他利益相关者的责任才能从根本上实现对自己负责，因为后者的支持是真正的自我保护。在这种复合公共责任中，我们不仅要继续强化组织内部的垂直责任，还要发展社会成员之间的水平责任、国家之间的国际责任、每一代人的代际责任以及人对自然的生态责任。只有把所有这些责任结合在一起，综合引导和规范社会成员的形成，形成新的复合公共责任意识，才有可能减少或避免各种短期行为、局部行为的出现。

然而，即使在风险社会中，复合公共责任的实现也同样面临着个体理性行为的困境，即个体的理性与集体的非理性。一方面，个体能清晰地识别风险，判断风险对自身利益的影响以及如何保全自己的利益；另一方面，为了自身利益的最大化采取各种手段逃避风险，推卸责任，从而无法达成有效的集体行动。因为在风险转变成灾难的时候，求生的渴望会压倒所有的合作取向。我们在许多灾难的初期都可以看到个体理性行为导致的集体混乱，甚至相互伤害的现象。同时，在应对风险的时候，也同样存在"搭便车"现象，把减少和抵御风险的责任推卸掉。因此，在风险社会中，我们依然需要寻找有效的手段来解决理性的困境。

随着社会联系日益紧密、交往愈加便利，相互依存度不断加深，各类行为者对风险的认知能力也提高了。一方面，他们作为行为个体掌握了更多判断、分析和规避风险的手段与方法，拥有了更多的风险知识；另一方面，他们作为共同体中的成员，借助交往手段，克服时间与空间的限制，清楚地认识到在更大范围内的共同体中其他成员的存在，以及共同体的团结与个体安全的关系。这两个方面的认识为不同行为体在更大范围、更多领域中达成最低共识提供了基础。在风险面前，最低共识就是：共同的安全与存在。把"共存"作为最低共识，理由有三。一是现代风险是普遍性的，任何人和共同体都无法避免。即便暂时避开了，也会由于措施的不力而遭受风险扩大之害。二是只有共存才能保存人类内部的多样性。对于一个物种来说，单一性是灭绝的前兆。某个团体或共同体如果为了自身的暂时安全而牺牲了整个人类的存在，那么它也无法长久地存在下去。三是在这个物质不断充裕但发展极端不平衡的时代，"共存"既是可能的，也是必要的。物质财富的增加为实现共存提供了物质基础，发展的不平衡和各种差距的拉大又呼唤着"共存"的实现，以共存来消弭差距带来的对立乃至敌视。

要实现共存，行为者必须克服现有的各种局限，尤其是突破既有的利益障碍，寻求多方面、多层次的合作。因为只有合作，才能保全每个人的利益，才能走出理性的困境。这里所说的合作是在风险社会中，为了寻求共存，各个行为者自愿达成的。按照罗尔斯的看法，一种理想的可持续合作应该是在自由平等的公民之间达成的，他们一生中都是社会合作的成员，并且代代相传。[①] 而在风险社会中，合作是在平等的人类成员间达成的。他们可以结合成不同的共同体，组织成不同的形式，借助不同的制度，但是他们首先是作为人类成员而存在的。人类共同存在既是他们合作的最低原则，也是超越其他所有利益的最高利益。

要落实复合公共责任，单纯依靠现有的任何单个治理机制是无法完成的，因此需要建立起新的治理机制，实现风险共担和共存的秩序。这就是复合治理提出的根据。复合治理贯彻了治理的基本精神，即谋求各个治理主体之间的合作互补关系，但又与目前流行的区域治理、全球治理理念不同，后两者依然是地域意义上的，没有摆脱民族国家的阴影，只不过是把

---

① John Rawls, *Political Liberalism*, New York: Columbia University Press, 1993.

地域范围扩大了而已。

复合治理有五个基本特征。第一，复合治理由多个治理主体组成。包括国家组织、非政府组织、企业、家庭、个人等在内的所有社会组织和行为者都是治理的参与者，不能被排斥在治理过程之外，更不能被剥夺享受治理结果的权利。第二，复合治理是多维度的。这既体现为地理意义上的纵向多层次，从村庄、部落到国家、区域乃至全球范围，也表现为治理领域横向的多样性，人类活动的任何领域都需要治理。第三，复合治理也是一种合作互补关系。只有合作，国家、市场以及市民社会这三大现代治理机制才能有效地发挥作用，并弥补相互的缺陷。而且，这种合作不仅是民族国家内部的，还是国际性和全球性的。第四，个人是复合治理最基本的单位。尽管复合治理需要制度安排，并且是通过它来规范行为者的，但是要使治理可持续地运转，必须提高个人的自觉性和能动性。只有他们具有了风险意识，把制度安排贯彻到行动中，才能最大限度地避免和消除风险。第五，复合治理的目标是就地及时解决问题。风险的空间扩张性和时间延展性，使得风险的应对必须从时时处处入手，避免风险的扩散，由可能性风险转化成后果严重的风险。

就中国而言，长期以来形成的以国家为中心的风险治理机制面临着两大冲击。①原有秩序中的风险共担机制被削弱了。在集中的计划经济体制以及强调平等的意识形态下，社会各个部门以及各个行为者都被赋予了固定的角色和职能，它们遵从总体秩序的安排，相互间具有稳定的认同感和信任度，结成了相对稳定的"大家庭"，在资源短缺的情况下，通过协作以及资源的集中使用解决了推卸责任、共担风险的问题。随着社会内部差距的扩大，这种"大家庭"式的信任关系以及行为者之间的团结被严重削弱了，但新的信任体系以及团结方式并没有建立起来。这不可避免会产生社会内部的冲突，或者是社会中的强势团体把解决风险的责任完全推卸给弱势群体，或者是弱势群体不满于现有的风险解决机制，抵制甚至起来反抗。而一个存在分裂危险的社会必然无法建立起稳定而持续的秩序。②秩序的核心——国家的权威和信任度有所降低。尽管中国有着悠久的国家中心传统，社会服从国家权威，但是相对于大量产生的风险，国家无论在反应速度还是在解决能力上都存在明显不足。更重要的是，在一些典型风险上表现出的弱点使社会公众和团体对国家权威的公正性与合理性也产生了怀疑，国家的合法性出现了危机。对国家的不信任必然导致对各种制度的不服从，这无疑破坏了整个社会构建信任关系的环境，并使社会行为者无法有序地安排自己的行为预期。大量的短期行为和投机行为因此产生。这既破坏了社会内部的和谐与团结，反过来也对国家提供秩序这种特殊公共品的能力和地位提出了更严峻的挑战。

四 结论：通过复合治理走向和谐社会

与许多国家相比，中国面对的风险环境带有明显的复合特征。这体现在两个方面：一是尽管随着现代化的快速推进，现代意义的风险大量出现，但是由于农业生产方式在许多地方依然占主导地位，所以传统风险依然存在；二是尽管技术风险、制度风险成为风险结构的主要类型，但是由于中国在进行现代化的同时，也进行制度改革和制度转轨，所以在制度风险中既有过程风险也有结构性风险。除了多种风险共存并大量涌现外，更需要注意的是，中国本身的社会结构、所处的历史阶段以及所从事的现代化和融入世界的事业为这些风险的放大提供了条件。

在全球化和社会经济转轨同步进行的背景下，中国面临的风险是多样而混杂的，有两个突出特点。一是流动性强或交往多的领域存在容易诱发社会风险的因素。对于长期习惯于集中管理和垂直管理的治理结构来说，难以适应社会流动性的增强和交往的增加；二是社会经济的转轨产生了一些制度"真空"地带，产生了制度性风险。在这些领域内，传统的治理结构或者没有涉足，或者难以适应，或者新实行的治理方式无法有效地运行起来。从根本上说，中国面临的最大风险是制度风险（缺乏制度的风险以及制度能力不足的风险）。

在这种风险环境下，中国的复合治理应该把重点放在加快现代治理机制的构建上，通过制度调整协调社会内部的各种关系，提高国家与社会的双重能力，发挥各个社会行为者的能力，共同有效地应对全球性风险和制度转轨风险。具体来说，首先，要提高国家的民主治理能力，以维护社会与国家的信任关系，从而为整个秩序的存在提供基础性支持。在转轨过程中，如果国家的治理能力被削弱，必然造成整个转轨的失序，成为所有社会风险爆发的导火线。但是要强调的是，提高国家治理能力并不是单纯强调国家加强凭借其暴力垄断地位所拥有的控制能力，而是要通过改革国家内部的治理结构，提高国家对市场和公民社会的监管能力，并且通过放权和分权等方式来调整国家与市场、社会的关系，使它们形成合作互补关系。其次，要积极培育、完善和壮大市场与社会，提高它们的自组织能力和自我规范能力，充分发挥它们的治理功能，既要对国家权力的过度扩张进行有效的约束，也要对市场过度扩张进行有力制约。更重要的是，要建立一个积极的市民社会，维护个人的权利，增强相互的宽容。再次，要提高个人、组织的公共责任感、风险意识以及风险识别能力，使它们在行为广度和强度提高的同时，也能提高行为和决策的理性程度。最后，在保护传统共同体精神的同时，扩大社会信任的范围，增强对"陌生人"和"他者"的认同感，培养共同体意识，为整个社会的整合提供价值基础。同时，也要避免民族主义的过激化，提高对国际问题的关注度和包容度，在全球化的进程中建立起正常的心态，以推动风险治理中的地区、国际以及全球合作。

第二章

21 世纪以来全球化的特点及中国的应对策略

一 21 世纪以来全球化进程的特点

21 世纪以来，全球化进程进入了一个新阶段，有人将其称为"第三波全球化"，以与 1870 年开始的"第一波"、二战之后开始的"第二波"区别开来。[①] 全球化既是一个历史进程，也是推动社会生活诸领域发生变革的历史力量，因此其体现的形式和产生的影响是不断发展的。与前几个阶段的全球化相比，21 世纪以来的全球化（或者更准确地说 20 世纪 90 年代中期以来的全球化）更为充分生动地说明了这点。具体而言，21 世纪以来的全球化进程主要有以下特点。

第一，全球化与市场化、城市化、工业化、信息化紧密地交织在一起，形成了相互影响、相互推进的复合进程。毫无疑问，这些都不是什么新变化，但是能够在全球范围内发生，并且形成复杂多样的互动关系则是一个新现象。全球化首先是经济全球化，是以资源配置的主要机制——世界市场的发展为基础的。自 20 世纪 80 年代以来，世界各国都在进行市场化改革，世界贸易组织成员已经达到了 150 多个，21 世纪以来加入的国家有近

---

① Will Straw, Alex Glennie, "The Third Wave of Globalisation," *Institute for Public Policy Research Report*, January 2012.

20 个，其中包括中国、俄罗斯等大国。世界贸易谈判不断深入，各国关税在种类和幅度上不断降低，市场经济体制不断完善，为资本、商品、信息、人力资源等生产要素在全球范围流动，国际劳动分工的扩大和深化提供了制度性条件。

城市化的发展将更多的人口集中在特定的区域，并且推动了人口的流动。发展中国家的快速城市化以及全球性城市的出现成了 21 世纪以来城市化进程的两个突出特点。从 20 世纪后半叶开始世界范围的城市化进程进入了发展中国家主导的时代；如果说 20 世纪是发达国家完成城市化的世纪，那么 21 世纪将是发展中国家实现城市化的世纪。"世界正处于高速的'最大城市化'中，欧洲和北美、南美洲已经基本完成城市化。因此今后大部分人口增长都将被发展中国家的城市吸收，到 2030 年新增人口将增加一倍。"① 在数量不断增多的城市中，一些超大规模的"全球城市"② 的作用日益突出，成为世界范围交往的中枢，在政治、经济、文化等方面具有强大的影响力和控制力。尽管发展中国家拥有的超大城市不断增多，但是全球城市依然主要分布在发达国家，因此城市化进程在某种程度上加深了全球化的不均衡性。

工业化的深入发展既体现了各国对比较优势的有意识的利用，也为国际劳动分工的深化提供了更大的空间。中国、巴西、墨西哥、印度、南非等作为新兴市场国家，不仅吸引了大量的对外投资，而且成为世界市场上许多产品的提供者和消费市场。工业化的加速提高了这些国家的经济实力，也更有效地发挥其国内市场潜力，使其更全面深入地参与到全球化进程之中，为国际力量对比的改变提供了经济条件。例如，金砖五国的 GDP 在 2010 年占到世界 GDP 的 18%，贸易额占世界总贸易额的 15%。根据对世界银行、世贸组织和国际货币基金组织 2000 年至 2009 年的多份研究报告的参考比对，下列数据可以说明世界经济格局所呈现的大变革：153 个发展中国家在全球 GDP 中的比重由 2000 年的 22% 升至 2008 年的 47%，在全球贸易

① 联合国人居署编《贫民窟的挑战——全球人类住区报告 2003》，于静等译，中国建筑工业出版社，2006，第 3 页。

② Saskia Sassen, *Cities in a World Economy*, Pine Forge: Thousand Oaks, 1994.

中的比重由 2000 年的 36% 升至 2008 年的 45%。全球三十大经济体中有 12
个是发展中大国，其中前十大经济体中，新兴力量占了 3 个。中国在 2005
年超过英国成为世界第四大经济体，2010 年超越日本成为第二大经济体。
巴西在 2011 年超过西班牙、加拿大、意大利和英国位列第六，印度则成为
第十一大经济体。更为重要的是，与发展中国家快速工业化形成对比的是，
发达国家正在经历着"去工业化"过程，第二产业在国民经济中的比重持
续下降，这直接影响到国内就业率的稳定。而工业化与"去工业化"之间
的重要因果链条则是资本的跨国流动产生的新的国际分工。

交往工具的改进一直是全球化发展的重要物质基础和技术支撑。以计
算机、互联网技术为代表的信息化使"地球村"成为现实，地球上每个角
落的每个人都亲身体会到全球化的存在。据统计，截至 2011 年 3 月 31 日，
世界互联网用户总规模突破 20 亿，从 2000 年 12 月 31 日到 2011 年 3 月 31
日，互联网用户的增长率达到 480.4%，亚非拉地区的增长率超过 500%。
信息化不仅加速了资本、物质等流动，也为知识价值的传播，思想观念的
交流、交融、交锋提供了新的平台和空间，加深了人们对于自身、他人、
共同体以及整个人类的认识，带来了认识和观念的变革。在很大意义上说，
信息化的发展是目前的全球化区别于以往全球化的最重要的特征。

21 世纪以来，市场化、城市化、工业化、信息化的发展为全球化的扩
展和深化创造了前所未有的有利条件，并且放大了全球化的正面和负面影
响，这既可以加速发展，也会导致更多的全球性风险，从而使个人、各类
社会组织以及每个国家的命运紧密联系在一起。

第二，随着全球化向多层次、多领域的扩展，全球化进程也在改变着
"西方中心"的局面，向多种力量共同参与和推动转变。全球化是一个多层
次、多维度的历史进程，但是长期由西方主导，因此全球化也被一些人称
为"西方化""美国化"，甚至"麦当劳化"，以强调西方国家、社会乃至
企业拥有的决定性地位。但是，随着越来越多的社会主体尤其是非西方社
会主体被卷入全球化进程，并且不断强大起来，"西方中心"的局面正在发
生深刻的改变，全球化呈现出更强的多元性。

首先，非西方国家的快速崛起，推动了世界多极化，改变着国际力量

的对比格局。据统计，从 2001 年到 2010 年，"增长八国"（中国、印度、巴西、俄罗斯、韩国、墨西哥、印度尼西亚、土耳其）对世界 GDP 的贡献率与"七国集团"持平。① 而在 2009 年，全球金融危机发生后的第一年中，中国经济增长对世界经济的贡献率为 18%，美国则为 14%。2000 年以来，在新成立的 25 个主权财富基金中，大部分由发展中国家主导。目前来自亚洲的主权财富基金占有世界主权财富基金的 40%，中东国家的占有 35%。② 非西方国家的影响力在国际事务中不断提升，1999 年成立的"G20"中，发展中国家有 11 个，2008 年全球金融危机后，G20 取代 G8 成为全球经济合作的主要论坛。德国《明镜》杂志总结 21 世纪第一个 10 年的时候说，这是西方"失落的 10 年"，因为西方制度并没有给人们带来期望中的财富、和平以及民主，反而是包括中国在内的非西方国家的快速发展，使西方人对自己的制度产生了更大的怀疑。③

其次，在全球化进程中，不同国家、社会、民族、社会群体以及个人的主体意识不断增强，更为主动地利用全球化带来的新机遇来发展壮大自己。全球化是交往扩大和深化的过程。各类社会组织的发展，电视、互联网的普及以及信息和人口的流动，有力地支持了多元主体意识的增强。因此，有学者提出了"全球本土化"的概念来描绘全球化激发出来的地方、群体、自我的意识。不同社会主体在交往的过程中，通过与他者的互动、交流、比较，不仅更清晰地认识到自身，也找到了更有效的强化和维护自我认同的方式。这些多元主体一方面在努力追求和维护自我的权利与利益，从而使全球化进程呈现为各种利益的激烈博弈；另一方面也在积极阐发自己的价值理念，以赢得更多的追求者，从而使得全球化进程也体现为各种价值的激烈竞争。

最后，在多元主体参与的过程中，对于"西方中心主义"的反思也进

---

① O'Neill, J., "Challenges as the World Economy Adjusts," *Goldman Sachs Asset Management*, 2011.

② http://www.swfinstitute.org/fund-rankings.

③ Dirk Kurbjuweit, "Gabor Steingart and Merlind Theile," *The Lost Decade What the World Can Learn from 10 Years of Excesses*, http://www.spiegel.de/international/zeitgeist/the-lost-decade-what-the-world-can-learn-from-10-years-of-excesses-a-668729.html, 12/28/2009 28.12.2009.

一步深入。非西方国家的快速发展增强了摆脱"西方中心主义"的思维定式，寻找西方之外的发展道路的信心。国际社会对"华盛顿共识"的批判，对"北京共识"的讨论充分说明了这点，2008年全球金融危机的爆发进一步深化了这种认识。澳大利亚前总理陆克文在一篇文章中说，此次全球金融危机已向人们表明：这是一场涉及体制、理论和意识形态领域的危机。它让人们开始质疑过去30年以来盛行的新自由经济理论。① 在金融危机爆发后，西方社会也开始反思自身。有学者说，10年前亚洲金融危机的时候，华盛顿和许多国际金融机构把美国树立为亚洲国家学习的楷模，而今天，亚洲国家，特别是中国有资格给美国人上一课。② 另一位美国评论家扎卡维亚在其新作《后美国世界》中颇为深刻地指出，美国在完成了把世界"全球化"的历史重任后，忘记了把自己的视角和心态也"全球化"。

　　第三，随着各国全球化程度的加深，国内与国际两个层面的互动更为紧密频繁，导致了国内问题的"国际化"以及国际问题的"国内化"。在全球化进程中，没有一个国家是可以独善其身的。《外交政策》杂志与科尔尼（At Kearney）编制的全球化指数显示，虽然各国的排名每年有所变动，但是全球化水平都在稳定提升，涵盖了经济、社会和政治三个领域。③ 因此，各国都不再把全球化视为外在的力量或发展的背景，而是作为思考和推动本国发展的出发点以及发展的组成部分，并积极形成本国的全球化战略。

　　国内与国际的互动主要是在三个领域展开的。其一是经济领域。一方面，国内市场与国际市场的边界更加模糊，生产要素的配置在全球范围展开，各国经济的对外依存度在不同方面都有所提高，而国际市场的变动对国内经济发展的影响程度也在加深。另一方面，主要国家的经济联系更为紧密。"中美共同体""中印共同体"概念的提出，形象地描绘了这些大国之间的经济互补性。更为重要的是，发展中国家之间经济联系的重要性正

---

① 〔澳〕陆克文：《新自由主义败因，社会民主主义处方》，http://wen. org. cn/modules/article/view. article. php/844。

② Harold James, "The Making of a Mess Who Broke Global Finance, and Who Should Pay for It?," *Foreign Affairs*, January/February (2009).

③ 更多详细信息可以浏览其官方网站：http://globalization. kof. ethz. ch/。

在超越它们与发达国家的经济联系。根据拉丁美洲和加勒比经济委员会统计，中国成为多个拉美国家的重要出口市场，其中，智利占 13%，秘鲁占 11%，阿根廷占 9%，哥斯达黎加占 7%，巴西占 7%。在进口方面，巴拉圭占 27%，智利和阿根廷占 11%，巴西、墨西哥和哥伦比亚占 10%。① 2005 年以来，中国的银行对拉美地区贷款总额达 750 亿美元。2010 年，中国银行对拉美贷款总额超过世界银行、美国进出口银行和美洲开发银行对美贷款总额的总和。②

其二是社会领域。人员、信息的流动推动了各国公民社会的成长，也为全球公民社会的发展提供了有力支持。社会组织和个人的国际化，也在潜移默化地改变着国家与社会的关系。21 世纪初，国际公民社会组织就达到了 4.4 万个。③ 一方面，国内公众因为了解到国际社会的发展，对于本国政府有了更高的期待和要求；另一方面，他们也会通过国际化的组织方式来提升自己的影响力。在很大程度上，正是国内社会的国际化才导致了或者加重了众多国内问题的"国际化"。近年来发生的"阿拉伯之春""占领华尔街运动"是这些变化的典型案例。

其三是政治领域。各国政府更加重视双边或多边合作关系，并且主动寻找战略合作伙伴。这种趋势是从 20 世纪 90 年代开始的，进入 21 世纪之后，各国全球战略意识的增强进一步推动其发展，主要大国之间建立了不同内容和形式的战略伙伴关系。比如，2003 年 5 月，中国与俄罗斯进一步充实了战略协作伙伴关系，提出了"互信、互利、平等、协作"的新安全观。中国与美国在 2003 年就建立建设性合作关系取得重要共识。中印签署了《中印关系原则和全面合作宣言》等。此外，各国也更加重视发挥国际组织的作用，国家政治与国际组织作用之间的关系更为密切。

---

① 参见载于 2012 年 5 月 2 日《参考资料》的文章《中国对拉美越来越重要　其增长放缓将影响拉美》。

② 参见载于 2012 年 5 月 2 日《参考资料》的文章《中国进出口需求增长带动拉美与亚洲贸易不断扩大》。

③ 〔加〕安德鲁·库珀：《重新建构全球治理：八项革新》，载戴维·赫尔德、安东尼·麦克格鲁主编《全球化理论：研究路径与理论论争》，王生才译，社会科学文献出版社，2009，第 269 页。

　　然而，对于每个国家来说，越来越多的国内问题是能够找到国际因素的，而众多国际问题的解决也有赖于各国之间的合作。这就给国家带来了新的挑战：一方面，要防止国际因素影响国内问题的解决，就需要更强烈地主张主权的独立和完整；另一方面，为了加快某些国内问题的解决，又必须求助于国际社会，甚至接受后者提出的苛刻要求。罗德里克形象地说，现在出现了民族国家、民众政治以及全球化的"三难选择"，只有两个能共存。①

　　第四，全球化的发展也产生了越来越多的全球性问题和全球风险，全球治理的重要性日益凸显。21世纪以来，连续发生了一系列的全球问题和全球风险，其中包括"9·11"事件、全球金融危机、日本地震引发的海啸和核泄漏以及全球气候变暖等。因此有学者提出我们进入了"全球风险社会"。② 全球问题和全球风险是全球化的必然结果。一方面，全球化大大增加了风险的来源。全球化的核心内容是人员、物质、资本、信息等跨国界和大陆流动的加速以及各个国家、社会、人群相互联系和依赖的增强。这必然导致原来限于一个国家或一个地区的风险扩散到更多的国家和地区。这些风险在扩散的过程中，彼此间还可能产生互动关系，产生新的风险源，加重风险导致的后果。另一方面，全球化放大了风险的影响和潜在后果。风险影响的放大主要是通过两种渠道实现的。一是相互依存的加深增加了风险后果承担者的数量；二是发达的现代通信技术使更多的人意识到风险的潜在后果，也容易因为信息的不完整导致过度恐慌。

　　全球问题和全球风险构成了非传统安全问题的主要内容。非传统安全威胁包括金融动荡、粮食短缺、能源紧张、环境污染、气候变化、非法移民、跨境犯罪、恐怖活动、传染疾病、产品安全问题等。非传统安全具有跨国性、不确定性、转化性、动态性等特点，日益成为国际社会关注的重要议题。它们带来的挑战往往超越国界的限制以及单一主权国家的能力，并且在一些方面与国家权力形成了不对称，其解决和应对需要依靠国家间

---

① Dani Rodrik, *One Economics*, *Many Recipes*, Princeton University Press, 2007.
② 〔德〕贝克：《"9·11"事件后的全球风险社会》，王武龙编译，《马克思主义与现实》2004年第2期，第72页。

乃至全球范围的合作，需要改革和完善现有的国际组织和国际规则。以全球恐怖主义为例，它摒弃了传统的战争方式，既不尊重敌国的主权，也不尊重保护它的盟国的主权。①

随着全球性挑战日益严峻，全球治理的紧迫性和重要性更加凸显。全球治理已经从20世纪90年代宣传的一种理念成为现实实践。在联合国的推动下，各国首脑签署了《联合国千年宣言》，"9·11"事件的发生推动了全球范围的反恐合作。2002年各国首脑签署了《约翰内斯堡可持续发展宣言》，提出要在地方、国家、区域和全球各级为促进经济发展、社会发展和环境保护而共同努力。2003年的"非典"事件显示出世界卫生组织协调各国行动的重要性。全球气候谈判虽然步履艰难，但是推动了许多国家节能减排目标的确立和具体措施的出台。2008年发生的全球金融危机则使全球经济治理被提上了各国政府和国际组织的议事日程。"20国集团"作用的加强，成为全球治理方面的最重要创新。② 改革现有国际治理机制，推动全球治理也成了"金砖国家"首脑论坛的重要议题。③

但是，面对日益增多的全球风险，现有的全球治理无论在制度化还是有效性上都远远不够，深受国家利益，尤其是个别大国意志的制约，也困扰于各种利益的矛盾和冲突中。斯坦利·霍夫曼曾说："当国家被迫在经济竞争和保护社会安全网之间做出艰难的选择时，全球'治理'就变得很脆弱了。对于制约美国自由行动的国际组织，美国总是表现出越来越明显的不耐烦。"④ 因此，全球治理不仅要依赖双边、多边合作的深入以及地区性治理机制的发展，更有赖于国际秩序民主化水平的提高和国际合作协调的深化。

第五，在全球化进程中，国家间的竞争更为全面、激烈，国家职能的发挥面临着更严峻的考验。随着国家间相互联系、相互依存程度不断提高，综合国力竞争更加激烈、全面。21世纪以来，科学技术、人力资源、制度机制以及文化价值，都成为国家间竞争的领域，围绕市场、资源、人才、

---

① 〔美〕斯坦利·霍夫曼：《全球化的冲突》，《世界经济与政治》2003年第4期。
② 〔美〕布拉德格·罗瑟曼：《创建新的国际秩序》，《参考资料》2012年5月24日。
③ 金砖五国于2012年3月29日发表的《德里宣言》。
④ 〔美〕斯坦利·霍夫曼：《全球化的冲突》，《世界经济与政治》2003年第4期。

技术、标准等的竞争更加激烈。各国政府不仅重视由资源物质组成的硬实力，也更加重视制度文化所形成的软实力以及"巧实力"。[①] 各国争夺的核心是发展的战略制高点和道义优势。

国家间竞争的加剧，推动了围绕战略要地、国际要道的争夺。以美国为代表的一些国家为了谋取在多维作战空间的军事优势，组建战略联盟对潜在对手实施战略围堵，增强了国际军事竞争的不确定性和不可控性。它们为了自身的战略利益，干预别国内政，用战争手段改变他国政权，也增加了发生国际军事冲突、政治动荡的风险。

国家间竞争的加剧也对国家职能尤其是经济职能和社会职能提出新的要求。全球金融危机的爆发使许多国家开始反思市场与国家的关系，检讨"华盛顿共识"的缺陷，并且将国家的介入看作是拯救经济的重要措施。因此，在西方主要国家的救市计划中，"国有化"成为主要措施。这对于长期奉行新自由主义的西方国家来说，无疑是对其价值观和政策操作方式的挑战。《纽约时报》不得不调侃地说，我们都是"社会主义者"。《经济学家》杂志2012年1月的一期封面文章是《国家资本主义的兴起》，其认为各国正在通过支持企业来缓解全球化的压力。尼尔·弗格森的一篇文章题目是《我们现在都是国家资本主义》，因为各国政府支出的比例都已经非常高了。比如，政府支出占GDP的比例，中国为23%，在世界上排在第147位；德国排在第24位，政府开支占GDP的48%；美国政府开支占GDP的44%，排在第44位；奥地利、比利时、丹麦、芬兰、希腊、匈牙利、意大利、荷兰、葡萄牙和瑞典的开支占GDP的比例都超过了德国，丹麦最高，达到了58%。[②]

国家社会职能遇到的最大挑战是收入差距的拉大以及由此造成的一系

---

① "巧实力"概念最早是由美国学者苏珊尼·诺瑟于2004年在《外交》杂志上提出的。2007年有学者在美国发表的《巧实力战略》的研究报告中明确提出，运用"巧实力"进行对外战略转型，帮助美国摆脱当前困境，重振全球领导地位。该报告的作者在接受记者采访时说，一国的综合国力包括"硬实力"和"软实力"，将"软实力"与"硬实力"巧妙结合便是"巧实力"。

② 〔美〕弗格森：《分析中美及其所代表经济模式之间的竞争实质》，《参考资料》2012年2月20日。

列社会问题。年轻人群体受到的冲击最大，反应也最为强烈。据国际劳工组织估计，全球7500万年龄在15~24岁的年轻人没有工作，换句话说，每5个失业者中有两个是年轻人。根据皮尤研究中心的一项调查，近两年来在18~24岁美国人中，就业率只有54%。[①] 2011年11月，英国年龄在16~24岁的尼特族（"不上学、不就业和不受训的青年群体"，简称NEET）人数达到了116.3万人，同比增加13.7万人。加入全球化使得一些发展中国家抛弃了平等主义和福利，并产生了较高的失业率。在阿拉伯世界年轻人的平均失业率超过23%。收入差距的拉大，尤其是青年失业率的上升，引发了一系列社会问题，其中最突出的就是2005年的法国大骚乱、2011年以青年为主体的"阿拉伯之春"、英国骚乱以及美国的"占领华尔街运动"，故2011年被称为"愤怒的一年"。著名经济学家斯蒂格利茨批评说，在美国过去的10年里，上层1%的人群收入激增18%，中产阶层的收入却在下降。而对于只有高中文化程度的人来说，收入的下降尤其明显——光是在过去的25年里，就下降了12%。因此，美国社会陷入了"1%的人所有、1%的人治理、1%的人享用"的困境。[②]

全球化对国家经济社会职能的挑战，引发了对国家治理能力以及国家治理模式的热烈讨论。一方面，在全球化过程中，国家治理的重要性不断凸显，国家不仅是基本的治理单位，而且是主要的治理主体；另一方面，各个国家的治理模式和治理能力存在着差别，因此不能简单地用西方的治理模式来衡量优劣。相反，包括中国在内的许多新兴国家的快速发展，尤其是在全球金融危机中的良好表现，使西方治理模式受到更强烈的质疑。库普钱认为，目前西方世界出现了治理危机，而许多新兴国家得益于经济力量转移，尤其是中国在全球化进程中趋利避害。他认为西方治理模式进入了明显的无效期。原因有三个：一是全球化已经使这些国家的许多传统政策工具失灵；二是西方国家民众要求政策解决的许多问题都需要一定程度的国际合作；三是国内社会公众情绪低落并且分裂严重，无法形成有效

① 〔美〕迈克尔·舒曼：《失业的一代》，《参考资料》2012年5月9日。

② http://www.vanityfair.com/society/features/2011/05/top-one-percent-201105.

的公众参与、社会竞争以及制度制衡。[①]

二　中国面对全球化采取的策略

中国的发展是 21 世纪第一个十年中最受瞩目的全球现象。[②] 更为重要的是，到目前为止，还从没有一个潜在的超级大国像中国这样是在一个相互联系异常紧密的全球化世界中实现崛起的。[③] 改革开放的过程，也是中国参与全球化、利用全球化、应对全球化的过程。在这个过程中，中国与世界的关系发生了历史性变化，中国的发展离不开世界，世界的繁荣稳定离不开中国。

面对 21 世纪以来全球化的新特点，中国应该采取以下应对策略。

第一，要从战略的高度来全面深刻地认识全球化带来的机遇和挑战，制定系统的应对措施。自 2001 年中国加入世界贸易组织以来，经济全球化已经成为制定国家发展战略的基本背景。全球化已经从经济领域扩展到政治、社会、文化等更为广泛的领域，深刻地影响着国内各个阶层以及每个行为者，改变或者影响着社会的观念和意识的形成，成为许多组织以及个人决策、行动、选择的基本前提和重要制约因素。

首先，要增强全球意识，培养世界眼光。中国是全球化进程中的主角之一，全球化是改变中国的重要力量之一。中国的发展不仅依赖于世界，更会贡献于世界，影响着世界；中国不仅是全球化的参与者，还是推动者，甚至是主导者；中国不仅是国际规则的遵守者，还是修改者，甚至是创制者；中国反对各种"中心主义"，主张各种文明、模式的共存。要充分挖掘中国传统文化和中国共产党历史中关于世界、国际关系的重要资源，形成中国对于世界的认知模式。除了要弘扬天下大同的理想、和合共生的情怀、

---

① Charles A. Kupchan, "The Democratic Malaise: Globalization and the Threat to the West," *Foreign Affairs*, January/February 2012.

② 引自腾讯网，http://finance.qq.com/a/20091208/007457.htm。

③ 〔美〕尼娜·哈奇吉安等：《中国在国际体系中的新动向》，《参考资料》2010 年 1 月 20 日。

和而不同的理念、反对恃强凌弱的立场，还应该从中国与世界关系的背景来重新理解"和平发展""韬光养晦，有所作为"等判断，统一战线、群众路线等方法，以及纵横捭阖等手段。

其次，要构建价值明确、表达清晰、富有感召力的全球战略。建构一套全球战略，不仅有利于向国际社会宣示自己的立场，而且有助于增强其他国家对中国发展的预期判断。"富强、民主、文明、和谐"不仅是中国的国家发展目标，也应该成为中国全球战略的核心价值。中国的"和平发展、民主进步、文明友善"的国家形象要通过中国的全球战略来加以传播。要在全球战略的框架下来思考区域战略、国别关系、国际组织的改革等国际问题。更为重要的是，既要在经济领域通过扩大合作实现发展共赢，又要在政治领域勇于通过倡导国际民主化来赢得更多朋友，夺取国际竞争的道德制高点。

最后，要将全球意识贯彻到国内各项重大政策决策的制定和实施过程之中。我国在许多重大政策决策的制定过程中，都非常注重对国外相关经验做法的学习和借鉴，但是关注的重心多偏向于欧美发达国家，今后要将视野放得更宽广些，要更加关注新兴市场国家，尤其是那些国家规模较大，发展水平与中国更为接近的国家，这有利于提高学习借鉴的针对性。此外，政策决策的制定与实施，还要重视对其产生的国际后果或影响的评估，既要充分利用国际资源，更要重视国际制约，为国内政策的顺利实施创造良好的国际环境。

第二，要从中国在全球化进程中的定位角度来全面思考国家的作用。21世纪以来，一方面，国家间的竞争越发全面、激烈，国家往往也是包括企业在内的其他社会竞争的有力支持者；另一方面，国家的作用，尤其是在应对各类危机和风险中的作用日益突出，国家已经成为最有效的动员和配置资源，应对危机和风险，提供安全与秩序的基本单位。胡锦涛在庆祝中国共产党成立90周年大会上的讲话中，提出中国特色社会主义制度的优势之一是"有利于集中力量办大事、有效应对前进道路上的各种风险挑战"①，

---

① 胡锦涛：《在庆祝中国共产党成立90周年大会上的讲话》，人民出版社，2011，第9页。

国家作用的有效发挥就是其中的关键。总体上说，中国在全球化进程中还是一个赶超者，并且这种赶超会保持相当长的时间；同时，中国对全球的影响以及受全球的影响也在不断增强。因此，要更加重视如何有效地发挥国家的作用。

首先，要保持国家的自主性。国家的自主性就是国家能够发挥公共权力代表的作用，调解国内矛盾，缓和外部力量对社会的冲击。全球化时代也是利益多元化的时代。国家不仅要超越日益多元化的利益关系，凝聚社会共识，缓和社会利益冲突，推动国家战略，更要保持对国际社会的相对独立性，将国际社会的影响控制在可接受的范围内，避免国家利益被来自国内外的个别利益尤其是全球化的社会力量所绑架。目前的重点是要将经济全球化与其他领域尤其是政治领域的全球化区分开来，避免资本力量壮大而制约甚至控制国家的决策和运行；要控制"反全球化运动"的形成，进一步扩大和深化对外开放。

其次，要辩证地看待国家与市场的关系，调整和转变国家的职能。国家是有边界的，市场则是全球化的。据统计，中国非金融类海外直接投资从 2002 年的 27 亿美元跃升到 2011 年的 6000 亿美元，居世界第五位，年均增长率为 47%。截至 2011 年底，中国境内投资者在全球 178 个国家和地区设立对外直接投资企业 1.8 万家，累计实现非金融类对外直接投资 3220 亿美元，境外中资企业资产总额超过 1 万亿美元。① 国家既要通过完善国内制度环境、发挥比较优势来吸引国际投资，又要推动国内资本走出国门，因此国家的职能，尤其是保护本国公民和企业利益的职能必须延伸到国界之外。近年来，国内资本的对外投资，以及国内富裕阶层向国外移民的趋势不断增强，长期来看这不仅会影响国内的产业发展和就业，而且会影响各个社会阶层对国家的认同，造成严重的社会问题。而随着全球市场风险的增多，国内贫富差距由于全球力量的介入而不断扩大，国家在风险防范方面的制度保障作用也更加突出，这对长期流行的新自由主义提出了严峻挑战，也为国家职能的扩张提供了理由。但是在危机结束后，国家如何退出

① 苏祖辉：《中国与世界关系进入历史性变化的新阶段》，《当代世界》2012 年第 2 期。

已经占领的领域是更为艰巨的任务。

最后，要辩证地看待国家与社会的关系，推动国家与社会的协同合作。社会的发展和壮大既是改革开放的成果，也是改革开放进一步推进的动力。国家面对的是一个强大而且多元化、自组织化的社会。国家要通过制度建设，为社会利益的表达提供更为通畅的渠道，为社会利益的整合提供更为有效的环境和方法，同时要把更多的权力还给社会，发挥社会自组织的作用，使国家的职能向提供公共品和公共服务方面转移，以缓和全球化带来的各种社会冲击，在应对全球化的过程中形成合力。

第三，要深刻理解和把握经济社会全球化与国家治理能力有限性、民族文化独特性之间的矛盾。对于每个国家来说，各个领域的全球化都是非均衡发展的，因此各个领域之间就会形成脱节和矛盾，影响到国家行为的协调性。经济社会全球化与国家治理能力的有限性、民族文化独特性之间的矛盾是其中的主要矛盾，因为国家治理是以领土为边界的，民族文化的保存是以民族群体为基础的。对于中国来说，这种全球化的不均衡性更为突出，经济社会的全球化程度对于国家能力、民族文化提出了新的挑战。中国的全球化进程是从经济领域开启的，出口已经成了中国经济增长的三大引擎之一，中国外贸依存度超过 50%。2003 年中国超过日本成为亚洲最大的进口国，2004 年超过日本成为世界第三大出口国，2007 年超过美国成为世界第二大出口国，2009 年超过德国成为世界第一大出口国和第二大进口国。2000 年至 2009 年，中国外贸年均增长率为 16%，远超过同期世界贸易 3% 的年均增长率。2011 年，中国外贸总额达 36420.6 亿美元，比 2010 年增长 22.5%。经济全球化也推动了人口、信息的流动，为各种主体不同形式和内容的社会交往的扩展提供了条件，为不同文化之间的交流、交融、交锋创造了机会，加快了社会全球化。2010 年，中国公民境外旅游目的地国家和地区达到 140 个，人数达 5739 万人次。中国的互联网用户从 2000 年底的 2.25 亿人增加到 2011 年的 4.77 亿人，占人口总数的 36%，互联网人口占世界人口的 22.7%。

要应对经济社会全球化对国家治理能力、民族文化独特性带来的挑战，从根本上需要加快和深化国内改革。目前的重点有三个。一是要在坚持主权原则的前提下提高国家治理的开放度。主权观念是现代国际关系的基石。中国虽然是这个体系的后进者，但高度认可主权观念，并将其作为对外关系的基本前提。随着国内问题的"国际化"以及全球问题的不断增多，如何既坚持主权独立完整原则，又能灵活地在主权框架下解决重大问题，尤其是各国普遍关注的问题，显得至关重要。对于中国来说，坚持主权原则的目的是维护本国的核心价值和利益，而不是封闭问题的国际解决途径。要善于将国际力量纳入国家治理的框架之中，不仅要充分利用国际物质资源，还要有效利用国际社会资源，使国际力量在参与的过程中，认识、理解和认同中国的治理精神、治理体系、治理方式。要充分认识到，国际社会的理解和支持，已经成为国家行为合法性的重要来源。二是要在提高国家治理有效性的过程中增强社会的认同。到目前为止，国家还是解决所有问题的基本单位和主要责任者，因此要提高国家治理的有效性，力争将国内问题放在国家制度框架内解决，这就需要完善国家的各项制度，增强各级政府以及政府机构的治理能力，尤其是依法执政、民主执政、科学执政的能力，建设法治政府、廉洁政府、服务政府。要提高国家治理的整体性，既要落实各级政府的责任，又要加强政府之间的协调合作，尤其是跨地区的合作。要充分发挥社会力量在国家治理中的作用，使它们在参与国家治理的过程中，增强对国家的认同。这是防止或减少"国内问题"国际化的重要途径。越来越多的人认识到，加强外交、国防、外宣、对外经济工作等固然重要，但能否成功应对国际挑战的关键，还在于能否加快国内改革步伐，妥善处理国内各种政治、经济、社会问题。其中很重要的一点，是让国内公众全面而客观地了解国际国内两个大局及其相互关系。三是要在保持民族文化包容性的同时增强文化自觉与自信。中华民族文化具有高度的包容性，这是其绵延不断、生生不息的根本原因。在全球化时代，中华文化也在和世界各种文化进行着交流交融，发生着碰撞交锋，其复兴与繁荣除了得益于国家综合实力的不断提升以外，更来自文化的自觉与自信，这样才能避免经济发展与文化发展的不协调，避免民族文化对西方文化的屈从。要增强文化自觉和自信，不仅要挖掘和弘扬传统文化，更要改善当代中国人全方位的生活状况，从鲜活的生活与实践中总结和升华时代的精神特质，要让每个人都能在国际比较中感受到作为中国人的尊严，在世界舞台上体会到来自他人的尊重乃至艳羡。

第四，要着力解决中国参与全球化进程中的难点问题。与近代以来先后崛起的其他大国相比，中国具有五个方面的独特性：一是中国是四大文明古国中唯一保持领土和文化之完整性与连续性的国家；二是中国是一个有着悠久民族传统并且有过半殖民地经历的国家；三是中国是前社会主义阵营中现存的唯一有全球影响力的大国，并且与发展中国家有着非常密切的联系；四是中国是一个人口大国，庞大的人口规模既是其实力提升的基础，也会成为其发展的障碍；五是中国所处的时代是任何一个大国崛起时没有遇到过的全球化时代。中国所面对的挑战，在很大程度上就是上述独特性交织在一起后共同发挥作用的结果。其中，有三个方面的挑战特别值得重视。

首先是自我定位和与能力相配的国际责任。社会主义国家和发展中国家一直是中国在国际舞台上的身份标识。冷战结束后，随着南北关系的突出，中国越来越强调自己的发展中国家的身份。这虽然减少了国际交往中不必要的意识形态和体制负担，但也意味着要对长期坚持的"三个世界"理论进行完善。更为重要的是，中国的发展中国家地位也在受到挑战。一方面，许多发展中国家希望中国继续给予更大的支持，但是与中国在多个领域中产生的经济竞争又冲击着长期建立的伙伴关系；另一方面，发达国家不断施加压力，要求中国承担起更多的国际责任，G8、G20以及G2在国际社会成为热门话题也充分说明了这一点。显然，对于已经与世界全面接轨并有着多种利益要求的中国来说，无论是"三个世界"理论，还是发达/发展中国家理论，都不能给中国定位自身提供全面的理由，也很难为中国明确与自身能力相配的国际责任提供依据。

其次是政府态度与国民心态。一个大国需要坦然应对来自国际社会的各种质疑、批评乃至攻击，因为已经熟悉了原来国际格局的世界各国，还不太习惯同一个新兴的大国打交道。中国在发展过程中，不仅需要国际社会适应中国，更要主动地习惯与国际社会交往。国民心态中的自卑与自满情结尤其需要克服。百年的屈辱历史、长期的全面落后以及西方强势文化对中国形象建构的负面作用是这种自卑感产生的根源。自满则是伴随着中国经济快速增长和中国在世界上地位不断提高而出现的。自卑与自满是一枚硬币的两面。由自卑到自满，很容易造成国民行为的非理性，而外界冲击也容易让国民从自满沦为自卑，从而失去自信。自卑与自满这两种心态及其转化形态不仅存在于普通公众之中，而且存在于政府官员之中，其典型的表现形式是在对待国际社会批评时，或屈服于无理指责，或将合理建议置之不理。

再次是社会交往和国家利益。国家是现代国际关系的主体。在对外交往中，政府优先于民间。中国在对外交往中，曾经受困于无产阶级国际主义和国家利益的两难选择，受困于无产阶级之阶级友情和国际人道主义的矛盾境地。改革开放 30 多年来，我们顺利摆脱了这种两难与矛盾的困扰，实现了对外交往基础向国家利益的回归。但是人员流动和交往的扩大作为全球化的重要内容，也对政府主导的对外交往提出了挑战。虽然民间外交、全面外交的提出是为了应对这种变化，但是中国社会组织发展缓慢，能力不足，政府与市民社会的关系还处于磨合过程中，导致民间外交等难以充分发挥对国家外交的有效支持和辅助作用，也不利于国家利益的全面扩展和维护。

第五，要突出解决中国参与全球化进程中面临的紧迫问题。中国参与全球化进程面临的最紧迫问题是与其他国家尤其是西方国家、新兴市场国家展开的全方位竞争关系。在过去 10 年中，随着中国综合国力不断增强，国际社会对于中国的态度和判断也在进行着相应的调整和变化，中国崩溃论、中国 "威胁论"、中国模式论（或者说 "北京共识"）、中国责任论、中国统治论等论断先后出现，中国与其他国家在多个领域存在矛盾，甚至冲突。比如，在 1995～2010 年，贸易伙伴总共对中国发起 784 起反倾销动议，采取了 563 项反倾销措施。单就案件数量来讲，中国是最大的受害者，远远超过于其他国家和地区，比处在第二、三、四位的国家和地区的总和还要多。在过去四年中，每年中国遭受到的反倾销动议数都占了世界总数的 1/3 以上；每年中国遭受到的反倾销措施数均占了世界总数的 40% 以上。①

---

① 宋泓：《共享型发展——对外开放与中国经济的发展》（2012 年 6 月 11 日），中国社会科学院世界经济与政治研究所工作论文，编号：No. 201211。

对于中国来说，一是要在经济全球化深入发展中掌握主动。生产要素在全球范围重组和流动加快，全球需求结构出现明显变化，围绕市场、资源、人才、技术、标准等的竞争更为激烈，各种形式的保护主义时有抬头，全球性问题更加突出，全球经济治理和区域合作深入发展，迫切要求我们在全球经济分工中寻找新定位，在全球问题应对中承担新角色，在国际经济合作与竞争中寻找新优势。二是要在科技创新和产业升级中抢得先机。世界科学技术处于新一轮革命性变革前夜，世界可能进入创新集中爆发和新兴产业加速成长时期，在全球范围内抢占未来发展制高点的竞争日益激烈，中国经济发展方式在主动转变，迫切要求我们充分发挥后发优势，动员现有优势，构建新的优势，为实现技术和产业整体跃升争取更有利的条件。三是要在国际力量分化组合中争取优势。世界多极化深入发展，国际体系改革势在必行，各国与中国的合作意愿增强，大国间在战略制高点和道义优势上的竞争更趋激烈，西方大国正对中国加紧实施西化分化、遏制打压，这迫切要求我们冷静分析，合理应对，利用好、发挥好经济实力、政治影响力和文化软实力，在各种力量转化中开拓新的发展空间。总的来说，中国在国际格局变动中还处于相对弱势，因此要准确研判驾驭复杂形势，把握好国内国际两个大局相互联系与转化的宏观大势和难得历史机遇，有效维护、延长和用好得来不易的重要战略机遇期。

第三章

全球化进程与中国的国家治理现代化[*]

　　全球化的不断深化，使得协调国家与国内社会、国际社会的关系成为各国共同面临的重要任务。面对各种新老问题，已经成型的国家权力使用模式、驾轻就熟的政策手段都失去了原来的效力，甚至陷入危机。因此，如何完善国家治理体系，提升治理能力成为各国共同面临的问题。

　　党的十八届三中全会将完善和发展中国特色社会主义制度，推进国家治理体系和治理能力现代化，确立为全面深化改革的总目标。这个目标的确立基于对中国建设、改革和发展经验的客观分析，也体现了党对中国与世界关系发生历史性变化的敏锐判断。中国所要解决的问题不仅具有中国特色，也带有明显的全球性。应该将中国的国家治理现代化置于全球化这个宏观历史背景下进行理解。因此，中国的国家治理现代化是沿着对内和对外的双轨进行的。在许多情况下，只有通过改进国际乃至全球治理，才能将国内与国际两种治理资源有效地调动和整合起来，并为国内治理问题的解决创造更有利的条件。

　　本章分为三个部分。第一部分讨论国家的重要性在全球化进程中更加突出，第二部分分析全球化对国家治理的改进提出了要求，第三部分讨论如何将全球化的维度自觉纳入国家治理体系和治理能力现代化的过程之中。

---

　　* 本章主要内容曾发表在《当代世界与社会主义》2014 年第 1 期。

一 全球化凸显了国家的变革

虽然对于全球化的起源时间依然存在争论，但是，全球化毫无疑问是一个现实的历史进程，并且已经深刻地影响到人类的生存方式和组织形式。民族国家是人类发明的一种集体生存的单位和组织形态，一直推动着全球化的拓展过程，但从 20 世纪 70 年代开始，面对资本跨国流动引发的一系列国内问题以及科技发展、人员流动等带来的诸多跨国性问题，单个民族国家已经不能依靠一己之力在自己的主权和领土范围内来加以应对，于是一些学者欢呼"民族国家的终结"，质疑民族国家存在的意义。[①]

21 世纪以来，全球化进程进入了一个新阶段，有人将其称为"第三波全球化"，以与 1870 年开始的"第一波"、第二次世界大战之后开始的"第二波"区别开来。[②] 一方面，全球化对于各个领域的影响已经全面显现，成为人们日常生活和工作中不能忽视的要素；另一方面，国内与国际之间的联系更加紧密，互动更为频繁。加之全球化产生的诸多新问题，使得如何应对全球化替代了对全球化的盲目欢呼。全球化并没有导致"国家的终结"，反而激发了国家在管理和治理方面做出一系列战略性应对，产生了"积极主义的国家"。[③] 而一些实证研究共同发现，全球化并没有使政府变小，而是使政府的作用得到了更有效的发挥。[④]

随着全球化的深入，国家的重要性从两个方面凸显出来。一是国家在公共问题解决中的不可或缺性。尽管在全球化的过程中，具有跨国特征的主体，比如资本、各类跨国组织的影响力在不断提升，但是要有效地解决全球化产生的诸多新的公共问题，依然不能离开主权国家，因为国家代表

---

① McGrew, A. G., Lewis, P. G. et al., *Global Politics*, Cambridge: Polity Press.

② Will Straw, Alex Glennie, "The Third Wave of Globalisation," *Institute for Public Policy Research Report*, January 2012.

③ David Held, "Regulating Globalization? The Reinvention of Politics," *International Sociology*, 2000, pp. 94 – 408.

④ 〔美〕尼尔·弗雷格斯坦：《市场的结构：21 世纪资本主义社会的经济社会学》，甄志宏译，上海人民出版社，2008。

的公共权力往往是各种裁决、决定的合法性确认者、最后执行者，也是领土范围内大部分没有跨国流动能力人口的保障者，还是大型跨国资本遇到市场无法解决问题时的求助对象。随着公共问题种类和数量的增多与复杂化，不同主体对于国家的要求也在多样化，但并不是要取消国家，而是要使自己的诉求获得更有效的回应。因此，我们看到，各国政府在减少管制，下放权力，给资本更大的自由，为社会组织的发展提供更多空间的同时，也在承担起更多新的职能。各国财政支出的不断增长就说明了这点。①

二是国家在全球交往中的整体性更加突出。国家在复杂而多样的全球交往关系中，主体意识随着与其他主体交往的扩大和深化得以确立和加强。对多样化主体的了解，开阔了各个国家的视野，增加了进行比较的参照系，有助于各个国家更清楚地认识自己在全球化进程中的地位和能力。而为了更好地适应全球交往，各个国家也会主动或者被迫地将本国在全球体系中的地位，以及本国与其他国家、国际组织的关系纳入考虑的范围之内，相应地协调国内关系，推动内部整合。这种整合主要表现为各国都更加重视协调国家与社会关系，平衡国内不同区域、不同利益间关系以及建设整体性政府等工作，以将内部关系理顺、减少矛盾，形成一致对外的合力，提高整个国家在全球体系中的行动能力。

在全球化进程中，国家既不是"守夜人"，也不是"全能者"，而是在多种要求和约束条件下进行理性选择，甚至主动变革的能动者。有学者就归纳了国家多个新角色，比如"管制国家""发展型国家""裁决型国家""道德倡导型国家"。② 国家的功能也随着其全球化水平的提升进行着调整和充实。国家除了继续扮演暴力工具的合法垄断者角色外，还在努力调整着其对内和对外的功能。

在内部，面对更加多元化的社会，国家的秩序维护功能和基本保障功能都在强化。"第三波民主化"之后，许多国家并没有像一些人设想的那

---

① 〔美〕弗格森：《分析中美及其所代表经济模式之间的竞争实质》，《参考资料》2012 年 2 月 20 日。

② Niamh Hardiman, Colin Scott, "Governance as Polity: An Institutional Approach to the Evolution of State Functions," *Public Administration*, Online publication, December, 2009.

样，整个国家进入稳步发展的轨道，反而出现了严重的政局动荡、国家权力分散等现象，由此出现了"失败国家""脆弱国家"等新概念，以描绘这类国内基本秩序缺失的国家。以建立国家基本制度、实现国内稳定秩序为目标的"国家建设"得到广泛讨论。国家基本保障功能的强化是国家面对资本跨国流动的本能性反应，因为相对于资本的流动而言，国家政权以及国内大部分民众都是领土性的，国家要获得合法性，必然要为国内大部分民众提供基本的公共品和公共服务，这是无法全部推卸的责任。同时，国内民众由于对外部世界了解的加深，会对国家提出更高的要求。而各个国家为了留住和吸引资本，也会加强公共品和公共服务的提供，将宜居环境建设与投资环境改善结合在一起，以提高本国的投资吸引力。

在外部，国家权力的运用面临着其他国际主体的全方位竞争，国际因素在国家合法性构建中的影响更加明显。这使得国家更加重视国际竞争功能的发挥，以全面动员竞争资源。许多国家不再简单地依靠自然禀赋，而是根据自身在全球化进程中的位置以及自己的条件，进行战略性选择，积极构建竞争优势，来改变本国在国际分工中的地位，把握科技创新带来的新的增长机会。采取这种战略性行动的国家被称为"竞争性国家"，国家为了保持经济增长，有目的地"创造、重构或者加强自己的领土、人口、社会环境、制度以及经济组织的竞争优势"①。在一些学者看来，许多西方国家正在从福利国家向竞争性国家转变。② 当然，20 世纪 70 年代出现的"发展型国家"本身就可以被视为应对全球化影响的主动转型。

在世界多极化的背景下，国家的竞争功能也突破了经济和科技领域，向社会、文化领域以及制度体系层次拓展，使国家的功能又增加了价值倡导的维度。这有两个主要原因：一是在国际社会中，美国以及西方所代表

---

① Jessop, B. , *The Future of the Capitalist State*, Cambridge, UK and Malden, MA: Polity Press, 2002, p. 96.

② Cerny, P. G. , "Restructuring the Political Arena: Globalization and the Paradoxes of the Competition State," in R. D. Germain (Ed.), *Globalization and Its Critics: Perspectivesfrom Political Economy*, HoundsMills: Palgrave Macmillan, pp. 117 – 138.

的制度、价值受到了广泛的批评和质疑①，失去了作为衡量各国制度、价值尺度的权威性，加快了国际社会中价值理念的多元化；二是各国对于国际制度、国际规则的建设，国家间关系的调整等都有自己的设想，希望将自己的理念、利益等投射其中，以更好地实现本国利益与国际社会发展的结合。各国政府都主动在国际社会中扩大本国制度、文化的吸引力和影响力，以增强自己国际行为的可接受性，争取国际话语权（见表 3 − 1）。

表 3 − 1　国家在全球化进程中拓展的功能

国家功能的面向	国家基本功能
对内（面对国内社会）	维持秩序
	提供保障
对外（面向国际社会）	构建竞争优势
	倡导本国价值

二　治理是国家变革的方向

尽管国家的重要性在全球化进程中是以新的方式体现的，但是国家只是更加复杂的国内社会和国际社会中的主体之一。面对国内外多元而相互交织的关系，复杂多样甚至跨越国界的问题，单单依靠国家掌握的资源是无法协调和解决的，必须将已经多元化的国内、国际主体有效地动员起来，突破以国家为中心的单一模式，形成多元参与的解决问题新模式。强调多元合作的治理理念由此发展起来，逐渐成为各国调整国家职能，实现国家变革的方向。② 如果说一系列现代制度的建立是国家第一次现代化的话，那么在全球化背景下国家从统治向治理的转变则可以视为第二次现代化。

---

① Charles A. Kupchan, "The Democratic Malaise: Globalization and the Threat to the West," *Foreign Affairs*, January/February 2012.

② Guy Peters, Jon Pierre, "Governance, Government and the State," in Colin Hay, Michael Lister, David Marsh (eds.), *The State: Theories and Issues*, New York: Palgrave Macmillan, 2006, pp. 209 − 222.

治理虽然已经成为一个热门概念，但是有诸多定义，比如英国学者罗茨归纳的六种定义，[①] 斯托克归纳的五种定义[②]，荷兰学者基斯·冯·克斯伯根和佛朗斯·冯·瓦尔登归纳的九种定义。[③] 这些定义说明了治理作为一种理念被不同领域所接受，虽然各自表述的方式和强调的重点不同，但是在对治理的基本认识上是一致的，即治理是多主体参与的、共同解决公共问题的过程。联合国开发计划署（UNDP）的定义比较全面地阐释了治理的核心特点，即"治理是指一套价值、政策和制度的系统，在这套系统中，一个社会通过国家、市民社会和私人部门之间或者各个主体内部的互动来管理其经济、政治和社会事务。它是一个社会通过其自身组织来制定和实施决策，以达成相互理解、取得共识和采取行动。治理由机制和过程组成，通过这些机制和过程，公民和群体可以表达他们的利益，缩小其之间的分歧，履行他们的合法权利和义务。规则、制度和实践为个人、组织和企业设定了限制并为其提供了激励。治理有社会、政治和经济三个维度，可以在家庭、村庄、城市、国家、地区和全球各个人类活动领域运行"。[④]

为了使治理从一种理念转变为一种可操作和可衡量的实践，学界以及一些重要的国际组织纷纷制定了治理评估体系，挑选确定衡量各国治理水平的指标，对各国的治理情况进行评价，作为相关研究或决策的依据。[⑤] 比较众多的治理评估体系，可以发现它们基本上都是以国家治理为评估对象的，而政府治理又是评估的主要目标。比如，最有代表性的是世界银行研究所丹尼尔·考夫曼和他的同事们1996年开发的，并用来对200多个

① Rhodes, R. A., "The New Governance: Governing Without Government," *Political Studies*, XLIV, pp. 652 – 67.

② 〔英〕格里·斯托克：《作为理论的治理：五个论点》，《国际社会科学》1999年第2期。

③ Kees Van Kersbergen1, Frans Van Waarden, "Governance as a Bridge between Disciplines: Cross-disciplinary Inspiration Regarding Shifts in Governance and Problems of Governability, Accountability and Legitimacy," *European Journal of Political Research*, Vol. 43 (2), pp. 143 – 171.

④ UN, "Governance Indicators: A Users'Guide," www. undp. org.

⑤ 有关评论可参见 Christian Arndt and Charles Oman, *Uses and Abuses of Governance Indicators*, 国内中译本书名为《政府治理指标》，杨永恒译，清华大学出版社，2007；俞可平主编《国家治理评估——中国与世界》，中央编译出版社，2009。

国家和地区的治理状况进行评估的世界治理指标。① 这套指标完全是衡量政府治理的，具体内容包括发言权与责任性、政治稳定和暴力缺失、政府效能、规制质量、法治、腐败控制。

进一步说，现有的治理评估体系主要关注的是国家的对内功能，并且将国家与国内社会关系的变化作为国家功能调整的前提条件，这使得这些评估体系虽然在理念上是以社会为中心的，在实践上却是以推动国家或者政府的变革为目的的。这也说明了国家作为治理发生的基本单位以及治理过程中的公共权威，具有不可替代的地位。

国家功能在治理方向的拓展，不仅局限在国内，也发生在国际层面。这是大量跨国问题、全球问题出现带来的必然变化，因为单个国家无法完成应对这些问题的任务。国家不仅是国际社会中的竞争者，也是共同解决这些问题的主要合作者、国际责任的承担者。而在这些问题解决过程中的态度、立场、资源投入、方法手段等，也成为国家间竞争的新内容，从而使新出现的全球治理领域呈现竞争与合作共存的局面。

随着国内社会与国际社会联系的加深，国家在国际社会中的合作倾向也有利于国家与国内社会关系的调整，因为国内的社会组织借助全球化形成了自己的跨国乃至全球网络，也会动员来自国际社会的支持，对本国政府施加压力，提出要求。这样，国家会更加看重社会组织在国内和国际治理中的作用，用更灵活的方式处理与社会组织的关系。也正因为如此，与国内治理相比，国家在国际以及全球治理中，并没有独享的权威，寻求合作的倾向也会更强（见表 3 - 2）。

表 3 - 2　国家在改善治理过程中丰富的功能

国家功能的面向	国家拓展的治理功能
对内（与国内社会合作）	维持秩序
	提供保障
	培育社会，与社会合作

① 对该指标体系有兴趣的读者可登录网站：www. govindicators. org。

续表

国家功能的面向	国家拓展的治理功能
对外（与国际社会合作）	构建竞争优势
	倡导本国价值
	承担国际责任

国家职能向治理方向的转变是一个复杂的过程，涉及整个国家的体制结构、机构设置、人员能力等，会遇到诸多的新挑战。而如何处理国内治理与国际或全球治理之间的互动关系，无疑是其中最新的一种。这种挑战主要体现在三个方面。

一是国家行动的自主性有了更复杂的约束条件。国内治理与国际或全球治理的互动导致了国内问题的国际化、国际问题的国内化，大大增强了问题的复杂性，这使得国家难以单独做出决定，或者只依靠强制性手段来加以应对解决，必须考虑到多方面的因素，以达成更广泛的共识，获得更大的支持。这使国家要不断丰富治理方式和手段，提高平衡利益和协调关系的能力。

二是国家合法性来源的国际化。由于国家参与国际事务的范围扩大，程度加深，国际社会的承认也成为国家合法性的来源。这不仅体现在国家在国际事务中行为的被接受程度上，也反映在国内社会对本国政府国际形象的关切上。显然，一个国际形象差的国家，也会受到国内民众的批评甚至反对。而一个国家对于国际事务过度介入，超过了本国经济承受能力以及社会公众的期待，也同样会削弱国内民众的支持。

三是治理资源的整合。对治理重要性的强调，是为了应对全球化条件下更为复杂的情况和问题，但是治理资源是分散在多个主体中间的，这就涉及资源的整合问题。虽然在国内治理中，国家依然具有较强的资源整合能力，但是由于复杂问题应对中的责任分担难以明确、各主体之间信任不足等原因，真正的有效治理达成需要更多的配套制度。而在国际或者全球层面上，有效的资源整合机制更是远远没有建立，现有的国际组织和机制的权威性不足，各主体之间在责任分配上的巨大分歧等，都直接限制着相关问题治理的效果。

三 增强中国国家治理变革的全球向度

党的十八届三中全会提出，推进国家治理体系和治理能力现代化，完善中国特色社会主义制度，是全面深化改革的总目标。从广义上说，中国的改革开放也是国家治理现代化的过程。通过发展市场经济，转变政府职能，培育社会的发展等新举措，国家与国内社会的关系进行着重塑；而通过对外开放，加入 WTO，国家承担了更多的国际责任，国家与国际社会的关系发生了根本性转变。这两个关系的转变几乎是同步进行、相互促进的，也使中国的国家改革从一开始就选择了治理的方向，并随着中国与世界关系的改变，逐渐形成了国内治理改革与国际乃至全球治理改革紧密联系、互动复杂的局面。

经过 30 多年的改革开放，中国成功实现了从封闭半封闭到全方位开放的伟大历史转折，当代中国的前途命运已日益紧密地同世界的前途命运联系起来。因此，要始终站在国际大局与国内大局相互联系的高度审视中国和世界的发展问题，思考和制定中国的发展战略。[①] 党的十八届三中全会提出要"以开放促改革"这个重要命题，在构建开放型经济新体制的过程中，将全球化带来的变化转变为制度改革和完善的动力。

因此，只有将"推进国家治理体系和治理能力现代化"置于中国与世界关系发生根本性变化这个背景下，才能全面理解这种现代化的时代新含义。中国既是世界上经济发展最快的国家，又是世界上最大的发展中国家，这两种身份也说明了国内国际两个大局的复杂关系，这是塑造中国未来发展的重要条件。显然，国家治理的现代化不单单是物质层面的，更是制度与人的意义上的；不是简单的模仿学习，还是创造性建构；不是封闭孤立条件下的现代化，而是积极参与全球化进程中的现代化；不是只关注国内治理问题的现代化，而是具有国内和国际两个面向的现代化。

① 胡锦涛：《在纪念改革开放 30 周年大会上的讲话》，2008 年 12 月 18 日。

全球化已经成为中国推进国家治理现代化的基本时代背景，也是构建国家与国内社会、国家与国际社会新型关系过程中的内在要素，因此必须认真对待全球化带来的国家治理新问题。

第一，由于全球化力量的介入，国内社会关系更加复杂化。市场经济的发展带来了社会的多元化，而包括人口、物质、资金、信息等在内的各类资源的跨国乃至全球流动，又为多元化的社会增添了国际化因素，使得一些社会群体比其他群体更能把握住全球化产生的新优势，享受到全球化带来的好处。这些具有跨国界流动或者动员资源能力的群体，相应地就会更容易摆脱受领土边界限制的国家权力的管制。这样，全球化在加速拉大收入差距的同时，也改变了社会内部的平衡关系，超出了国家权力的干预能力。

第二，国内问题的国际化，限制了国家权力的自主行使。国内问题的国际化一般有两种形式。一种是问题产生了国际影响，多发生在国家处理国内社会关系时，引起了国际社会的关注，甚至批评；另一种是问题涉及周边乃至更多的国家，多表现为意外事件、灾难或者资源的分配。不论原有问题多么简单，一旦国际化，就增加了解决的复杂性，也会超出了国家主权独立行使的范围。而如果处理不得当，也会影响到国家在国内外的形象。

第三，跨国问题、全球问题的不断增多以及国际社会关于中国应承担更多国际责任的呼声的增强，正在改变着国内责任与国际责任之间的均衡关系。尽管中国一直强调世界上最大发展中国家的身份，但是中国的快速发展以及综合实力和影响力的提升，使得中国也是许多跨国问题、全球问题的涉及者，乃至制造者和推动者，成为国际社会的关注对象。这是一个不断突出的现实。因此，国家必然要承担更多的国际责任。承担责任，就意味着把更大比例的国家财富用于国际社会，这反过来会影响到国内利益分配，并引起在国际问题优先性上国家与国内社会公众之间的矛盾。这样，在承担国际责任的过程中，就形成了国内与国际两个层次的两类矛盾，国际问题也实现了国内化。在国内，矛盾的焦点是是否应该承担责任；在国际上，则是应该承担多大的责任。

第四，国家认知与社会认知的偏离，对于国家在治理过程中的角色提出了新要求。改革开放以来，国家依靠丰富的统治资源和文化传统，一直充当着社会认知的塑造者和引导者，既保证了国家的决策和政策能够在社会公众中得到最大限度的认可，大大减少了执行的成本，也提升了国家与社会在国际事务中判断与行动的一致性。但是随着市场经济的发展和对外联系的扩大与深化，社会正在形成更为独立而多元的认知，一些社会群体也在一些问题上成为议程的设定者，在某些领域中成为新理念的创造者，这大大限制了国家的主导地位。无疑，市场和开放是消解国家中心地位的巨大力量。在这些变化的影响下，国家与社会在许多问题上的判断和认知都出现了分歧，甚至一些长期形成的共识、标准也被打破。随着代际的更替，新生代群体会更倾向于从水平比较而非历史比较的角度来看待国家行为。面对经常提出疑问的社会群体，国家必须说服多于强制，协调多于命令，以自我改变来适应社会的变化。

要更有效地应对这些问题，关键是在客观分析国内社会和国际社会发展变化情况的前提下，科学地推进国家治理能力的现代化（见表 3 - 3）。

表 3 - 3 中国实现国家治理现代化的全球向度

国家功能的面向	国家基本功能	全球向度下的变革
对内（与国内社会合作）	维持秩序	民主、法治、协商
	提供保障	
	培育社会，与社会合作	
对外（与国际社会合作）	构建竞争优势	和平、发展、合作
	倡导本国价值	
	承担国际责任	

首先，要在观念上承认国内社会和国际社会变化的客观性，逐步改变国家主导一切、包揽一切的思维模式和行为模式。国家治理现代化的根本目标不仅仅是推动政府、执政党的现代化，更要实现社会以及每个个体的现代化，这样才能为国家治理的有效持续运行提供坚实的基础。其次，要按照民主法治协商的精神推动国家制度的现代化。国家依然是国家治理体

系中的首要主体，也是各类治理问题的主要解决者。既要将这些现代政治精神贯彻到各项制度的实际运行中，也要根据这些精神来改造和完善各项制度，从而使国家能够通过制度化的方式有效整合经济社会发展中产生的新的力量、新的因素，形成国家与社会的新型合作关系。再次，要增强国家治理体系的开放性。国内社会与国际社会紧密互动，是国家治理所处的基本环境，面对的基本关系，这种互动带来了开放的国内社会和拓展的国际社会，导致了国内、国际问题的相互转化。因此，国家治理体系既要为应对这些问题动员国内国际各种资源，也要认真对待国内和国际两个层面上不断出现的非传统责任。最后，要提高国家治理的能力。观念的变化最终要体现为能力的提高。国家治理的能力不单单是国家的能力，而是所有治理主体的共同能力。因此，不仅要提高国家的能力，还要注重其他治理主体的能力建设，更要重视如何使各个有能力的主体形成最大的合力。这就需要建构国家与其他主体之间的新型关系，使它们彼此间既能相互信任，也能相互补充，共同提升。

第四章

改革开放与中国执政党能力的提高[*]

在中国的改革开放过程中，国家能力的调整和完善的过程也同样是执政党改变方式、提高能力，重新向社会经济生活诸领域渗透的过程。客观地说，执政党的转型是比较成功的，因为它不仅一直掌控着政权，还能够继续成为社会认同的基本对象，与改革开放的成功、中国的发展稳定这些基本的共识紧密地联系在一起，成为实现这些共识的基本主体。然而，必须看到，政党与国家始终存在矛盾，因为二者是不同的组织，承担着不同的社会政治角色。因此，如何协调政党与国家的关系依然是未来中国政治发展的重大命题和挑战。

一 改革开放路径的参照系

中国的改革开放是在四大参照系下推进的。这四大参照系不仅为改革开放提供了基本的历史背景，而且时时提醒改革者要注意某些重大问题，以免重蹈覆辙。在它们的映照和塑造下，中国的改革开放形成了自己独特的路径依赖。

第一，中华民族的百年近代史。中国近代的基本特征是中央权力涣散、内战不断和外敌入侵，中国在西方主导的国际体系中不仅丧失了天朝帝国

---

[*] 本章主要内容曾以"国家自主与中国发展道路"为题目，发表在《社会科学》2006 年第 3 期。

的地位，而且几乎毫无内部和外部主权可言。因此，富国强兵、实现统一、抵抗外辱、谋求独立、学习和赶超西方成为整个民族百年奋斗的基本主题。而富强、独立、统一又是近代史留给整个民族最深刻的记忆。邓小平在谈到1989年后西方国家对中国的制裁时说："我是一个中国人，懂得外国侵略中国的历史。当我听到西方七国首脑会议决定要制裁中国，马上就联想到1900年八国联军侵略中国的历史。要懂得些中国历史，这是中国发展的一个精神动力。"①

第二，1949年后近30年的社会主义建设经验。在这个时期，中国共产党领导的国家具有高度合法性。一方面，国家相对于国内和国际社会享有明确的自主地位；另一方面，国家具有强大的行动能力和高度一致的合法性与认同感。因此，国家能够在短时间内完成社会结构、经济结构的改造，建立起完整的社会政治经济管理体制，动员有限的资源建设各类公共工程，并以全国民众的统一行动对抗来自国际体系的压力。社会主义建设的经验在某种程度上也是在国际资源缺乏的情况下利用国家权力集中国内资源办大事的经验。因此，邓小平在《中国共产党中央委员会关于建国以来党的若干历史问题的决议》起草过程中强调，"中国在世界上的地位，是在中华人民共和国成立以后才大大提高的"②。

第三，"文化大革命"的教训。"文化大革命"最沉痛的教训就是失去秩序，不但社会生产生活失去了基本的秩序，而且国家政治生活也陷于混乱。斗争的逻辑贯彻在各个领域，甚至家庭这个最小的社会单位，破坏了整个民族的基本价值。早在1975年，邓小平就多次强调要通过"整顿"来恢复各个方面的秩序。他说："当前，各方面都存在一个整顿的问题……要通过整顿，解决农村的问题，解决工厂的问题，解决科学技术方面的问题，解决各方面的问题。"③ 而《中国共产党中央委员会关于建国以来党的若干历史问题的决议》则指出，"实践证明，'文化大革命'不是也不可能是任何意义上的革命或社会进步。它根本不是'乱了敌人'而只能乱了自己，

---

① 《邓小平文选》第3卷，人民出版社，1993，第357～358页。
② 《邓小平文选》第2卷，人民出版社，1994，第299页。
③ 《邓小平文选》第2卷，人民出版社，1994，第35页。

因而始终没有也不可能由'天下大乱'达到'天下大治'"。这个十年正是许多国家经济腾飞的十年，中国在世界范围的现代化浪潮中失去了一次重要机会。因此，"文化大革命"结束后，大力发展生产力，实现四个现代化自然也成为改革开放所追求的根本目标。

第四，1989年后苏东国家的相继垮台和解体。尽管中国早在20世纪50年代末期就与苏联阵营分道扬镳，但是依然把自己和对方视为社会主义阵营的成员，因此，1989年后在苏东国家发生的震荡对中国的冲击是非常深刻的。一方面，它提醒了中国，虽然各国联系日益紧密，但是两大制度的斗争依然存在，必须实现国家的强大；另一方面，必须巩固党对国家的领导权。丧失领导权是危险中的危险。邓小平在1989年下半年的讲话中多次指出，这些国家发生的变化既体现了世界问题的复杂性，也说明了这些国家内部存在着重大问题。中国要坚持中国共产党的领导，不能把自己搞乱，而且要抓住时机实现快速发展。

这四个参照系可以归纳为中国改革开放的三大遗产：中华民族为独立富强奋斗的遗产，中国建设社会主义的遗产（第二个和第三个参照系），以及世界社会主义的遗产（最后一个参照系）。它们之间虽然存在各种区别，但作为一个国家、一个民族发展借鉴的镜子，能形成反射的焦点，时刻提醒决策者、社会精英以及各阶层民众，在一些关键性问题上达成共识或默认，从而使中国这个巨型社会能够比较有效地组织集体行动。这四大参照系在两大问题上产生了共识或默认的焦点：一是只有最大限度地发展才能实现富强；二是最大限度地保持秩序和稳定，甚至不惜付出某些代价。对于一个在世界现代化潮流中处于赶超地位的民族来说，要实现快速的发展，最大限度地实现秩序稳定，必须依靠一个享有高度自主地位、拥有强大自主能力的国家，以把有限的资源调动起来。可以说，这两点基本共识成为实现中国国家自主性的合法性与合理性的理念来源。

二　改革开放与执政能力的调整

从执政能力角度来看，中国的改革开放进程实际上就是执政党以明确自主地位、提高自主能力来推动和塑造中国社会、经济、政治诸领域发展的过程。执政能力具体体现为以下几个方面。

第一，发展战略决策权。作为执政党，共产党必须掌握战略决策权，要在国家—社会、国家—国际体系这两对关系的变动中实现决策的相对独立，并克服来自社会和国际体系的制约，贯彻和实现决策。

对于中国这样一个以赶超为目标的大国来说，必须根据具体情况制定正确的发展战略，并集中各方面力量来实现它；只有这样才能通过战略的成功和效力的显现确保战略决策权以及调整权的牢固把握。邓小平在谈及保证政策的连续性时指出，有效的政策和有能力执行政策的人是最基本的两个因素。这种判断同样适应于中国的发展战略。他说："我们的政策是否有连续性，主要看两条。首先是看政策本身对不对，这是最重要的。如果政策不对，有什么必要连续呢？如果政策对，能推动社会主义社会生产力发展，使人民生活逐步好起来，这种政策本身就保证了它的连续性。其次要看执行政策的人。从中央到各个地方，都要有一批勇于探索、精力较好的人。"①

正确的发展战略应该具有明确的、可实现的目标，并且这些目标是可衡量的。实践证明，1978 年的十一届三中全会确定的通过改革开放实现发展的战略是正确的。在战略目标上，中国的发展要"加快社会主义现代化建设，并在生产迅速发展的基础上显著地改善人民生活"。② 这是"压倒一切的中心任务"。改革开放保证了这个战略目标的可实现性。"改革是全面的改革，包括经济体制改革、政治体制改革和相应的其他各个领域的改革。开放是对世界所有国家开放，对各种类型的国家开放。"③ 衡量这个战略的具体指标则是在 20 世纪末实现农业、工业、国防和科学技术的现代化。

此后，中国的发展战略虽然在具体发展阶段的划分上以及实现的手段上进行了不同程度的调整，但是发展社会主义生产力这个基本目标以及实现这个目标的方针政策——改革开放并没有动摇，并且被反复强调和论证。

① 《邓小平文选》第 3 卷，人民出版社，1993，第 150 页。
② 《十一届三中全会以来重要文献选读》（上），人民出版社，1987，第 4 页。
③ 《邓小平文选》第 3 卷，人民出版社，1993，第 237 页。

能否发展社会主义生产力是衡量各项工作做得对或不对的标准,① 是评价政治体制、政治结构以及各项政策的标准。② 社会主义生产力的发展是振兴中华民族的根本，是社会主义优越于资本主义的证明,③ 是中国对第三世界发展的贡献、对世界和平发展的贡献,④ 是对人类的真正贡献。⑤

在改革开放的关键时期，党中央多次强调要坚定地执行 1978 年以来确立的发展战略。邓小平在 1989 年 5 月 31 日的一次讲话中指出，改革开放政策不变，几十年不变，一直要讲到底。要继续贯彻执行十一届三中全会以来的路线、方针、政策，连语言都不变。⑥ 江泽民在十三届四中全会上讲话时指出，对于基本路线和政策，"我要十分明确地讲两句话：一句是坚定不移，毫不动摇；一句是全面执行，一以贯之"。⑦ 1992 年，邓小平在"南方谈话"中更加明确地提出，"基本路线要管一百年，动摇不得"。江泽民在 1996 年后的几次讲话中提出，发展生产力、实现社会主义现代化"本身就是最大的政治"⑧，是"我们当前最大的政治"。⑨ "发展是硬道理"，必须坚持用发展的办法解决前进中的问题。发展是"执政兴国的第一要务"，"是解决中国一切问题的关键"。⑩

在强调通过改革开放发展生产力这个根本战略的同时，针对经济社会发展中产生的不稳定因素，决策者逐渐把"稳定"这个概念也纳入了战略

---

① 邓小平曾经提出，"各项工作都要有助于建设有中国特色的社会主义，都要以是否有助于人民的富裕幸福，是否有助于国家的兴旺发达，作为衡量做得对或不对的标准。""各项工作都要有助于建设有中国特色的社会主义"。《邓小平文选》第 3 卷，人民出版社，1993，第 23 页。

② 《邓小平文选》第 3 卷，人民出版社，1993，第 213 页。

③ 邓小平 1988 年 10 月会见罗马尼亚总统齐奥塞斯库的讲话。《邓小平年谱》（下），中央文献出版社，2004，第 1255 页。

④ "我们的改革不仅在中国，而且在国际范围内也是一种试验，我们相信会成功。如果成功了，可以对世界上的社会主义事业和不发达国家的发展提供某些经验。"《邓小平文选》第 3 卷，人民出版社，1993，第 135 页。

⑤ 《邓小平文选》第 3 卷，人民出版社，1993，第 224 页。

⑥ 《邓小平年谱》（下），中央文献出版社，2004，第 1277 页。

⑦ 《十三大以来重要文献选编》（中），人民出版社，1991，第 547 页。

⑧ 江泽民：《论党的建设》，中央文献出版社，2001，第 211 页。

⑨ 2001 年 4 月 2 日，江泽民在全国社会治安工作会议上的讲话。

⑩ 《十六大以来重要文献选编》（中），中央文献出版社，2006，第 536 页。

之中，并赋予其与改革、发展同等重要的地位。在社会主义阵营国家出现巨大变化之后，邓小平在多种场合强调，中国最关键的问题是稳定。这不仅是中国的问题，亚洲、太平洋地区的问题，还是整个世界的问题。① 实现稳定，不仅是对中国自己负责，也是对全世界全人类负责。② 而对于作为目标的发展和作为动力的改革来说，稳定是前提，三者构成了中国现代化棋盘上的三个紧密关联的战略性棋子，相互促进，相互制约。③

"政治路线确定之后，干部就是决定因素。"④ 发展战略的决策权最终是由人来掌握的：一方面是在思想、理念和行动上保持一致性的决策者；另一方面是能够把国家统一的战略有效地贯彻落实的执行者。在中国，这两方面的人员分别是国家领导集体、各部门和地方各级的官员，后者从某种程度上来说也是决策者。为了保证国家领导集体的有序更换，20 世纪 80 年代以来，我国先后通过建立中央顾问委员会，实现离休制、退休制，最终取消了领导干部终身制，使建国的一代顺利离开领导岗位。⑤ 1989 年，中国的国家领导集体实现了彻底的新老交替，产生了以江泽民为核心的第三代领导集体；2002 年，又产生了以胡锦涛为总书记的新的党中央，这样，国家领导集体的更替在保证稳定性的同时，通过年轻化实现了有序化。⑥ 各部门以及地方各级官员队伍的建设是通过分类管理进行的。建立公务员制度，实现了大部分官员录用、提升、培训、交流等的制度化，形成了一支具有较高素质的、稳定的公务员队伍；推进干部"四化"（革命化、年轻化、知识化、专业化）标准的具体化并配合以任期制、回避制、退休制、培训制、考核制、民主选拔制、公示制等管理制度，提高了各级、各部门领导干部

---

① 《邓小平年谱》（下），中央文献出版社，2004，第 1314 页。
② 《邓小平年谱》（下），中央文献出版社，2004，第 1318 页。
③ 1994 年 3 月 11 日，江泽民在八届全国人大二次会议上海代表团讨论会上的讲话。
④ 《江泽民文选》第 3 卷，人民出版社，2006，第 289 页。
⑤ 1987 年，邓小平在会见朝鲜总理李根模的时候指出，解决人事问题，也是改革问题。中国这样的大国，不把这个问题解决好，出了乱子就是大乱子。《邓小平年谱》（下），中央文献出版社，2004，第 1217 页。
⑥ 邓小平特别强调领导层的年轻化。他在 1987 年 9 月接见二阶堂进的时候说，"年轻化是很重要的一件事，第一要保持政治的活力，第二要保持方针政策的连续性和稳定性，不年轻不行"。《邓小平年谱》（下），中央文献出版社，2004，第 1206 页。

的水平，为更多优秀人才的产生提供了一定的渠道。

第二，意识形态话语权。意识形态既是国家权力结构的重要组成部分，也是权力运行的添加剂。意识形态通过理念设计、话语体系建构以及宣传灌输，塑造着个人和组织的基本价值判断和利益选择，从而实现了两个基本功能。一是通过把国家的阶级本质论证为公共利益的代表，垄断话语权，系统地阐明了政权的合法性，证明了具体政策和决定的合理性，缓和并抑制了社会矛盾。这是意识形态的最低功能，根本表现是对社会意识的控制。二是降低了国家权力的服从成本，在资源约束的条件下有效地达成集体行动，融洽了国家与社会、社会内部以及国家之间的关系。意识形态是信任达成的重要条件，因为它提供了相互认同的价值基础。这是意识形态的最高功能，根本表现是对社会意识的整合性激励。因此，诺思在论证意识形态与经济增长的关系时曾说，任何一个成功的意识形态都必须克服集体行动中的"搭便车"问题。[①]"搭便车"问题的解决一方面要靠国家权力对象对国家的主动服从，另一方面更需要对象之间的相互认同。

对于中国这个长期重视意识形态工作并处于变革期的超大型社会来说，有效地实现意识形态的基本功能，尤其是发挥其最高功能是至关重要的。改革开放以来，意识形态的受众出现了三个方面的显著变化。①意识形态的社会受众在经济改革过程中日益世俗化，并产生了内部结构的分化。他们的自我意识和价值判断得到了物质利益的有力支持和强化，并且用更为实际的生活标准来衡量意识形态的价值。随着收入差距的扩大，社会公众在认同、基本价值方面也产生了明显的差别，他们需要整体化的意识形态给予合理的解答，并提供建立新认同的理由。②作为意识形态的官方受众——官员的思想认识受到了局部利益的严重冲击。官员不仅是受众，还是意识形态具体化的生产者和实践中的诠释者，但是在实际工作中产生的各种新问题，不断强化的部门利益、地方利益，家庭利益、个人利益影响甚至削弱了他们对整体意识形态的认同。③作为意识形态的外部受众——其他国

① 〔美〕道格拉斯·诺思：《经济史中的结构与变迁》，陈郁等译，三联书店，1994，第59页。

家及其民众也在关注着不断变化的中国。它们希望了解这个在历史、文化、制度等诸多方面与自己不同，但是对自己的影响又在不断加强的国家。而它们对中国的关注又影响着中国的对外开放进展，以及为国内改革赢得国际支持的水平。应该说，这三大类受众对意识形态的具体要求是不同的，但是共同之处在于：意识形态必须能够最大限度地反映现实、解释实践、说服接受者。重视思想政治工作的传统使决策者在改革开放之初，就清楚地认识到意识形态的重要性，并谋求对意识形态组成要素、表达形式以及管理方式等方面进行改革，以适应改革开放的新形势。

萧功秦认为，改革开放以后，中国的意识形态改革经历了"去魅化"。具体地说，"意识形态的概念符号系统依然存在，意识形态的神圣性，法统的至高地位仍然存在，意识形态作为合法性的来源仍然不可动摇，然而，意识形态的内涵却发生了根本转化"。原来的乌托邦成分、平均主义的理想被剥离出来，从而实现了从教条信仰主义向功效最大化的世俗化转变。① 萧功秦归纳的这种转变是有依据的。这种转变说明了中国的意识形态具有了更大的灵活性、开放度和主动调整能力，这为争取更多的拥护者提供了条件。正如诺思所说，"大凡成功的意识形态必须是灵活的，以便能得到新的团体的忠诚拥护，或者作为外在条件变化的结果而得到旧的团体的忠诚拥护"。②

意识形态的变革始终是在决策者手中掌握着的，并服从中国发展的根本战略要求。尤其是在 1989 年之后，对意识形态的牢牢控制具有现实性。邓小平在 1989 年 11 月会见斋藤英四郎时说，我们十年来取得了可喜的成果，但是有一个大的失误就是思想政治教育少了，连爱国主义宣传也少了。③ 江泽民在 2000 年的中央思想政治工作会议上讲话时指出，"任何一个国家的统治阶级，为了巩固其政治统治，都要维护和发展自己占统治地位

---

① 萧功秦：《从发展政治学看中国转型体制》，《"变革社会中的中国政治与政治学：体制、逻辑与边界"学术研讨会论文汇编》，2005 年 6 月，第 138 页。

② 〔美〕道格拉斯·诺思：《经济史中的结构与变迁》，陈郁等译，三联书店，1994，第 58 页。

③ 《邓小平年谱》（下），中央文献出版社，2004，第 1298 页。

的意识形态"。① 人民群众的理想信念、精神状态和人心所向，最终决定建设中国特色社会主义事业的成败。坚持和巩固马克思主义在中国意识形态领域的指导地位，是保证全党和全国人民加强团结，始终沿着正确方向前进的根本思想基础。在掌握意识形态领导权的基础上，决策者也从多方面对意识形态进行了改革和完善。

首先，通过反复强调马克思主义及其精神来维护意识形态的内部连续性。改革开放以后，意识形态的基本内容在马克思列宁主义、毛泽东思想的基础上，逐渐增加了邓小平建设中国特色社会主义理论以及"三个代表"重要思想，这一方面反映了国家领导层的有序更替，另一方面说明了这些不同提法之间的内在连续性，即它们与马克思主义是"一脉相承"的。

其次，在保持社会主义这个基本理念的同时，不断强调爱国主义、民族特色等要素，减弱阶级色彩，增强意识形态的国家取向和民族取向。国家和民族是现代社会最基本的认同单位。邓小平在1989年后的多次谈话中提到一个国家要有"国格"，要在国际上有自己的尊严。江泽民则在一次讲话中，把民族精神、民族凝聚力视为一个国家综合国力的重要组成。这种变化起到了三个基本作用：①解释了中国发展道路的独特性，反驳了来自不同意识形态国家的批评；②鼓励了国内民众对国家建设成就和发展成绩的认同，从而加强了对政权的支持；③争取了世界范围内华人的支持。

再次，通过不断生产新的概念、理念、理论来充实意识形态的内容，提高其反映实践的灵敏度，增强时代感。"与时俱进"这个词最能说明意识形态的内容更新。在改革的不同阶段，先后提出了"实践是检验真理的唯一标准论""社会主义初级阶段论""三个代表论""政治文明论""和谐社会论""科学发展观"等，既突出了各个阶段的工作重点，也丰富了意识形态的内容。此外，效率、民主、法治、小康、社会公正、执政能力、和谐社会等新的概念或者被借用进来，或者被创造出来，扩展了意识形态的包容性。值得注意的是，这些新概念、新理念、新提法在传统上都是来自马克思主义经典著作，但现在更多的是来自国际社会的实践以及学术研究，

① 《江泽民文选》第3卷，人民出版社，2006，第228页。

尽管在提出后仍然需要从经典作家那里寻找某种形式的证明。这是中国意识形态开放度提升的最明显例证。

又次，通过发现和回答社会公众关注的热点、难点问题，采取多种宣传形式，来提高意识形态的社会性。毫无疑问，意识形态是官方的，代表着统治阶级的意志和利益，但是所指向的对象是社会全体公众，因此必须有机地融入社会意识、社会思想之中，潜移默化地发挥指导作用才能获得更大范围的承认和服从。意识形态社会性的提高体现在三个方面：①媒体种类、数量的增加扩大了意识形态具体表达的渠道，丰富了形式；②通过改善对学术界尤其是哲学社会科学界的领导，增加了官方话语的学术表达渠道；③宣传机构管理水平的提高，使其能够根据问题的特点来选择意识形态表达方式，减少了社会的反感和抵触。

最后，探索充分利用以网络为载体的舆论表达工具。对于意识形态管理来说，网络发展带来了两大冲击：一是信息量的爆炸性增长；二是信息传播的及时性。这必然对意识形态的垄断地位提出挑战。对于国家来说，除了要为信息的传播提供必要的基础和渠道外，还要尽量减少信息流动的无序性，尤其要防止错误信息诱发的不安定可能以及对国家安全的威胁。应该说，自网络引进中国以来，国家就一直从战略的角度出发来加强对其管理和利用，以谋求在全球信息网络化的发展中占据主动地位。[1] 一方面支持官方网站的建设和发展，掌握主流舆论的发布渠道；另一方面则加强对网站的管制，尽可能地减少有害信息的传播。对网络的有效管理在很大程度上提高了国家的信息安全。

第三，主要制度的创制权。在这里，我们采用的是制度（包括了规则和组织在内）广义上的定义。现代社会是由多个制度领域构成的，理想的结构是国家、公民以及市场三个领域各自发育完善并且相互支撑和补充。虽然这三个领域各自都有自己的运行规则和组织形式，但是其在一个民族、国家内部都统一服从于国家宪法、法律，以及相关规定所构成的宪政框架。国家既是现代社会中的一个制度领域，也是其他制度领域中的规则和组织

---

① 2001 年 7 月 1 日，江泽民在中共中央举办的中央领导同志法制讲座结束时的讲话。

的创制者或确认者,① 因为它能够凭借其对暴力的垄断和公共利益的代表身份赋予这些领域以合法性。在中国，国家的创制权是通过政党来实现的。

改革开放以前的中国是一个在全能主义国家控制下的高度一致化的社会，国家一方面采用高度集中的政治经济体制控制着社会经济生活的各个领域，使这些领域的活动者成为其权力的延伸；另一方面用包办代替了社会经济领域的诸多功能，限制甚至禁止了这些领域的自组织能力的成长。改革开放是全方位的，涉及包括国家本身在内的诸多领域，但从制度角度来讲则是在国家推动下的现代制度改革和构建过程。伴随着国家从经济领域和部分社会领域的逐步退出，在其默认、允许、支持及规范下，市场经济逐渐建立起来，市民社会的一些构成要素也产生了，它们形成了自己独立的领域，并替代了国家的某些职能。

改革是从"放权让利"开始的。邓小平在改革开放之初多次指出，我们制度的最大弊端就是权力过于集中，国家和党管了很多不该管也管不好的事情，因此必须下放权力，充分调动广大人民群众的积极性和创造性，发挥国家、集体、个人的作用。各个领域的制度就是在放权的过程中逐渐被创制出来或重构的。

制度创制和重构的基本路径是这样的：首先，在农村实行家庭联产承包责任制，恢复了家庭的基本生产经营单位地位，并鼓励集体企业的建立和发展，从而创造出农村市场主体；其次，推行城市经济体制改革，把国有企业从计划体制中解放出来，推向市场，改革价格体制，把商品流通和价格调整这个基本功能交给市场，并提出了发展社会主义商品经济的目标；1992 年以后，确立了建立社会主义市场经济体制的目标，赋予了市场体制以合法性，并围绕市场经济体制实行了一系列改革；随着市场经济的迅速发展，经济主体日益增加，社会结构日益多元化，社会关系逐渐多样化，对外联系日益深化，为了规范新出现的各类关系，解决新的问题，建设"社会主义法治国家"（1997 年）、"社会主义政治文明"（2002 年）、"和谐社会"（2004 年）等理念也相应产生，并推动着制度的重构与创制，这表明

---

① 〔美〕道格拉斯·诺思：《经济史中的结构与变迁》，陈郁等译，三联书店，1994。

制度创制已经从经济领域扩展到政治和社会领域。因此，制度创制的基本路径是从经济向社会、政治领域扩展的过程；虽然国家是整个过程的掌控者，但是推动力是日益强大的市场力量和社会力量。

制度的创制是通过两种方式进行的。一种是国家直接创制，即自上而下创制，具体代表是各种法律法规的制定和推行。围绕国家法律，地方会制定相应更为详细的法规或有法律意义的政策，以实现国家法律的具体化和操作化。另一种是国家间接创制，多采用自下而上的方式，即地方或社会创制的制度或既存的制度获得了国家的承认或者默认，因此具有了合法性，具体代表是在农村改革中的家庭联产承包责任制。此外，国家间接创制还包括国家为一些制度提供有利的制度空间，推动其尽快发展和完善。比较而言，绝大部分制度是国家直接创制的，这充分说明了国家在制度创制过程中的主动性和主导地位。但是从制度绩效角度来看，一些间接创制的制度绩效更高，因为它们或者来自社会的创造，或者在创制过程中有许多相关利益者的参与，取得了社会的认同。

在上述制度创制方式中，制度模本有两个主要来源。一个来源是对地方实践的总结，将其提升为具有全国意义的制度。中国是一个地方性单位众多并且富有多样性的国家。根据各地特点，提高制度效果一直是国家治理的一个重要原则。改革开放以来，随着对地方的放权，地方的积极性和创造性有了明显增强，因此在制度创制中的作用也大大提高，许多制度的雏形乃至整个结构都是地方提供的。在这里，我们有必要区分两种形式的地方实践总结。一种来自国家为了创制某种制度有意识设立的改革试点地区；另一种是地方在国家整体制度框架下进行的自觉的或无意识的创新。这些创新完全是地方发动的，最初的目的是解决当地出现的实际问题。但随着其制度绩效在当地的显著化，引起了周围地方以及其他省市的学习和模仿，然后得到中央的重视，最后成为国家创制制度的参考或组成部分。由于试点地区的非代表性特征的突出化，试点成本的增高以及地方创新的自觉性提升，地方创新已经超越改革试点，成为地方实践总结的主要来源。

另一个来源是对国外已有经验和做法的借鉴。学习国外先进经验是中国的开放具有改革意义的重要原因。马克思在《资本论》中说过，"工业较发达的国家向工业较不发达的国家所显示的，只是后者未来的景象。"① "一个国家应该而且可以向其他国家学习。一个社会即使探索到了本身运动的自然规律——本书的最终目的就是揭示现代社会的经济运动规律——它还是既不能跳过也不能用法令取消自然的发展阶段，但是它能缩短和减轻分娩的痛苦。"② 随着改革开放的深入，学习和借鉴国外制度更加具有现实的合理性。一方面，现代化事业的推进使中国开始面临其他已经实现现代化国家曾经遇到的问题，比如人口迁移、福利保险、环境保护等。后者为中国提供了较为成熟的经验，值得借鉴。另一方面，与国外联系的加深推动了知识、观念的交流和相互理解，这为制度的借鉴提供了认识论的基础。学习和借鉴国外先进经验和做法是历史发展的必然，因此，中国的制度发展，不仅要总结自己的实践经验，还要"借鉴人类政治文明的有益成果"，但是借鉴必须是从中国国情出发。

制度的渐进性和增量推进是许多人都熟知的中国特点。这是制度创制在中国的时空维度特征。此外，我们还应该注意到制度创制的"合时性"，即制度出台对时机合适与否的把握。如果时机不成熟、条件不具备，决策者更愿意把已经制定好的制度或已经发育良好的组织搁置一段时间，以最大限度地减少不必要的抵触和震荡。邓小平曾经说："改革没有万无一失的方案，问题是要搞得比较稳妥一些，选择的方式和时机要恰当。不犯错误不可能，要争取犯得小一点，遇到问题就及时调整。这是有风险的事情，但我看可以实现，可以完成。这个乐观的预言，不是没有根据的。同时，我们要把工作的基点放在出现较大的风险上，准备好对策。这样，即使出现了大的风险，天也不会塌下来。"③

第四，动员、激励和整合社会利益的能力。国家与社会的关系是实现国家自主性的基本支撑。米格达尔曾经把国家能力的内容概括为"渗透社会的能力，规范社会关系的能力，攫取资源的能力，以及决定分配或使用

① 《马克思恩格斯全集》第 44 卷，人民出版社，2001，第 8 页。
② 《马克思恩格斯全集》第 44 卷，人民出版社，2001，第 9～10 页。
③ 《邓小平文选》第 3 卷，人民出版社，1993，第 267 页。

资源的能力"。① 这些能力归结在一起就是对社会利益的动员、激励与整合的能力，是维护国家的阶级统治地位的基础。

中国共产党领导下的国家在统御社会利益方面具有先天的优势并积累了丰富的经验。共产党在本质上是工人阶级的先锋队，没有自己的利益，代表着广大无产阶级的利益，而工人阶级又是先进生产力的代表。这为共产党超越各社会阶层利益，寻求更大范围利益目标提供了理念支持。按照奥尔森的理论，共产党在行动上是"包容性"集团，而非"狭隘性"集团，能够把自身的利益与社会的繁荣发展联系在一起，考虑到更大范围的利益。共产党取得政权的经验也验证了这种理念的价值。毛泽东在 1949 年发表的《论人民民主专政》一文中，总结中国共产党 28 年斗争取得成功的经验时提到"三大法宝"，其中的群众路线和统一战线实际上就是共产党动员和组织社会力量，寻求社会支持最大化的基本方法。中华人民共和国成立后，一方面国家和党建立了各种组织，实现社会的系统组织化；② 另一方面则通过划分阶级和逐步消灭剥削阶级的方法，把整个社会的利益统一到无产阶级利益之中，用绝大多数人民/极少数敌人的标准争取到社会整体对国家的彻底支持。在社会主义建设过程中提倡，"调动一切积极因素，团结一切可能团结的人，并且尽可能地将消极因素转变为积极因素，为建设社会主义社会这个伟大的事业服务"。③

这种通过国家权力实现的高度组织化和以阶级划分和信仰一致为基础的社会利益统一化具有两个明显的内在缺陷：一是社会自组织能力被削弱和抑制；二是阶级划分的暴力化倾向。前者的典型结果是人民公社解体后农村秩序的短暂混乱，后者的结果则是"文化大革命"的爆发。从某种程度上说，改革开放的一个目的就是要恢复"文化大革命"对国家合法性的破坏，恢复社会利益对国家的信任和信心。

---

① Migdal, J. S., *Strong Societies and Weak States*, Princeton NJ: Princeton University Press, 1988, p. 4.
② "我们应当将全中国绝大多数人组织在政治、军事、经济、文化及其他各种组织里，克服旧中国散漫无组织的状态。"《毛泽东选集》第 5 卷，人民出版社，1977，第 10 页。
③ 《毛泽东选集》第 7 卷，人民出版社，1999，第 10 页。

改革是从"放权让利"开始的，其核心就是承认社会利益并鼓励社会利益的发展。这标志着国家对社会的动员已经从提供信仰激励转向了更为世俗化的物质激励。邓小平在改革开放之初就指出，"不讲多劳多得，不重视物质利益，对少数先进分子可以，对广大群众不行，一段时间可以，长期不行。革命精神是非常宝贵的，没有革命精神就没有革命行动。但是，革命是在物质利益的基础上产生的，如果只讲牺牲精神，不讲物质利益，那就是唯心论"。① 因此，在经济政策上，"要允许一部分地区、一部分企业、一部分工人农民，由于辛勤努力成绩大而收入先多一些，生活先好起来。一部分人生活先好起来，就必然产生极大的示范力量，影响左邻右舍，带动其他地区、其他单位的人们向他们学习。这样，就会使整个国民经济不断地波浪式地向前发展，使全国各族人民都能比较快地富裕起来"。②

在这种思想的支持下，迅速产生了各种各样的物质激励形式，整个社会对物质利益的追求成为 20 世纪 80 年代之后中国社会变革的根本动力。不仅整个社会的物质收入水平大大提高，而且社会内部的差距也拉大了，曾经被无产阶级统一在一起的整体化社会出现了分层和多元化，并且两极分化日益严重。这样，国家面临的主要任务不再是提供激励机制，而是如何协调和整合多元化的社会利益，以缓和社会内部以及社会与国家之间的矛盾。

实际上在 1990 年前后邓小平在多次谈话中就提出了应该解决贫富分化问题。他在 1989 年 2 月会见外宾的时候说，由于国家人口多、地区发展不平衡，所以制定的每项政策要照顾到各个方面是不可能的。"总有一部分人得益多些，另一部分人得益少些。就是得益少的那部分人生活也比过去好得多，但还是要发些牢骚。"③ 1993 年在和弟弟邓垦谈话时他再次提到要解决分配不公、两极分化问题。他说，两极分化是自然出现的，要采取各种手段和方法加以解决。"过去我们讲先发展起来。现在看，发展起来以后的

---

①《邓小平文选》第 2 卷，人民出版社，1994，第 146 页。
②《邓小平文选》第 2 卷，人民出版社，1994，第 152 页。
③《邓小平年谱》（下），中央文献出版社，2004，第 1266 页。

问题不比不发展时少。"①

综观 20 世纪 90 年代以来国家解决社会利益分化这个问题的各项政策和做法，可以根据其针对的问题大致区分出两大类。第一类政策的主要目的是缓和及解决社会利益冲突。私有产权在法律上的承认可以被视为在制度上保障了改革开放以来新出现的有产阶层的基本权利，既为这些经济增长的首要受益者和推动者提供了可持续的激励，也为社会利益冲突的解决提供了基础性的法律依据。2004 年提出的"社会主义和谐社会"目标是国家对社会关系发展的总体判断和期望。在胡锦涛 2005 年 2 月的讲话中，他认为和谐社会应该是民主法治、公平正义、诚信友爱、充满活力、安定有序、人与自然和谐相处的社会。②

第二类政策主要解决的是多元利益的整合问题。社会利益的多元化是市场经济发展的必然结果。江泽民在 2001 年纪念中国共产党成立八十周年的讲话中说："人民群众的整体利益总是由各方面的具体利益构成的。我们所有的政策措施和工作，都应该正确反映并有利于妥善处理各种利益关系，都应认真考虑和兼顾不同阶层、不同方面群众的利益。但是，最重要的是必须首先考虑并满足最大多数人的利益要求。"③ 考虑和满足最大多数人的利益要求，不能只停留在物质层面上，还要关注他们的社会政治参与要求，为其提供通畅而有效的制度渠道，从而在参与中增强对制度的认同和支持。在中国的现行体制框架下，除了要充分发挥人大、政协两大政治参与制度以及工青妇等全国性群众组织的功能外，还要提高共产党的利益整合能力，因为它不仅掌握政权，还渗透在各种社会经济组织之中，是整个社会的融合剂。"三个代表"思想的提出在很大程度上可以视为共产党在利益多元化情况下继续有效发挥整合作用的行动。在这个思想的指导下，通过修改党章，明确了党的代表性，不仅是中国工人阶级的先锋队，还是中国人民和中华民族的先锋队；允许私人企业家入党，吸纳了这个新兴的、富有影响力的阶层；树立"大人才观"，把对社会各阶层精英的管理纳入党管人才的

① 《邓小平年谱》（下），中央文献出版社，2004，第 1364 页。

② http://theory.people.com.cn/GB/40551/3188468.html.

③ 2001 年 7 月 1 日，江泽民在庆祝中国共产党成立八十周年大会上的讲话。

范围内；提出"执政能力"概念，进一步明确了党的领导核心地位。

以上描述比较清晰地勾画出党和国家对社会利益格局的反应。从为服从经济发展这个中心工作而激活社会利益，到利益多元化出现后提出"社会主义和谐社会"以明确社会关系构建的目标，提出"三个代表"思想来提高党的利益整合能力，党和国家一直在努力掌握住社会利益的动员、激励和整合权。这正是国家—社会关系保持相对可控性的关键。

第五，中央权威与中央能力。维护中央权威、提升中央能力是实现相对稳定的社会政治秩序所必需的重要政治因素，对于中国这样一个巨型的、内部多样化的社会来说尤其如此。悠久的集中体制历史既反映了社会经济发展对权威和集中的内在需要，也为日后的制度演进和建构设置了依赖路径。新中国成立后，在制度依赖的轨迹上，通过借鉴苏联的体制，迅速建立了完整的集中体制，把政治、经济、文化诸领域的权力集中于中央，有效地动员了全国资源，在短时期内完成了对中国社会的制度性改造，将中央权力彻底地贯彻到基层，实现了全国的高度统一。在社会主义建设过程中，集中体制的优势得到了充分发挥，但是弊端也显露出来，因此，毛泽东在 1956 年发表的《论十大关系》一文中根据苏联的教训和中国的建设经验，把中央—地方关系作为十大关系之一，提出处理好地方和中央的关系，对于我们这样的大国大党是一个十分重要的问题。他说，我们不能像苏联那样，把什么都集中到中央，把地方卡得死死的，一点机动权也没有。而发达资本主义国家的发展经验也值得我们研究。但是发挥中央和地方两个积极性的前提，必须是巩固中央的统一领导。他说，"为了建设一个强大的社会主义国家，必须有中央的强有力的统一领导，必须有全国的统一计划和统一纪律，破坏这种必要的统一，是不允许的"。[1]

毛泽东提出发挥中央和地方两个积极性以来，出现了多次放权实践。其中 1958 年和 1970 年进行了两次较大规模的资源配置权下放，在一定程度上收到了恢复当时国民经济活力的效果。但是这种资源配置权下放实际上是与计划经济的框架相矛盾的，它导致的是众多拥有资源配置权的地方政

---

[1]　《毛泽东文集》第 7 卷，人民出版社，1999，第 32 页。

府对资源的争夺，而中央计划者又由于权力的下放无法对它们的关系进行调控，因此出现了"一放就乱，一统就死"的放权—集权的恶性循环。为了维持全国的秩序，最终的结果依然是中央收回权力，权力过分集中的现象没有大的改变。

邓小平在1980年的讲话中，尖锐地提出党和国家领导制度的主要弊端就是权力过分集中。"权力过分集中，妨碍社会主义民主制度和党的民主集中制的实行，妨碍社会主义建设的发展，妨碍集体智慧的发挥，容易造成个人专断，破坏集体领导，也是在新的条件下产生官僚主义的一个重要原因。"①1987年党的十三大报告更是明确提出，中国政治体制的重大缺陷主要是权力过分集中，官僚主义严重。因此，从某种程度上说，中国的改革实际上是一个放权的过程，而中央向地方的放权（分权）则是这个过程的重要内容。

中国改革的成功与地方积极性和创造性的发挥密不可分，它们在分权过程中成为独立的利益主体，承担起更多的中央下放的责任，履行了社会经济发展过程中产生的新职责，推动了当地经济的发展。但是在分权过程中，中央的权威以及中央统一执行政令的能力也受到了冲击，甚至在个别领域被削弱了。一方面，中央实践权威的传统方式和资源条件改变了，行政干预逐渐受到法律约束，经济控制权也受到了财力的限制；另一方面，在分权过程中，中央与地方在许多领域的权责利划分不清楚，难以形成规范化、制度化的关系。"诸侯经济"、"地方保护主义"、地方投资过热等诸多破坏全国统一大市场秩序现象的频繁出现折射出中央权威面临的挑战。

此外，改革过程中国内国际产生的新问题也不断提醒着决策者维护中央权威、提高中央能力的重要性。首先，苏联解体后俄罗斯的转轨经验说明了中央权威对于保证转轨顺利进行的重要性，因为缺乏有力的中央领导，就无法推进转轨，更难以巩固法制来保护公民的权益；其次，国内发展差距逐渐拉大，必须依靠中央力量来调配资源，缩小差距，平衡各地的关系；

---

① 《邓小平文选》第2卷，人民出版社，1993，第321页。

最后，经济全球化的快速推进对于国家在社会经济发展中的角色提出了严峻挑战，而中央政府作为国家的代表则需首先面对，在融入国际化进程中，必须整合好内部力量，增强抵御全球化风险的整体能力。

改革伊始，决策者在强调发挥地方积极性的同时，就明确提出要维护中央权威，提高中央能力。邓小平尽管主张放权改革，但是一直强调中国集中体制的优点，认为它可以集中财力办大事，并解决一些大问题。在1988年价格改革的关键时期，他谈道，"中央要有权威。改革要成功，就必须有领导有秩序地进行。没有这一条，就是乱哄哄，各行其是，怎么行呢？不能搞'你有政策我有对策'，不能搞违背中央政策的'对策'"。① 对于已经开始出现的地区差别，他主张要依靠中央权威，从大局出发加以解决。他说："沿海地区要加快对外开放，使这个拥有两亿人口的广大地带较快地先发展起来，从而带动内地更好地发展，这是一个事关大局的问题。内地要顾全这个大局。反过来，发展到一定的时候，又要求沿海拿出更多力量来帮助内地发展，这也是个大局。那时沿海也要服从这个大局。这一切，如果没有中央的权威，就办不到。各顾各，相互打架，相互拆台，统一不起来。谁能统一？中央！中央就是党中央、国务院。"②

1994年的分税制改革可以看作中央为加强权威所做的制度性调整。从总体上说，这次改革是成功的，更科学地划分了中央与地方的关系，主要是与省级的财权、事权关系，提高了财政收入占GDP、中央财政收入占全国财政收入两个比重，增强了中央财政的宏观调控能力。这次改革也充分证明了中央一直把加强其财政能力作为调整中央—地方关系的重要内容之一。此后，随着整个国家经济社会事业的快速发展，中央为了改善和加强宏观经济调控能力，更是通过多种方式加强中央的财政能力。江泽民指出，"随着经济的增长，适当增加地方财政是必要的，但从整个国家来看，财力也不能过于分散。保持国民经济的整体发展，维护国家的统一、稳定和安全，中央必须掌握足够数量的经济资源，以利集中财力办一些必须办的大

① 《邓小平文选》第3卷，人民出版社，1993，第277页。
② 《邓小平文选》第3卷，人民出版社，1993，第277~278页。

事情"。①

　　由于共产党是执政党，所以加强党的领导也是提高中央权威的重要支撑。自 1990 年以来，中国共产党多次下发文件，推动党的各项建设，一方面巩固党内的垂直领导，另一方面改善和加强党对各项事业的领导。1994年十四届四中全会通过的《关于加强党的建设几个重大问题的决定》、2001年十五届六中全会通过的《关于加强和改进党的作风建设的决定》以及2004 年胡锦涛在中纪委第三次全体会议上的讲话是三个具有重要价值的文件。1994 年的文件系统阐释了加强中央权威的理由："我国是幅员辽阔、人口众多的发展中国家，我们党面临着艰巨复杂的改革和建设任务。只有维护中央的权威，才能增强党的凝聚力和战斗力；才能保证国家统一、民族团结和社会稳定；才能保障改革开放和现代化建设的顺利进行，逐步实现各族人民的共同富裕，实现社会主义物质文明与精神文明的共同发展。"明确提出，在党内"四个服从"中最重要的是全党服从中央；维护中央权威，就是保证中央的政令畅通，决定的事情各方都要认真去办。2001 年的文件增加了维护中央权威的两个新理由：国际环境的深刻变化，社会主义市场经济的深入发展。在重申了"四个服从"最重要的是全党服从中央后，文件就各地方、各部门的改革行为提出了要求：要在大局下行动，"改革体制、建立制度、制定政策、决定重大事项"要坚决维护党和中央的集中统一，防止和纠正分散主义的倾向。与 1994 年的文件相比，2001 年的文件专门列举了几类破坏中央权威的行为：把本地方、部门和单位搞成不听党的统一指挥、不受组织约束和群众监督的"领导"；有令不行、有禁不止，"上有政策、下有对策"；地方和部门保护主义；制定与中央政策和国家法律法规相抵触的规定。胡锦涛在 2004 年题为《在全党大力弘扬求真务实精神，大兴求真务实之风》的讲话中，专门列举了十类亟待解决的问题，其中多数都与破坏中央权威有关。

　　必须注意的是，加强党的组织工作是维护中央权威的重要制度支撑。党必须把能够贯彻党的各项方针政策的优秀人才选拔到各级领导岗位上。

---

① 江泽民：《关于财政税收工作问题》，《人民日报》2000 年 4 月 17 日。

改革开放以来，党非常重视领导干部的选拔和任用，并逐步制定出一系列干部管理制度。这些制度在取向上有两种：一种侧重的是加强对地方干部的控制，比如异地任职的回避制度、中央巡视制度、中央部委官员到地方任职制度等；另一种侧重于通过发挥民主加强群众对地方干部的监督，比如公示制度、公选制度等。比较而言，第一种取向的制度在推行的层次上更高，而第二种取向的制度则主要局限在局级干部以下，特别是乡镇层次上。从长期来看，中央通过控制人事权来调整中央—地方关系的方法必须从直接任命逐步转移到由群众选举任命，这样才能通过人民民主这个基本的制度形式把中央的意志更有效地合法化，并且为中央权威提供更广泛的社会支持。

加强法治建设也是维护中央权威、提高中央能力的重要方式之一。改革开放以来，法治建设除了强调提高立法质量、加快立法速度外，还特别强调法制的统一性。一方面，所有的法律都要符合宪法精神，不能相互抵牾和冲突，地方和部门立法要符合上位法，不能成为维护本地方或部门利益的手段；另一方面，从制度上保证审判机关和检察机关依法独立公正地行使审判权和检察权，消除法律执行中的"地方保护主义"。

提高政府尤其是中央政府的整体性也是维护中央权威、提高中央能力的重要内容。政府的整体性指的是政府各个部门要服从统一的政令，在履行职责的过程中相互配合、互相支持，维护政府的整体形象，实现政府的整体意义。20世纪90年代以来，针对在一些重大问题上出现的部门之间、地方之间相互推诿责任、争夺利益的现象，中央在反复重申政令统一的重要性的同时，积极推动有关制度和机构的建设来加强对部门、地方官员的监督和问责，并且协调各个方面的行动。安全生产体制在近些年的变化充分说明了这点。2005年新修订的《国务院工作规则》明确提出，"各部门必须坚决贯彻落实国务院的重大决策，及时跟踪和反馈执行情况，确保政令畅通"。

第六，主权和开放的主动权。国外一些学者认为，传统中国是一个文明概念，而非民族国家单位。中国的民族国家构建历史是从王朝结束的近代开始的。作为一种文明，中国对于外来的东西具有天然的包容性和吸纳力；作为一个在西方列强入侵后才开始现代国家建设历程的国家，中国对于主权的独立和完整更为敏感。主张对外学习和坚决维护主权成为中华人民共和国成立后处理外部关系的两大基本原则，无疑是历史决定的。

毛泽东在 1949 年写的《论人民民主专政》之中，总结了中国共产党成立 28 年来带领中国人民取得胜利的基本经验。他说就是两件事，其中之一是"在国外，联合世界上以平等待我的民族和各国人民，共同奋斗"，结成国际统一战线。① 他特别批评了"不要国际援助也可以胜利"的错误想法。在帝国主义存在的时代，任何国家的真正的人民革命，如果没有国际革命力量在各种不同方式上的援助，要取得自己的胜利是不可能的。② 当然，中华人民共和国成立后，中国所依托的国际力量是苏联为代表的社会主义阵营，苏联各个方面的经验和做法成为中国学习和移植的主要对象。③ 毛泽东在 1953 年 2 月的政协一届四次会议上提出，要在"全国范围内掀起学习苏联的热潮，来建设我们的国家"。④ 即使在这个"一边倒"的时代，中国对于向国外甚至西方国家学习，在原则上也是鼓励的。毛泽东在《论十大关系》一文中说，"我们的方针是，一切民族、一切国家的长处都要学，政治、经济、科学、技术、文学、艺术的一切真正好的东西都要学。但是，必须有分析有批判地学，不能盲目地学，不能一切照抄，机械搬用。他们的短处、缺点，当然不要学"。⑤

然而，由于意识形态以及国际环境的变化，从 20 世纪 60 年代之后中国与外部世界的联系被割断了。尽管依然能够坚持主权独立原则，但是失去了向国外学习并利用国际资源的机会。邓小平在改革开放之初回忆这段历史时说，中国在 20 世纪 60 年代初期同世界上有差距，但不太大。20 世纪 60 年代末期到 70 年代这十多年，我们同世界的差距拉得太大了。这十多年，正是世界蓬勃发展的时期，世界经济和科技的进步，不是按年来计算，

---

① 《毛泽东选集》第 4 卷，人民出版社，1991，第 1472 页。
② 《毛泽东选集》第 4 卷，人民出版社，1991，第 1472 ~ 1473 页。
③ 黄宗良、孔寒冰：《世界社会主义史论》，北京大学出版社，2004，第 343 ~ 350 页。
④ 《建国以来毛泽东文稿》第 4 册，中央文献出版社，1990，第 46 页。
⑤ 《毛泽东文集》第 7 卷，人民出版社，1999，第 41 页。

甚至不是按月来计算，而是按天来计算。中华人民共和国成立以来长期处于同世界隔绝的状态。这在相当长一个时期不是我们自己的原因，国际上反对中国的势力，反对中国社会主义的势力，迫使我们处于隔绝、孤立状态。60 年代我们有了同国际上加强交往合作的条件，但是我们自己孤立自己。现在我们算是学会利用这个国际条件了。①

1978 年后，"开放"之所以与"改革"并列为两大基本任务或工作，正是因为通过开放有助于从外部获得所需的资源，加快中国的发展。针对改革初期一些人怀疑开放会牺牲国家主权的想法，邓小平在全国科学大会开幕式的讲话中指出，"独立自主不是闭关自守，自力更生不是盲目排外。科学技术是人类共同创造的财富。任何一个民族、一个国家，都需要学习别的民族、别的国家的长处，学习人家的先进科学技术。我们不仅因为今天科学技术落后，需要努力向外国学习，即使我们的科学技术赶上了世界先进水平，也还要学习人家的长处"。②显然，这种看法是中国共产党对中华人民共和国成立初期有关思想的重申和发展，使维护主权和实现开放有机地结合起来。

在开放过程中，国家的主权和安全要始终放在第一位，③ 这是所有改革开放措施的前提之一。中国强调的主权原则包括两个基本内容：一是要坚决维护自己国家的主权独立和完整；二是要尊重其他国家的主权独立和完整，不干涉他国内政。随着国际交往内容的日益丰富，主权涉及的范围也逐步扩大，在领土完整、政治独立这两个核心内容的基础上扩展到经济、文化、社会等诸多领域。而这些领域正是中国开放的前沿领域，不仅需要扩展对外联系来获得国际资源的支持，也需要在日益紧密的联系中保持自己的独立性，因此，掌握这些领域开放的主动权、学会充分利用国际资源就成了在实践中维护主权的核心。

掌握开放的主动权主要体现为开放的有序性和渐进性。这表现在三个方面。首先，开放的具体目标逐渐丰富。虽然推动国内发展一直是开放的

---

① 《邓小平文选》第 2 卷，人民出版社，1994，第 232 页。
② 《邓小平文选》第 2 卷，人民出版社，1994，第 91 页。
③ 《邓小平文选》第 3 卷，人民出版社，1993，第 347 页。

总体目标，但是随着对外联系的不断紧密，在不同时期开放的具体目标也相应进行着调整。在改革开放初期，引进国外先进技术、学习先进的管理经验以及利用外资是开放的主要目标；1992 年后，建立社会主义市场经济体制成为经济改革的主要任务，而开放的目标具体化为了解和掌握国际惯例，来提高本国在国际竞争中的竞争力，以及通过加快国内开放来深化改革。邓小平在视察浦东的时候说："只要守信用，按照国际惯例办事，人家首先会把资金投到上海，竞争就要靠这个竞争"。[1]他还说："对内开放就是改革。改革是全面的改革，不仅经济、政治，还包括科技、教育等各行各业。"[2] 1997 年之后，特别是 2001 年加入 WTO 以来，中国的开放目标转化为通过参与来适应经济全球化，积极参与国际规则的制定。江泽民在 2000 年省部级主要领导干部财税专题研讨班上讲话时说，要增强积极参与国际竞争的信心，要学习和掌握有关国际经贸规则，积极有效地利用这些规则为社会主义建设服务。因此，从具体目标的变化过程来看，中国在国际交往中的角色实际上从主动学习者转化为主动参与者。

其次，开放领域逐渐增加。经济领域是首先开放的领域。在该领域中，生产领域又是排在首位的。20 世纪 90 年代中期以后，开放的领域扩展到服务业中的诸多部门。加入 WTO 意味着经济领域中的所有部门将逐步开放，与之相应的是中国各项政策的制定过程也将更加开放，政府将在各个政策领域谋求国际对话和国际合作，开放扩展到政治、社会、文化诸多领域。开放领域的全面化证明了中国已经成为国际社会的有机组成部分和重要成员。

最后，开放空间逐步扩大。中国的开放地区是从沿海向内地逐步扩展的，而且是从以建立经济特区为开放"窗口"开始的。自 1979 年 7 月 15 日中共中央、国务院批转广东、福建两省省委报告，到 1989 年 3 月 25 日至 4 月 12 日举行的第七届全国人民代表大会第一次会议决议，中国先后建立了深圳、珠海、汕头、厦门和海南 5 个经济特区。其后在经济特区和开放城市

---

① 《邓小平文选》第 3 卷，人民出版社，1993，第 366 页。
② 《邓小平文选》第 3 卷，人民出版社，1993，第 117 页。

的部分地区还建立了一批对进、出口货物免征关税的保税区，以吸引外商前来投资，发展当地经济。建立经济特区的经验为进一步扩大开放地域创造了条件。1984 年进一步开放沿海城市。大连、天津、秦皇岛、青岛、烟台、上海、南通、连云港、宁波、温州、福州、广州、湛江、北海 14 个沿海港口城市获得了经济特区的部分优惠政策，经济得到快速发展。从 1984 年 9 月国务院批准大连建立第一个国家级经济技术开发区起到 1988 年 6 月，共批准沿海开放城市建立国家级经济技术开发区 14 个。1985 年 2 月 18 日，中共中央、国务院决定在长江三角洲、珠江三角洲和闽东南三角区开辟沿海经济开放区，以后又开辟了环渤海（辽东半岛和胶东半岛）经济开放区。1988 年 3 月 18 日，国务院印发了《关于进一步扩大沿海经济开放区范围的通知》，决定将 40 个市、县，其中包括杭州、南京、沈阳 3 个省会城市，划入开放区。1991 年 3 月 6 日，国务院发出《关于批准国家高新技术开发区和有关政策规定的通知》，决定再批准 21 个国家高新技术产业开发区。1992 年 8 月，国务院还决定以上海浦东为龙头，开放重庆、岳阳、武汉、九江、芜湖 5 个沿江城市，同时开放哈尔滨、长春、呼和浩特、石家庄 4 个边境、沿海地区的省会城市以及太原、合肥、南昌、郑州、长沙、成都、贵阳、西安、兰州、西宁等 11 个内陆省会城市。以后几年，又陆续开放了一大批较符合条件的内陆市县，从而极大地促进了各地外向型经济的发展。此外，大陆所有地区都对外开放旅游城市，甚至西藏拉萨也对外国记者和普通旅客开放。现在，中国的对外开放地域已经从经济特区到沿海开放城市，进而扩大到沿边、沿江地带直至内陆省会城市、地区，形成了由沿海到内地，从东部到中部、西部的全方位、多层次、宽领域的对外开放格局。

掌握开放的主动权不仅实践了主权独立的原则，而且提高了国家适应国际联系加深的能力。在全球化进程中，一些发展中国家成为失败者的一个重要原因就是盲目开放，失去了利用国际资源提升自身能力的机会。中国的决策者一直对于掌握开放主动权，通过开放提升自身能力保持清醒的头脑。在加入 WTO 之后，在全国范围就世界贸易组织有关知识对各级干部尤其是高级领导干部进行了培训，并提出要在深化"引进来"的同时，加快实施"走出去"的战略，后者是把对外开放推向新阶段的重大举措，是更好地利用国内外两个市场、两种资源的必然选择。① 在 2004 年《关于加强党的执政能力建设的决定》中，明确提出要掌握处理国际事务的主动权。

中国提倡的掌握开放的主动权也得到了国际社会的认可。1997 年东南亚金融危机的发生后，国际社会高度评价了中国渐进开放的战略，称赞中国是一个稳定的避难所。在约翰·格雷看来，由于中国领导者懂得历史，所以能使中国在某种程度上自立于全球自由市场之外，并且根据自己的国情来决定改革开放的步伐，以减少全球动荡的冲击。"中国一贯地、有依据地对西方的舆论和建议采取轻视的态度，它的相对稳定是这种态度的一个副产品。"②

处理好主权与人权的关系是通过掌握开放主动权来有效地维护主权的一个例证。在原则上，主权是至高无上的、压倒一切的，人权要服从主权。邓小平在 1989 年 11 月会见日本客人的时候说，国格是关系国家独立、主权和尊严的问题，是压倒一切的。③ 但是对于西方国家对中国人权状况的批评，中国并没有简单地重申这个原则，而是在这个原则的指导下，通过丰富人权内容（生存权是首要的人权）、加强人权对话、加快国内发展等措施，在理论上回应批评，在实践上证明中国人权状况的不断改善。这样，主权与人权的关系不再是简单的零和博弈，而是共赢关系。这从另一个角度证明了主权的维护不是单边的，而是多边的。有序的开放是在全球化背景下维护主权的重要手段，因为只有适应国际环境，才能谈得上增强应对国际环境变化的能力。

三 结论：在相互依存中反思执政能力

毛泽东在《纪念孙中山先生》一文中说："因为中国是一个具有九百六

---

① 2002 年 2 月 25 日，江泽民在省部级主要领导干部国际形势与世界贸易组织专题研究班上的讲话。

② 〔英〕约翰·格雷：《伪黎明：全球资本主义的幻象》，张敦敏译，中国社会科学出版社，2002。

③ 《邓小平年谱》（下），中央文献出版社，2004，第 1299 页。

十万平方公里土地和六万万人口的国家，中国应当对于人类有较大的贡献。而这种贡献，在过去一个长时期内，则是太少了。这使我们感到惭愧。"①在改革开放过程中，邓小平也多次发出类似的感叹。经过近 30 年的发展，中国在国际社会中的影响力全面提高，对世界的贡献也不断加大。

毫无疑问，共产党的执政能力在改革开放过程中得到了有效提高，推动并适应了国家—社会关系、国家—政党关系、中央—地方关系以及国家—国际体系四种关系的变化。《关于加强党的执政能力建设的决定》的提出说明了，提高执政能力依然是今后改革的重点，它是关系到中国社会主义事业兴衰成败、关系中华民族前途命运、关系党的生死存亡和国家长治久安的重大战略课题。执政能力包括了国家自主性的各个方面，即驾驭社会主义市场经济的能力，发展民主政治的能力，建设社会主义先进文化的能力，构建社会主义和谐社会的能力，应对国际局势和处理国际事务的能力。

必须看到的是，影响和决定执政能力提高的因素日益复杂。一方面，各种关系的内部多样性提高，对政党的制约力增强；另一方面，各组关系的联系更加紧密，更为复杂。执政党被包在一个由多种关系组成的紧密网络中，无法简单地依靠单方面的主动来推动各组关系的变化，更难以左右和塑造它们。随着自身的发展，社会、地方和国际体系能够生产出更多的手段和方法来影响和制约执政党。执政能力是在这个网络中发挥的，其核心就是处理这个紧密依存的网络关系的能力。

在这个由相互依存关系组成的网络中，一些挑战政党执政能力的变化特别值得注意：①社会内部的分化带来的利益冲突挑战着国家代表社会整体利益的能力；②地方利益的强化挑战着国家贯彻自己意志的能力；③政党社会威信的下降挑战着国家整合社会利益的能力；④国际体系的强大挑战着国家单独享有决策权的传统观念以及单独解决问题的能力。国家必须学会应对这些挑战，从这些变化的关系中汲取资源，将其转化为维护自主性、增强国家能力的有利因素，避免被国内某种利益俘获或者被国际体系左右两种倾向。

---

① 《毛泽东著作选读》（下册），人民出版社，1986，第 755 页。

第五章

在全球化背景下认识中国制度优势[*]

世界是丰富多彩的，制度作为调节和规范社会关系的规则，也是多种多样的。每个国家都有一套具有本国特色的制度体系，即便同属于同一类制度模式，相互之间也存在着差异。随着全球化在深度和广度上的拓展，制度之间的交往活动也在增加、深化，并且面对的变化、问题也越来越具有共同性。必须承认，诸多的变化都是全新的，各类新问题也没有现成的答案，不同的制度都要根据自身在全球化进程中的定位，来有效调动自己的判断力、适应力和应对力。在应对这些变化和问题的过程中，制度之间的差异性也由于制度绩效的分化得到了更全面的体现。中国的快速发展被公认为全球化时代的成功案例之一，引起了广泛的讨论。尽管有不同的解释，但都承认这样的事实：通过有效发挥制度优势，中国把握住全球化带来的机会，不仅很好地解决了本国发展问题，而且为解决各国面对的共同问题提供了选择和参考。中国的发展充分显示了全球化时代坚持制度多样性的意义。

一 制度自觉与制度多样性的凸显

冷战结束之后，"历史并没有终结"于资本主义，反而迸发出巨大的活

---

* 本章主要内容曾发表在《中国特色社会主义研究》2013 年第 4 期。

力。由于东西方两大阵营的瓦解，各国在发展道路的选择上有了更大的空间、更大的自主性，可以突破资本主义或者社会主义的教条束缚，从本国国情出发来建设和完善本国的制度。各种文明、文化也获得了充分展示自我的机会，文明的多样性得到了广泛承认。"文明冲突论"虽然存在内在的缺陷，但其前提是对文明多样性的承认。大量的研究表明，全球化并不等于西方化、美国化，反而激发了其他文化文明的自我认同意识，为它们的强大复兴提供了条件。联合国从 20 世纪末期开始，提出维护世界文化的多样性，推动全球范围内多种文明之间的开放性对话。这一呼吁不仅写入了联合国的文件，而且得到许多国家和国际组织的认可与支持，成为世界性共识。制度作为文明的精华、文化的结晶，既体现了这种多样性，也是多样性的重要保障。不同的制度，形成于不同的历史发展过程，也影响甚至规定着当下以及未来的发展路径。维护制度多样性，就是尊重不同群体的历史选择以及现实实践。

全球化的深入发展，为更多主体提供了参与的机会，促进了不同的制度间的相互交往，为它们提供了展示自我的更大平台。有学者认为多样性的呈现标志着全球化升级到 2.0 版或者第三波。[①] 制度多样性不仅是一种客观现象，也成为不同主体，尤其是各国政府的能动追求，制度自觉不断提升。一方面，在频繁深入的交往中，不同制度加深了了解，在更全面认识对方的同时，也加深了对自我的认识，制度自觉和自信在比较中得到恢复乃至增强；另一方面，面对越来越多的共同问题以及各自的独特问题，不同制度的优缺点得到了更全面的展现。没有完美的、一成不变的、唯我独尊的制度，任何制度都需要不断地自省和自我变革，以保持活力。

随着制度自觉的提升，对于制度多样性的认识也在不断深化。

第一，各国不同的现代化道路既反映了各国国情的不同，也体现了各国制度形成和发展的差异，由此使人们认识到现代化不简单等同于西方化，现代化有着不同的实践形式，形成了多种现代性。各国发展实践表明，不

---

① Will Straw, Alex Glennie, *The Third Wave of Globalisation*, Institute for Public Policy Research Report, January 2012.

论是后发国家的现代化道路，还是发展中国家的经济改革，都不能简单地因循西方的现代化道路，照搬"华盛顿共识"改革处方，必须根据本国国情选择合适的道路、可行的方案，调动国内各种因素，增强文化自觉和制度自信，实现自主发展、本土发展、内源性发展。否则，即便有完美的规划、精致的方案，也不能取得预期成绩，反而会导致重大损失，甚至灾难性后果。即便是已经实现现代化的西方国家，各国的现代化道路也存在着很大的差别，更重要的是，随着人口结构和产业结构的调整，都面临着再工业化、再现代化的重大挑战。在多元的世界中，面对纷繁复杂的问题，不能指望单一制度、单一模式、单一思想提供万能的良方，必须允许和鼓励多种制度道路的探索。诺贝尔经济学奖获得者斯宾塞说，经济实力激发了文化和政治自信，全球化 2.0 版意味着多种认同的相互依存，而非一个模式包打天下。[①]

第二，世界多极化格局为各国制度的自主发展提供了更大的空间。冷战结束后，美苏两个大国主导的两大阵营的对抗也相应瓦解，世界范围出现了新一轮建国热潮，出现了更多的国际主体。世界主要国家的综合实力对比开始发生重大变化，经济全球化带来的新的国际分化、比较优势的转移以及全球金融危机，加速了这个变化。美国实力的相对下降，欧盟、日本经济的长期停滞，以"金砖国家"为代表的新兴市场国家的快速发展，正在推动多极化世界格局的均衡化。世界格局的多极化，有利于抵制"霸权主义""新干涉主义"，有利于弱化意识形态的制约，为各国坚持本国制度，实现自主发展创造更大的空间。美国在阿富汗、伊拉克重建过程中的失败，说明了一个国家的制度不是一夜之间就能建成的。为了在国际竞争中掌握主动，各国也在努力动员本国优势，制度的重要性无论在理论上还是在实践中越来越受到重视。在全球化的背景下，尽管各国更容易学习借鉴乃至移植复制他国的制度，但是必须使外来的制度实现本土化，才能更有效地发挥制度的作用。

---

① Spence, M., *The Next Convergence: The Future of Economic Growth in a Multispeed World*, New York: Farrar, Straus and Giroux, 2011, pp. 4 – 5.

第三，即使是有很多类似性的制度也不能简单等同，而是存在各种差别。在冷战期间，各国制度被轻易地用资本主义—社会主义这种二元标准划分，只强调两大意识形态之间的差别，忽视了资本主义内部、社会主义内部丰富的多样性和差异性。在资本主义体系中，既有以英美国家为代表的益格鲁—撒克逊模式，也有以德国为代表的莱茵模式，还有北欧模式、东亚模式、拉美模式等。而在每一种模式中，还存在国家间的差别。在社会主义模式中，既有苏联模式、古巴模式、中国特色社会主义模式，也有其他富有国家特色的模式。这些制度差异远远不是意识形态所能解释的，是各国的历史文化传统、地理人口环境、社会政治力量结构等多种因素共同作用的结果。实际上，随着国家间竞争的加剧，国家利益的明显化，各国之间的制度差异性更加突出，并且这些差异性往往成为决定各国发展的重要因素。在2008年爆发的全球金融危机中，各国的不同应对表现及其取得的效果，充分说明了这点。

第四，即使是同一种制度也是在不断变化的，具有历史多样性。任何一个国家的制度，都不是固定不变的，现在的成熟稳定制度都经历过重大变革。我们现在看到的西方制度，在内容和运行方式等方面，与200年前、100年前，哪怕是半个世纪之前都存在着很大的不同。而许多发展中国家的制度变化更大，甚至发生着颠覆性变化。全球化带来的新问题和新挑战，迫使每个国家主动调整制度，但是并非都能取得突破和成功。即便是所谓制度完善的西方国家，也面临着制度改革的困难。日本经济的长期停滞、政党领导人频繁变动，欧盟部分成员国遭遇的高福利改革僵局，美国一波三折的医疗体制改革、不断扩大的贫富差距、基础设施的改造艰难，以及席卷英美多国的"占领运动"等一系列问题的出现，说明了西方国家的制度改革深受长期固化的利益格局制约，短时期难以实现制度的自我纠错和改进。

二　治理危机与制度绩效

在制度多样性得到广泛承认的同时，全球化、信息化、城市化、工业化以及再工业化这些重大社会经济变化也对各国制度运行提出了崭新而且重要的挑战，各国治理面临着不同程度的问题或危机，一方面各国制度存在着不同程度的僵化，适应新环境的能力不足；另一方面无法及时回应或解决社会经济问题，制度绩效不能满足社会公众的要求和期待。

比较而言，一直对自身制度充满信心，并且力图将之推及世界的西方国家，面临的治理问题更为严重。尤其是 2008 年全球金融危机爆发后，美国、欧盟多国、日本等发达国家受困于制度的制约，难以对面临的问题给予及时有效的回应，遭遇到严重的治理危机。库普钱认为，目前西方世界出现了治理危机，西方治理模式进入了明显的无效期。原因有三个：一是全球化已经使这些国家的许多传统政策工具失灵；二是西方国家民众要求政策解决的许多问题都需要一定程度的国际合作；三是国内社会公众情绪低落并且分裂严重，无法形成有效的公众参与、社会竞争以及制度制衡。[①]

苏东国家虽然进行了彻底的制度重建，但是转型过程艰难。无论是制度性质的改变，还是具体制度的调整，并没有产生预期的良好效果，反而造成了长期的经济停滞、严重的社会危机，许多经济社会发展指标落后于改革前。显然，制度转型不仅是制度形式上的，更体现在制度效果上。

许多发展中国家依然面临着发展困境。在制度形式上，许多发展中国家参考西方的制度设计，建立了一套完善的制度，但是与本国国情脱节，无法有效运行。即使是实现了以选举为核心的民主化，但是国家的治理能力不足，大量的社会经济问题无法仅依靠选举来解决。不仅这些国家自身，而且包括联合国在内的许多国际组织越来越认识到简单的制度移植存在的问题，并且把这些国家发展的重点从建立西方式的制度转变为提高国家治理能力上。[②] 这说明，有效的制度，必须是扎根于本国国情的制度。

以中国为代表的新兴市场国家的快速发展，显示出治理的改善不能简单地用所谓的民主化来实现。简单地使用民主—专制这样的两分法来看待

[①] Charles A. Kupchan, "The Democratic Malaise Globalization and the Threat to the West," *Foreign Affairs*, January/February, 2012.

[②] Merilee S. Grindle., "Good Governance: The Inflation of an Idea," *CID Working Paper* NO. 202, 2010.

这些快速发展国家，无法客观全面地理解这些国家治理能力提高与本国制度的关系。这种认识在 2008 年爆发的全球金融危机之后，得到了进一步强化。一方面，西方社会，尤其是西方学者开始认真地检讨关于中国的判断，更加客观地对待中国的制度特点和制度优势；① 另一方面，新兴市场国家的成功做法也开始受到发展中国家乃至一些西方国家的重视。美国《新闻周刊》在 2009 年的一期杂志上以"为什么中国行得通？"作为封面标题。在内文开篇就说，"中国是今年唯一一个可能取得亮丽增长的主要经济体，因为它是世界上唯一一个惯常打破经济教科书每一个原则的国家"。

治理重要性的提升，说明了不同的制度都会遇到治理的困境，但也会在解决具体问题上发挥出自己的优势。因此，要尽可能地避免陷入对制度的价值预判或者意识形态定性，尤其不能将自由民主制度作为衡量不同制度优劣的最终标准，而要重视制度的治理绩效。"在一个政治经济模式相互竞争的世界里，人们越来越倾向于用为民众提供物质利益的能力来判断哪种模式更具吸引力，而无论这种模式有多民主。对于在这个世界上存在的很多与西方不同的制度，只要它们推动的是进步而不是暴力，西方就应该尊重它们的政治自主权。"②

制度绩效集中体现了制度运行的结果，它指的是制度运行取得的社会、经济、政治、文化等综合效果，集中体现为人们物质、精神生活水平的提高。不同的制度会实现同样的制度绩效。③ 联合国开发的人类发展指数、世界银行以及其他国际组织近年来进行的治理指标评估都可以视为对制度绩效进行比较和评价的实践探索。而一些学者也以"治理"为核心概念设计了多个评价指标体系，并且选取了一定量的国家进行评估实验。这些努力说明了，即便是不同国情下的不同制度，在许多领域也是可以进行绩效比较的，可以确定较为客观的标准，形成底线性共识。如果制度运行有利于

---

① Francis Fukuyama, "The Patterns of History," *Journal of Democracy*, January 2012, Volume 23.

② 〔美〕帕拉格·卡纳：《民主或效率：21 世纪的挑战》，载弗拉季斯拉夫·伊诺泽姆采夫主编《民主与现代化：有关 21 世纪挑战的争论》，徐向梅等译，中央编译出版社，2011，第 179 页。

③ Ha-Joon Chang, "Understanding the Relationship between Institutions and Economic Development: Some Key Theoretical Issues," Paper to be presented at the WIDER Jubilee conference, 2005.

人们物质精神生活的改善和提高，那么这样的制度就是有效的，就会获得人们的认同和支持。

各国发展水平的不同，决定了不能简单地用水平的维度来衡量各国的制度绩效，必须选取历史的维度来比较各国制度绩效提升的过程，并以此为主要尺度，再辅以与同等发展水平国家的比较。尤其不能简单地用西方国家的现有发展水平作为衡量各国的唯一标准。那样就会忽视了各国为提高制度绩效所做的努力，也会导致对各国制度多样性的否定。库普钱在评论各国的政治多样性时提醒说，要认识到没有哪个国家哪种体制能够垄断"善治"的提供，正如没有民主的普遍形式，没有责任政府的普遍形式一样。①

制度绩效内容非常丰富，可以进行不同的类型学划分。从制度作为一个系统的视角，可以将衡量制度绩效的标准分为三大类（见表5-1）：第一类是制度产出标准，即制度能够提供满足社会成员基本需要的产品，包括秩序、基本公共品和集体行动；第二类是制度输入标准，即社会成员对于制度的表达和参与，可以分为对制度的表达和参与两个层次；第三类是制度改进标准，即制度在一定的时空条件下进行完善的能力，可以分为自我调整和自我纠错两个层次。只要达到这些内容中大部分标准，就说明了该国制度能够稳定运行，实现基本的治理结果，具有合理性和合法性。

表5-1　制度绩效标准的类型

制度绩效标准类型	制度绩效内容
制度产出标准	①维持秩序 ②提供公共品 ③实现集体行动
制度输入标准	④社会成员的表达和参与
制度改进标准	⑤制度的自我调整

第一，维持秩序。这是一套制度存在的最基本的功能，就国家制度来

---

① Charles A. Kupchan, *No One's World: The West, The Rising Rest, and the Coming Global Turn*, Oxford University Press, 2012.

说，它首先要将社会各个阶层的矛盾和冲突控制在一定范围内，避免相互冲突造成整个国家的分裂、社会的动荡。[①] 就单个制度来说，能够起到规范社会成员行为的作用，减少社会成员成规模的破坏制度行为。目前国际社会讨论的"失败国家"，最突出的特征就是各项制度无法维持社会政治生活的有序性。

第二，提供公共品。从广义上讲，秩序也是一种公共品，但是在现代社会中，公共品的范围和内容有了很大的扩充。为社会成员提供更多的公共品成了国家制度的合法性来源之一，有学者称之为"社会幸福主义"，即国家为了寻求统治合法性，给消费者提供不断增多的商品和公共设施。[②]一些研究发展中国家政治的学者在研究中也发现，政府管理社会经济的能力是这些新兴国家获得合法性支持的重要来源。白鲁恂曾说，统治的合法性是政治系统的一种属性，其特别与政府结构的绩效有关，是决定系统能力的主要因素。[③] 由于公共品内容丰富，所以可以选取社会安全、纠纷解决、基础设施建设等基本的公共品作为衡量制度绩效的底线标准。

第三，实现集体行动。社会成员是多样的，并且相互之间存在着一定的矛盾甚至对立，他们之间如何实现合作，在共同目标实现上达成集体行动是衡量制度绩效的重要标准。[④] 制度发挥的是协调不同社会成员关系、调节和动员资源、确定责任和权利的功能。只有达成有效的集体行动，才能解决整个社会发展过程中面临的重大问题。随着风险社会的到来，突发事件的增多，集体行动在预防风险、应对危机过程中的作用越来越突出。

第四，为社会成员提供表达和参与的渠道。一个制度要运行起来，必须与社会成员进行互动，了解他们的需求，并做出相应的回应。表达和参与是社会成员对制度的输入方式。不同的国家都有自己富有特色的制度输出方式，虽然表达和参与的方式与程度存在着差别。差别的存在既取决于

① 《马克思恩格斯选集》第4卷，人民出版社，1995。

② 〔美〕贾恩弗兰科·波齐：《近代国家的发展》，沈汉译，商务印书馆，1997，第130页。

③ Pye, L., "The Legitimacy Crisis," in L. Binder et al. (eds.), *Crisis and Sequences in Political Development*, Princeton：Princeton University Press, 1971, p.135.

④ 〔美〕曼库尔·奥尔森：《国家兴衰探源》，吕应中译，商务印书馆，1999。

制度的开放性，也取决于历史文化传统、社会利益关系以及社会成员的能力。对于任何一套制度来说，社会成员的表达和参与不能超过制度的承受能力，否则就会造成制度的瓦解。因此，表达和参与的可控性是衡量制度绩效的基本标准。

第五，制度要有自我调整能力。制度往往是对过去的经验和做法的总结提升，虽然有普遍适用性和延续性，但是也有时空局限性。尤其是社会经济环境变化不断加速，制度的适应力和调整力越来越重要。制度的自我调整能力，是可以通过制度输出和输入衡量的，但是也要关注制度自身的反思能力，尤其是制度的制定者和执行者对于问题的判断能力和自我纠错能力。

以上五条标准的核心就是制度的有效性。亨廷顿在比较了各国发展差异后也支持，"当今世界各国之间最重要的政治分野，不在于它们的政府形式，而在于它们政府的有效程度"。[①] 邓小平在 20 世纪 80 年代就曾经提出，评价一个国家的政治体制、政治结构和政策是否正确，"关键看三条：第一是看国家的政局是否稳定；第二是看是否增进人们的团结，改善人们的生活；第三是看生产力是否得到持续发展"。[②]

随着全球化进程的加快，各国都面对着大量的新旧问题，制度的有效性成为各国普遍关心的问题。2008 年全球金融危机爆发后，中国与西方国家在应对危机、实现发展之间的鲜明对比，使制度有效性的讨论更为热烈。福山在批评美国的政治制度已经沦为"否决体制"的同时，[③] 提出要客观地看待中国的制度。在他看来，尽管中国的责任机制存在缺陷，但是政府努力给公民提供他们所需要的物品，尤其是安全、就业、提高生活水平等，这远远超过了大部分类似的体制。许多发展中国家已意识到，民主不是包治百病的灵丹妙药。中国的模式足以启发各国思考，如果一国政治制度不契合本国的文化、历史条件，结果一定是水土不服。"中国模式的意义，不在于向世界各国提供足以替代民主制的灵丹妙药，而在于从实践上

---

① 〔美〕亨廷顿：《变革社会中的政治秩序》，三联书店，1989，第 1 页。

② 《邓小平文选》第 3 卷，人民出版社，1993，第 213 页。

③ Fukuyama, F., "US Democracy Has Little to Teach China," *Financial Times*, January 17, 2011.

证明了良政的模式不是单一，而是多元的，各国都能找到适合本国的政治制度。"①

三　从制度绩效上认识中国当代制度

在全球化背景下，制度多样性是通过制度间对话、交流、竞争，而非制度间隔离、否定、对抗呈现出来的。一方面，随着交往方式的丰富，人们有了更多的了解其他国家制度的机会，也更有可能破除片面的成见或者意识形态标准来了解各国制度运行的细节、各国制度之间的差异，由此增强了认识上的主体性；另一方面，社会公众在对外部世界更加了解的同时，对于本国制度也提出了更多更高的要求，使得国内期望与国际示范有效地互动起来，形成了推动制度调整变动的新动力。这种变化直接推动了各国制度的自我反思、相互学习以及自我改进。各国的制度优势和制度劣势不仅得到全面展示，也在处理许多新问题的过程中被放大。

中国 30 多年的改革开放，从本质上就是在全球化背景下的制度调整完善过程。这是中国与许多国家在制度变革上的巨大差别。积极主动地参与全球化，不仅是为了获得国内发展所需要的技术、知识和资源，发挥本国的比较优势，也是为了提高制度的开放性和竞争力，学习和借鉴人类文明的先进成果，推动制度的改革完善。因此，改革开放取得的巨大成就，不仅是社会经济意义上的，更是文化制度意义上。这些成就凝练为"理论自信、道路自信、制度自信"。"三个自信"的提出，说明了中国的制度建设具有了更强的主体意识，正在从调整制度以适应环境转变为发挥制度优势来改善环境。

无论是以 1949 年中华人民共和国成立作为时间点，还是以 1978 年改革开放为时间点，中国发展取得的绩效都是明显的，并且被认为在经济发展上还具有巨大的潜力，为发展中国家提供了宝贵经验，这说明了中国制度不仅具有效力、活力，也在不断增强吸引力。之所以能够取得如此出色的

---

① Eric X. Li, "The Life of the Party: The Post-Democratic Future Begins in China," *Foreign Affairs*, January/February 2013, p. 37.

绩效,根本原因在于,全球化的推进凸显了国家和制度的重要性,[①] 为中国制度优势的发挥提供了条件和机会。高柏用"魔方国家"概括中国应对全球化的模式,认为这样一种国家从来就不视其自身为环境变迁的被动接受者。相反,它在迎接各种各样的挑战时一直都采取先发制人的方式去建构起新的国家能力。[②]

与许多发展中国家相比,中国在全球化进程中找准了自己的位置,将整个国家的制度优势与社会成员的活力、创造力有效地结合在一起,发挥了经济上的比较优势,抓住了发展的机会。虽然中国的制度具有独特性,但是在运行上符合全球化时代对于各国制度提出的一般性要求。在这个意义上,中国特色社会主义制度的独特性是适应了中国的国情,而其普遍性则是顺应了时代的发展。

第一,坚持将维护社会的基本秩序作为重要任务。对秩序的重视,既来自中国的历史经验和传统价值,也来自"文化大革命"的沉痛教训,[③] 更取决于执政党对于中国发展所需前提条件的判断和坚持。1990 年 12 月 24 日,邓小平在谈话中提出"稳定压倒一切"。1992 年十四大报告提出"社会政治稳定"是不断前进的条件之一,后来江泽民多次论述了稳定的重要性,以及稳定与改革、发展三者的关系,认为稳定是"前提"。随着社会利益观念的多元化,社会差距的扩大,各类社会矛盾也在增加并时有激化,维护社会稳定任务更为艰巨。执政党一方面不断深化对社会稳定的认识,先后提出了"和谐社会建设""科学发展观"等新的理念,来寻求实现社会稳定的有效政策措施、制度机制;另一方面则加大实现社会稳定的资源投入,比如社会保障体系建设、政法机关建设等。在 2011 年建党 90 周年的讲话中,胡锦涛在展望中国的未来发展时提出,正确处理改革、发展、稳定的关系,是关系社会主义现代化建设全局的重要指导方针,"发展是硬道理,稳

---

① 〔美〕尼尔·弗雷格斯坦:《市场的结构:21 世纪资本主义社会的经济社会学》,甄志宏译,上海人民出版社,2008。

② 高柏:《魔方国家:当代中国政治变迁的思考》,《中国社会科学内部文稿》2010 年第 6 期。

③ 《中国共产党中央委员会关于建国以来党的若干历史问题的决议》指出,"实践证明,'文化大革命'不是也不可能是任何意义上的革命或社会进步。它根本不是'乱了敌人'而只能乱了自己,因而始终没有也不可能由'天下大乱'达到'天下大治'"。

定是硬任务；没有稳定，什么事情也办不成，已经取得的成果也会失去"。①

在全球化时代，国家治理的秩序优先在国家间竞争中显示出两个方面的明显优势。首先，稳定的秩序是获得国际资本投资的重要条件。中国长期在吸引外国投资方面居于各国前列虽然有多重原因，但是稳定的秩序是其中的重要因素。其次，稳定的秩序有利于国家进行长远规划。随着国家间竞争的加剧，在科学技术创新中掌握先机和制高点以及在经济发展中实现比较优势的合理转化方面，国家的长期规划作用日益凸显。中国不仅实现了秩序的稳定，而且显示出维持稳定秩序的能力。这可以为中国制定和执行战略规划提供有利条件。

第二，能够不断增加和改进公共品的提供。公共品种类很多，各国提供的各有不同。有效的公共品提供除了有赖于国家的财政能力外，更取决于国家是否愿意把提供公共品作为其基本的职能。相对于许多国家，中国有着重视基础设施类公共品提供的悠久传统，修桥铺路、兴办教育、消除瘟疫等是历朝的重要任务。这个价值偏好一直延续到现在，并且成为许多政府官员内在的行为准则。在新时代，人民日益增长的美好生活需要和不平衡不充分的发展之间的矛盾被确定为社会的主要矛盾，因此整个国家要不断发展，才能满足人民对美好生活的需要；执政党认为生产力是人类社会发展的根本动力，自身是先进生产力的代表，奋斗的根本目的是解放和发展社会生产力，不断改善人民生活。

随着市场经济的发展，经济外部性问题增多，增加和改进公共品的提供日益重要。政府也在根据这个要求转变职能，提出了建设服务型政府的目标，将"经济调节、市场监管、社会管理和公共服务"确定为政府的四项主要职能，将保障和改善民生作为社会建设的重点，不仅加大了公共品提供的力度，而且提高了公共品提供的针对性，优先解决好人民最关心、最直接、最现实的利益问题，改善公共品的提供方式，扩大公共品的提供主体，提高公共品提供质量。

与许多国家相比，中国的公共品提供无论在数量、质量还是提供方式

---

① 胡锦涛在庆祝中国共产党成立 90 周年大会上的讲话。

上都还存在着很大的差距，但是就整体而言，中国的公共品提供有两个明显特点：一是中国更加重视基础设施建设的投资，既增强了吸引资本投资的能力，也为所有社会成员提供了改善日常生活条件的基础；二是中国的公共品提供的增加和改善有着较强的经济支撑力。中国经济的快速发展，带动了政府财政收入和外汇储备的增长，使得政府有较强的能力来实现公共品提供的不断增加和改善。更重要的是，地方政府的作用以及中国社会不断增强的公益意识，进一步推动了公共品提供的多元化和可持续发展。

第三，继续保持集体行动能力。集中力量办大事是中国制度的突出特点。执政党有着强大的社会动员能力，中央具有较高的权威，掌握着巨大的资源，社会具有很强的认同和服从意识，这三个要素构成了中国制度集体行动能力高的支柱。在应对重大风险或危机的时候，这种集体行动能力充分展示出来，并且由于更多主体的参与，集体行动出现了新的形式和特点。比如，2008 年汶川地震救灾和重建过程中，广大社会成员和社会组织的积极参与，地方政府各具特色的对口援建，都体现了市场经济和社会发展对原有社会动员体制的深刻影响。

全球化产生和诱发了许多新的风险，应对这些新风险往往超出了社会个体或者某个社会组织的能力，国家的作用得以凸显。以国家为单位的集体行动可以动员更多的社会资源，确定责任与义务，达成有效的协作互助关系。尽管中国的集体行动能力和方式正在发生着深刻变化，但是相对于许多国家来说，以国家为单位的集体行动依然具有很高的水平。这集中体现在两个方面。一是执政党保持着强大的组织体系，随着社会的变化努力调整着与社会各个阶层的互动方式，既将社会各个阶层的优秀分子吸收进组织体系中，也将组织延伸到新兴社会阶层之中。这种政党—国家—社会关系，为实现集体行动提供了制度基础。二是虽然社会利益观念日益多元化，但是相对于许多社会来说，中国社会依然保持了很高的同质性，[①] 比如

---

① 〔荷〕阿什瓦尼·塞思：《中国和印度：不同绩效的制度根源》，谷晓静、别曼编译，《经济社会体制比较》2010 年第 1 期，第 98～106 页。

民族、语言、文化等。而且交通通信技术的发展，在诸多方面推动了社会
交往的扩大和深化，增强了社会认同和文化认同。这些变化正在潜在地推
动着社会自主动员能力的提高，这既会制约政党—国家的动员能力，也会
丰富整个社会的集体行动方式。

第四，通过提高制度的回应力，适应公民不断增强的政治参与诉求。
公民政治参与诉求的增多增强是社会经济发展的必然结果。许多国家解决
这个问题的通常方式是开放竞争性选举，让这些诉求相互竞争，并且对政
权产生压力。但是，选举虽然能够解决利益诉求的表达问题，但并不一定
能解决利益的满足问题。许多研究发现选举与经济发展之间的联系并不密
切。更重要的是，很多在 20 世纪 90 年代实行自由选举的国家，选举后就进
入了战争状态，西方的自由民主模式是经过历史演变而来的，已经形成了
较为充分的存在条件，不能简单照搬使用。[①]

中国在制度上应对公民政治参与诉求的方式，除拓宽制度渠道，倡导
有序参与外，把更多的资源投入提高制度的回应能力，解决诉求提出或涉
及的具体问题之中。这种结果导向而非程序导向的应对方式，与其他国家
形成了鲜明对比。这一方面是因为执政党坚持的马克思主义理论判断，认
为人们的政治诉求是由其经济条件决定的，"人们奋斗所争取的一切，都同
他们的利益有关"。另一方面是因为执政党坚持的发展理念，认为要解决中
国面临的各种问题，关键还是要发展，只有发展了，才有能力解决这些
问题。

第五，保持较高的决策自主性，能够制定和实施战略性规划。全球
化时代也是相互依存的时代，一方面国家的决策面临更多的制约，另一
方面大量新问题、大问题的出现又要求国家的运行不能受到某种力量的
左右。保持决策的自主性就成为各国面临的普遍问题。2008 年金融危
机爆发后，这个问题更加突出。西方学者在比较中国与西方国家尤其是
美国应对危机的做法和效果的时候，都认为中国决策和执行的高效率，有

① Mansfield, Edward, D. and Jack Snyder, *Electing to Fight: Why Emerging Democracies Go to War*, Cambridge: MIT Press, 2005.

利于控制危机的蔓延，并认为中国制定和实施战略性规划的能力是中国的制度优势。[①]

决策的自主性分为国内自主性和国际自主性两种。就前者而言，中国相对于其他许多国家在制度上有三个方面的突出特点：一是执政党强调自己的人民代表性和自身的无利益，在决策过程中努力吸收社会各个方面的意见、要求，推动民主协商，避免某个社会群体对决策的掌握；二是决策采取民主集中制，在广泛民主的基础上，尤其重视集中，从而使决策能够顺利执行；三是代议机构实行的"议行合一制"。在党代会和人代会中，许多代表来自政府部门。虽然这种代表结构引起了许多争议，但是为政府部门更好地贯彻党代会和人代会的决定和精神提供了制度条件。

就国际自主性而言，中国在积极参与全球化的过程中，"国家的主权和安全要始终放在第一位"，[②] 并将其作为所有改革开放措施的前提之一。中国强调的主权原则包括两个基本内容：一是要坚决维护自己国家的主权独立和完整；二是要尊重其他国家的主权独立和完整，不干涉他国内政。这种自主性确保了国家在对外开放中的主动性，也因此避免了在许多重大决策中屈服于个别国家的压力或者跟风国际潮流。这种自主性的效果在20世纪90年代以来历次重大国际经济、金融危机中充分体现出来。在约翰·格雷看来，由于中国领导者懂得历史，所以能使中国在某种程度上自立于全球自由市场之外并且根据自己的国情来决定改革开放的步伐，以减少全球动荡的冲击。[③]

四　进一步讨论：中国制度绩效实现的限度

任何一套制度都不是无所不能的，更不是长期不变、永存永恒的，都

---

① Nicolas Berggruen, Nathan Gardels, *Intelligent Governance in the 21st Century : A Middle Way between West and East*, London: Polity Press, 2013.

② 《邓小平文选》第3卷，人民出版社，1993，第347页。

③ 〔英〕约翰·格雷：《伪黎明：全球资本主义的幻象》，张敦敏译，中国社会科学出版社，2002，第265页。

有其存在和发挥作用的时空限度。制度优势和劣势如同一枚硬币的两面，关键是如何适应环境的要求，扬优抑劣。全球化时代的到来，为中国制度优势的发挥提供了新的平台和机会。这些优势与中国在世界经济中的比较优势有机地结合起来，推动了中国经济的高速增长，并通过经济增长弥补甚至掩盖了制度的劣势。

国际社会囿于民主—专制的两分法，或者将威权主义或者专制主义一般化，用苏联体制的命运或者威权体制的命运来简单类比中国制度的前景，只关注中国制度的弱点，得出的结论更多的是悲观的。而21世纪以来围绕中国模式、"北京模式"的讨论，又将中国的制度优势盲目放大，将学术讨论扩散为政治判断，压缩了讨论的空间和想象的可能。这两类分析都存在着观念先行的内在缺陷，难以客观地看待充满活力的丰富现实。

对于中国制度优劣的认识，应该置于全球化的背景下，以多个国家而非个别西方国家的发展经验作为参照系，进行更多方位的比较，既要避免西方的现在就是我们的未来这样的"历史终结论"，也不能盲目地夸大本国制度的独特性。因此，中国的制度优势主要体现在两个方面。一是中国的制度是适应中国国情的，在制度形式上具有自身的独特性和创造性，但在运行中遵循了全球化时代国家权力运行的基本规律，适应了时代发展的需要。近代以来，现代化取得成功的各国，无不是实现了制度形式的独特性与制度运行的普遍性的有机结合，中国也不例外。二是全球化带来的风险的增多，为中国制度绩效的发挥提供了更多的机会，也不断通过明显的制度绩效强化本国社会对这套制度的认同，改变国际社会对于这套制度的偏见，从而为制度运行创造了更好的内外部环境。

过去30多年来，经济的持续高速增长有力地说明了中国制度的绩效。在未来，随着市场化、工业化、城市化以及信息化的发展，社会经济环境的改善，中国制度绩效发挥的限度将得到根本检验。因此，中国的制度不能因为已经发挥出优势而放弃进一步改革完善，优势也会随着外部环境和内部要求的变化而逐步丧失。制度优势的升级必然到来。

从社会经济发展趋势来看，中国要实现制度优势的升级转变，必须完成两个重要任务：一是将不断多元化的社会与整体性的制度实现更契合的对接，充分调动不断壮大的社会力量，使制度优势从国家中心向国家—社会合作方向转变；二是针对现有制度框架大、细节粗糙的特点，从机制、措施、技术等方面入手，提高制度运行的精细化水平，降低制度运行的成本，使制度的优势从推动经济高速增长向调整社会关系转变。

第二部分

改革与适应

第六章

后市场化改革与公共管理创新[*]

1992 年以来，随着市场经济体制的基本确立，中国改革进入了后市场化时代。这里所说的"后市场化改革"包含两层含义：一是在时间序列上，中国的各项改革开始在社会主义市场经济体制基本确立的背景下展开了；二是改革的重心不是建立市场经济体制，而是如何保证其健康运行；不是依靠市场经济解决所有问题，而是要面对市场经济发展过程中产生的其他问题。因此，既要进一步推进经济改革，也要重视政治发展和社会建设，为市场经济运行提供有力的制度支持和有利的社会环境，并使市场经济创造出来的财富在全体社会成员中得到合理的分配。作为改革重要组成部分的公共管理改革也需要根据环境的变化做出相应的调整。

一 后市场化改革时代的基本特征

后市场化时代具有八个基本特征。

第一，社会的发展目标从以经济增长为中心转向以实现社会和谐为中心。改革开放伊始，经济建设就被确定为国家的中心任务，并给予了有力的制度支持。按照允许少数人、个别地区先富起来的原则，平均主义被打碎了，经济增长也找到了合适的领域和地区。20 世纪 90 年代中期后，经济

---

* 本章主要内容曾发表于《管理世界》2008 年第 12 期。

增长的不平衡特征日益明显，地区之间、城乡之间、阶层之间的收入差距进一步拉大，开始成为社会不稳定的重要诱因，并对经济的持续增长提出了挑战。1995 年江泽民在《正确处理社会主义现代化建设中的若干重大关系》一文中提出要注意发展的协调性和均衡性。协调发展的思想明确进入了中央决策层，并在制度建设、资源配置、工作重点等方面给予了相应的支持。2002 年，在中共十六大提出的小康社会目标中，"社会更加和谐"成为重要内容。2006 年，《中共中央关于构建社会主义和谐社会若干重大问题的决定》对社会和谐建设给予了系统的论证，并且把社会主义现代化国家的建设目标从"富强民主文明"调整为"富强民主文明和谐"。提出要按照民主法治、公平正义、诚实友爱、充满活力、安定有序、人与自然和谐相处的总要求来构建"全体人民共同建设、共同享有的和谐社会"。

第二，从统一控制型社会向自主决策型社会转变。改革开放前的社会是通过政治力量的全面渗透和控制而整合在一起的。政治力量的强制性和垄断性本质造成了社会结构的单一化和社会角色的模式化。政治力量一方面通过严密的单位体制规定了社会成员的分工，把它们统一在计划经济之中；另一方面通过严格的阶级标准对社会成员进行了区分，并以人民/敌人两分法把绝大部分人口统合在政权之中。改革开放后，随着市场力量的发展以及政治力量的退让，社会多元化特征日益明显。这集中体现在两个方面。一方面是社会活动主体的大量增加。在经济领域体现为非国有法人以及在非国有经济单位中就业人口的迅速增加，在社会领域体现为各种新兴社会组织的出现。另一方面是社会活动主体的主体意识的增强。对自身权益的关注是主体意识增强的动力。主体意识的增强也推动着多元主体行为的自主性。随着社会自主决策能力的提高，整个社会服从统一决策的过程也更加复杂，成本更高，需要建立新的协调机制来整合多元化的决策主体。这无疑是对整个社会达成共识，提高集体行动能力的挑战。

第三，从分割的蜂窝社会向流动的网络社会转变。改革开放前的整体社会也是内部严密分割、对外相对封闭的社会。内部的分割主要是通过户籍制度和阶级划分实现的，体现为城乡分割和身份固定化；对外封闭则是对当时国际格局的直接回应，中国对于西方世界基本上是封闭的，对于东方阵营也强调独立自主。内部分割和对外封闭大大限制了整个社会的流动性，强化了制度的僵化。改革开放战略的实行是对内部分割、对外封闭的彻底否定，不仅在思想观念上消除了对流动与开放的恐惧感，而且通过各种制度创新和改革，不断消除着社会内外部流动与交流的障碍，使得资源、人员、资本、信息等现代社会生产生活的基本要素都获得了流动的机会，为经济发展提供了有力的支持，更重要的是增强了社会的活力，推动了社会结构的变革。在社会流动性和开放性增强的过程中，社会内部各种主体之间以及它们与外部社会各主体之间的联系也日益紧密，无形中成为相互影响的利益相关者。某个主体的消极行为或者受到的消极影响都可能通过各种各样的联系蔓延到更多的主体身上，阶层、国界等制度性边界无法阻挡出它们的流动与扩散。

第四，从生产的社会向消费的社会转变。以计划经济的方式优先发展重工业，赶超西方发达国家一直是改革开放前中国经济发展的战略，因此产业分布、资源配置、积累方式以及消费方式等都是为集中发展生产，优先发展某些产业服务的。这不仅造成了整个经济结构的失衡，而且阻碍了生产发展对满足人民群众物质生活需要，提高生活水平的直接贡献。整个社会虽然生产增长，但消费匮乏。改革开放后，满足人民群众物质生活需要成为经济发展的首要目标。人民群众的收入不断增长，消费能力不断增强。在市场机制的推动下，生产领域更加顺应社会不断变化的需求。人民消费而非国家赶超成为社会经济增长的首要推动力，生产的社会转变为消费的社会，并且消费导向逐渐压倒了生产取向。在这样的社会中，一方面，各种产品消费的大众化和普及化增强了对资源的索取和利用，有可能恶化人与自然的关系；另一方面，消费的个性化、精致化和流行化等变化也体现了消费者主体性的发展。他们不仅关注日常消费中的自身利益，也通过消费建立起自我的认同。

第五，从国家财富的社会向个人财富的社会转变。国家、集体和个人一直被承认为社会的三大基本财富所有者。但是在计划经济体制下，由于高度强调公有制的纯粹性以及收入过度平均化，个人没有掌握一定数量的财产，因而也无法成为实质上具有独立性的财富主体。整个社会的绝大部分财富是由国家所有的，而国家权力的无限性，又使得所有社会财富实际都是由国家控制的，是可以被剥夺的。改革开放后，整个社会的财富结构发生了巨大的变化，一方面国家控制的财富比例不断下降，民营企业和个人逐渐成为社会财富的重要所有者；另一方面个人财富得到了以所有权为核心的制度的保障，个人成为名副其实的财富拥有者。这些变化的发生不仅限制了国家权力调控、影响社会活动的范围、强度和方式，更重要的是为社会主体意识的强化提供了物质支撑，因为他们拥有了更多的财富，也更关心危及自己利益的各种风险。同时这也对大范围社会集体行动的达成提出了新的挑战，即如何协调数量众多的、有着自我财富的社会主体之间的合作。

第六，从经济不断增长型社会向社会可持续发展型社会转变。与前五个转变不同，这种转变不是改革开放前后状态的变化，而是改革开放之后发展取向的变化。对于中国这个发展中大国来说，实现经济的持续增长一直是国家与社会共同的目标，因为只有经济的持续增长才能为解决各种紧迫问题提供物质保障，也能使经济增长的收益扩散到更多社会公众身上。一直到目前为止，这依然是一个社会性共识。但是片面强调经济增长产生的各种负面效应也随着改革开放的深入日益明显。生态环境对经济发展的支撑能力以及社会对收入差距拉大的容忍能力直接挑战着现有的经济增长模式。发展经济的目标必须从单纯追求经济高速增长转变为实现社会可持续发展，即经济发展不仅要实现人与自然生态的和谐共存，更要推动社会内部以及人类代际的和谐共存。伴随着这种转变，生态风险与社会风险将得到越来越多人的重视。

第七，从全球化的学习者向主要参与者转变。中国是全球化进程的主要参与者，也是获益者。一方面，通过加入全球化进程中国获得发展所需要的资金、技术、观念等短缺的资源；另一方面，在与其他国家的交往中明确了自己的比较优势，从而抓住了发展的机会。尤其是 1992 年后，开放的目标具体化为以了解和掌握国际惯例来提高本国在国际竞争中的竞争力，以及通过加快国内开放来深化改革。20 世纪 90 年代中期以后，特别是 2001 年加入 WTO 以来，开放的领域从经济扩展到政治、社会、文化诸多领域。开放领域的全面化证明了中国已经成为国际社会的有机组成部分和重要成

员。中国在全球化的进程中已经从主动学习者转化为主动参与者。2003 年
"非典"事件直接推动了中国在更多事务上采取开放与合作的态度。2005 年
9 月，在联合国成立 60 周年的首脑会议上，中国国家主席胡锦涛提出要建
设共同繁荣的和谐世界，使中国成为负责任的国家。国际责任感的加强不
仅丰富了政府责任的内容，也推动了政府对内责任的履行。在 2007 年中国
共产党十七次代表大会报告中，二者的关系得到了清晰的说明。该报告提
出，要在政治、经济、文化、安全、环保等多个方面加强合作，共同解决
问题，应对挑战，分享发展成果，以实现共同繁荣。

　　第八，从低风险社会向高风险社会转变。改革开放过程也是风险不断
增多的过程。首先是市场经济的发展，创造出了市场风险这个现代风险生
产机制。在市场中，无论是生产者还是消费者都面临着风险，并且利用风
险来追求利益。经济的高速增长不断强化着人类活动对自然生态环境的影
响力度，衍生出各种类型的技术风险与生态风险。一方面，经济的高速发
展是以自然资源的大量投入为代价的，因此造成了许多重要自然资源的短
缺；另一方面，经济的高速发展也增加了污染物的生产和排放，从而破坏
了生态环境。当经济增长成为各个地方政府的首要目标的时候，以管制不
足为形式的制度风险就和已经产生的生态风险形成了恶性循环，进一步助
推了后者的发展。制度的改革与重建不断产生着制度风险。随着国家权力
的收缩，市场和公民这两个现代制度被创造出来，成为制度风险的新来源，
与此同时，国家管理和调控社会经济的各项制度由于受制于改革的不到位、
重建的不彻底，难以应对各种新出现的问题，从而成为制度风险的主要来
源。最后，开放的扩大和深化使中国彻底地加入全球化进程中，不仅使风
险有了国际来源，而且也使本国的风险能够扩散到国界之外，从而使风险
具有了国际性和全球性。这无疑加剧了风险来源的复杂化，扩大了风险的
影响范围。

二　后市场化改革时代与公共管理的进展

　　在后市场化改革时代，随着各种新问题和新挑战的出现，公共管理要

实现的价值大大丰富了，不再局限于经济的高速增长。同样，经济增长也不能替代公共管理应该坚持的其他价值。上述概括的变化启发出十个公共管理改革和创新需要追求的价值：安全、民主、法治、廉洁、透明、责任、参与、服务、合作以及和谐。按照这些价值在公共管理价值系统中的地位，我们可以把它们分为四个层次（见图 6-1）。

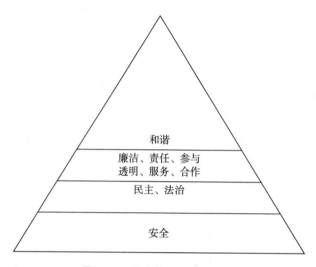

图 6-1 公共管理的价值体系

安全是最基本层次的价值，集中表现为社会政治稳定有序。公共管理的首要任务就是要维持社会的基本秩序，确保整个社会成员的基本安全。失去了安全，其他价值就失去了实现的基础。当然，我们也要注意安全价值实现的手段和方式可能会对其他价值实现产生干扰，因为公共权力垄断着暴力工具。

民主和法治是现代公共管理的基本制度条件，属于第二层次的价值。它们的作用不仅在于为公共管理改革提供价值引导，更重要的是通过基本的制度框架约束着公共管理活动。一方面公共管理要遵守人民主权原则，另一方面必须按照法律规则展开。

廉洁、责任、参与、透明、服务、合作是第三个层次的价值，也是当代社会经济发展对公共管理活动提出的新要求。虽然公共管理的核心主体依然是政府，但是企业、个人、社会组织等也参与到公共管理活动之中，并且在某些方面替代了政府的作用。因此，公共管理改革必须接受新的价值，以容纳新的公共管理主体，并发挥它们的积极作用。

和谐是公共管理要达到的最高层次，但并非在实践中无法贯彻。对于公共管理来说，公共权力与公民的关系、市民社会内部的关系、公共权力系统内部的关系以及人与自然的关系等是必须协调的主要关系。日常的公共管理就是协调这些关系的具体活动。

在这些价值中，绝大部分是改革开放以来特别是后市场化改革时期出现的。它们的产生反映了社会经济领域发生的深刻变革，说明经济增长和效率的提高只是社会发展的众多目标中的一个。社会的发展还有其他重要的价值目标。而且要使市场经济持续地良性运行，不能只关注经济领域，还要关注政治、社会、文化等其他领域，因为所有的市场经济都是具体的，是受周围环境影响的。而公共管理改革也不能只拘泥于推动经济增长，还要关注其他更高目标的价值，这样才能从根本上提高公共权力的合法性和运行的合理性，这十种价值被公共权威采纳的时间详见表 6 - 1。

表 6 - 1　公共管理的十种价值被公共权威采纳的时间（大致时间）

公共管理的价值	被公共权威采纳的时间
安全	1990 年 12 月 24 日，邓小平在谈话中提出"稳定压倒一切"；1992 年党的十四大报告提出"社会政治稳定"是不断前进的条件之一；后来江泽民多次论述了稳定的重要性，以及稳定与改革、发展三者的关系，认为稳定是"前提"
民主	这是一直坚持的价值。改革开放之初，邓小平在《坚持四项基本原则》中提出"没有民主就没有社会主义，就没有社会主义的现代化"；2002 年党的十六大报告提出"扩大社会主义民主"；2004 年提出"民主执政"；2007 年党的十七大提出"人民民主是社会主义的生命"
法治	改革开放初期使用的是"法制"的概念； 1997 年党的十五大将"依法治国，建设社会主义法治国家"确定为治国的基本方略，并于 1999 年修宪时写入宪法； 2004 年国务院发布《全面推进依法行政实施纲要》
廉洁	改革开放以来一直就强调防止腐败。1992 年后对腐败问题更加重视。1999 年的政府工作报告提出要建设廉洁政府。2008 年发布《建立健全惩治和预防腐败体系 2008—2012 年工作规划》
透明	1998 年开始在农村普遍实行村务公开和民主管理制度；2008 年《政府信息公开条例》施行

续表

公共管理的价值	被公共权威采纳的时间
参与	2000 年党的十五届五中全会通过的《中共中央关于制定国民经济和社会发展第十个五年计划的建议》首次明确提出"扩大公民有序的政治参与，引导人民群众依法管理自己的事情"； 党的十七大提出，"从各个层次、各个领域扩大公民有序政治参与，最广泛地动员和组织人民依法管理国家事务和社会事务、管理经济和文化事业"
服务	1994 年，山东省烟台市建委率先推行服务承诺制； 从 1992 年开始，加强政府的服务职能开始得到重视。2005 年政府工作报告提出建设"服务型"政府
责任	从 2003 年开始，不断强调加强政府责任； 2006 年 9 月 4 日温家宝在《加强政府自身建设，推进政府管理创新》电视电话会议上的讲话中，明确提出要建设责任政府； 2005 年，在联合国成立 60 周年的首脑会议上，胡锦涛提出中国在建设和谐世界中要成为负责任的国家
合作	2004 年十六届四中全会的《关于加强党的执政能力建设的决定》提出的"党总揽全局、协调各方"的原则可以被看作"合作"理念出现的端倪。后来又陆续通过发展"协商政治"、"社区建设"、参与国际合作等行动表达了这个理念
和谐	2002 年党的十六大提出"社会更加和谐"是小康社会的目标。2006 年党的十六届六中全会通过《关于构建社会主义和谐社会若干重大问题的决定》，把"和谐"与富强、民主、文明并列为现代化国家建设的目标

这些在后市场化时代产生的价值在进入了意识形态的同时，在公共管理改革中也得到了实践，并在制度、机制、方法、手段等方面进行了创新，以提高公共管理活动对社会经济生活新变化的适应性。过去 10 年来，公共管理的改革创新主要有以下几个特点。

第一，政府的职能定位逐步明确下来。转变政府职能作为政府改革的核心内容是市场经济体制作为改革目标确立后提出的。1993 年的《关于建立社会主义市场经济体制若干问题的决定》按照市场经济的要求对政府管理经济的职能进行了明确规定，即制定和执行宏观调控政策，搞好基础设施建设，创造良好的经济发展环境。同时，要培育市场体系、监督市场运行和维护平等竞争，调节社会分配和组织社会保障，控制人口增长，保护自然资源和生态环境，管理国有资产和监督国有资产经营，实现国家的经济和社会发展目标。至此，关于政府管理经济的职能的讨论基本结束。1997年的党的十五大报告在谈到政府职能转变的时候，开始把"服务"作为改革的目标。2003 年《中共中央关于完善社会主义市场经济体制若干问题的决定》针对政府对经济领域的过多干预，提出要"把政府经济管理职能转到主要为市场主体服务和创造良好发展环境上来"。①这可以被看作是公共服务型政府的最初提法。"经济调节、市场监管、社会管理和公共服务，是社会主义市场经济条件下政府的四项主要职能。"② 2005 年，建设"服务型政府"的目标被确定下来，并提出，各级政府要在继续抓好经济调节、市场监管的同时，更加注重社会管理和公共服务，把财力、物力等公共资源更多地向社会管理和公共服务倾斜，把领导精力更多地放在促进社会事业发展和建设和谐社会上。2008 年 3 月，《关于深化行政管理体制改革的意见》更是明确提出，到 2020 年实现政府职能向创造良好发展环境、提供优质公共服务、维护社会公平正义的根本转变。

对于公共管理改革来说，政府职能的确定起到了两个基本作用。一是划定了政府行为的范围，明确了政府应该做什么，不应该做什么。这为摆脱"全能主义政府"的束缚指出了方向，更重要的是，扭转了改革开放以来政府工作重点过度"经济化"，只重视短期经济利益的倾向。二是对政府内部结构以及资源投入结构进行了相应的调整。在中央政府层面，从 1998年后，社会事务类组织在机构总数中占的比例超过了经济管理类组织，并且存在的时间最长。相应地，政府的人力资源以及财政资源的投入也向社会管理领域倾斜，政府的社会管理和服务职能得到了加强。

第二，公共管理活动的法治化水平逐步提高。社会政治缺乏制度化、法制化被认为是"文化大革命"带来的重大教训，因此，改革开放一开始，就非常重视法制建设。但整个 20 世纪 80 年代的法制建设以"有法可依、有法必依、执法必严、违法必究"为方针，目的是为公共权力的行使提供法

---

① 《中共中央关于完善社会主义市场经济体制若干问题的决定》，2003。
② 2003 年 9 月 15 日，温家宝在国家行政学院省部级干部政府管理创新与电子政务专题研究班上的讲话。

律依据，还没有提高到用法律限制公共权力的滥用的水平。市场经济是法治经济，要求限制公共权力过度干预经济和私人领域。1994 年，《国家赔偿法》颁布，并建立了国家赔偿制度，限制了公共权力机关以及工作人员对公民、法人或其他组织的合法权益的侵害。1996 年颁布的《行政处罚法》严格限定了行政处罚的种类和设定，并对处罚程序作了规定，从而有效地规范了行政处罚行为，大大促进了依法行政，遏制了各种乱处罚行为。1999 年，建设"法治国家"的目标被写入宪法。1999 年颁布的《行政复议法》规范了行政复议活动，以防止和纠正违法的或者不当的具体行政行为，保护公民、法人和其他组织的合法权益，保障和监督行政机关依法行使职权。2004 年 3 月，国务院颁布了《全面推进依法行政实施纲要》，① 提出用 10 年时间，基本实现建设法治政府的目标。纲要还提出了依法行政的六项基本要求：一是严格依法的合法行政；二是遵循公平、公正原则的合理行政；三是程序正当，并体现公开性；四是高效便民；五是诚实守信；六是权责统一，行政机关违法或者不当行使职权，应当依法承担法律责任。做到有权必有责、用权受监督、违法要追究、侵权要赔偿。② 2008 年《关于深化行政管理体制改革的意见》把建设"法治政府"作为今后政府改革的目标之一。

　　地方公共管理活动的法治化水平也在不断提高。2007 年，国务院法制办进行的首次"全国市县政府依法行政现状"书面调查显示，九成市县政府成立了依法行政领导机构；八成市县政府出台了行政执法责任方面专门规定，实施了行政执法考评和责任追究制度；七成市县政府实施了政府法律顾问制度；九成市县政府建立了领导干部学法制度；八成市县政府建立了规范性文件备案制度；超过七成的市县政府出台了规范行政决策方面的专门规定。

　　法治化水平的提高说明了公共管理的理性化程度也在提升，这是市场经济发展的必然要求。尤其重要的是，在公共权力与公民权利严重不对称的情况下，法治建设起到了限制前者、赋权后者的双重作用。而公民权利

---

① 1999 年，国务院发布了《关于全面推进依法行政的决定》（国发〔1999〕23 号），首次提出了在各级政府全面推进依法行政的任务和要求。

② 国务院发布的《全面推进依法行政实施纲要》（国发〔2004〕10 号）。

的提升是实践公共管理中的"民主""参与""合作""责任"等价值的主体前提。

第三，公共管理的民主化程度逐步提高。除了民主选举这种制度性力量外，社会结构的多元化和公民权利意识的增强这些社会力量也许是推动公共管理民主化更为重要的力量。在新的条件下，公共管理活动不能只局限于提供服务和产品，还要注重回应民意，从而提高公共管理活动的回应性和针对性。在市场经济中，公共权力与公民之间的关系不仅是传统政治中的代理人/委托人关系，还是服务者/顾客关系、共同利益相关者关系。后两种作为后市场化改革时期出现的新关系，对于公共权力的行使提出了更高的要求，也使公共管理民主化的主要路径是提高政务的透明度和扩大公民的参与。显然，这个路径不同于对民主化路径的一般理解，但是，在现有的体制框架和社会条件下，这个路径是解决公共管理官僚主义严重问题的合理选择。

从制度层面上看，这种路径的推进主要采取的是自上而下的方式，而提高透明度和扩大公民参与是同步进行的。早在 1988 年，中央书记处提出实行"两公开一监督"（办事制度与办事程序公开；办事结果公开；接受群众监督）的原则。1995 年确定"依法治国"的方略后，开放和透明成为依法行政的必然要求。1997 年党的十五大报告进一步提出"坚持公平、公正、公开"的原则，实行"政务公开"，并在全国推行。2000 年 12 月，中共中央办公厅、国务院办公厅发出了《关于在全国乡镇政权机关全面推行行政公开制度的通知》。当时的中纪委书记尉健行在一次讲话中提出，在重点抓好乡镇一级政权机关政务公开的基础上，有条件的县（市）、地（市）和省级政府机关以及实行垂直领导的部门、系统，也要积极开展政务公开工作。在这个时期，各地政府在提高政务透明度方面进行了许多探索，比如山东烟台的服务承诺制，江苏苏州的财务公开制，辽宁沈阳的办事大厅一条龙服务制，以及公安系统的警务公开，检察系统的检务公开，人事部门的任前公示，财政部门的财务公开等。在各地的探索中，政务服务大厅和政府网站是通用的两种提高政务透明度的手段。2008 年《政府信息公开条例》的施行标志着政务透明有了法律规定，成为公共权力的义务、公共部门的责任。

随着公民权利意识的增强，公共权力必须为日益强烈的公民参与提供通畅的渠道。2004年的《关于加强党的执政能力建设的决定》从提高决策科学化、民主化水平的角度提出了多种实现参与的方式，包括听证会、论证会、咨询、公示等。2006年的《关于构建社会主义和谐社会若干重大问题的决定》以及2007年党的十七大提出要"保障人民的知情权、参与权、表达权、监督权"。这四种权利是广义的参与的组成部分。公民参与不仅以个人身份，还以组织的形式。对于后者，有三个变化特别值得注意。首先，农村村民委员会和城市居民委员会被规定为居民自治组织，是公民参与社区生活的基本单位；其次，对于不断发展的非政府组织，政府采取谨慎的支持态度，除了放松一些方面的管制外，还在党的十七大报告中把"社会组织"纳入扩大基层民主的范围；最后，网络为公民提供了虚拟的组织化参与载体，对于公共管理的影响越来越大，并且受到了各级公共权力的重视。

第四，公共责任的"公共性"逐步加强。解决公共问题是公共管理的基本任务，但是哪些公共问题需要优先解决则取决于公共权力的价值判断和社会要求的强烈程度。自改革开放以来，发展经济就被政权确立为优先解决的公共问题，并且得到了整个社会的认同。经济的增长成为提高公共权力合法性的首要方式。邓小平在一次讲话中说，经济增长，人民收入的提高，"这就是今后主要的政治。离开这个主要的内容，政治就变成空头政治，就离开了党和人民的最大利益"。① 然而，经济增长采取的是让"少数人""少数地区"先富起来的原则，并允许政府直接从事经济活动，这一方面导致了公共资源的不均衡分配和流动，另一方面也使政府扮演了"经济人"而非"公共人"的角色。

必须注意到，公共责任的弱化是在社会贫富分化加剧的背景下出现的。这不仅会加重改革过程中积累的社会矛盾，也会削弱社会公众对政府的信任和支持。1993年邓小平在和弟弟邓垦的谈话中，提到要解决分配不公、

---

① 《邓小平文选》第2卷，人民出版社，1994，第150页。

两极分化问题。他说，两极分化是自然出现的，要采取各种手段和方法加以解决。"过去我们讲先发展起来。现在看，发展起来以后的问题不比不发展时少。"① 自 20 世纪后期以来，政府的公共性日益受到各级公共权力的重视。1998 年，政府明确提出杜绝政府和军队办企业，从而在制度上严格规定了政府在经济增长中的作用。2003 年 "非典" 事件的发生是恢复政府的 "公共性" 的转折点。服务型政府和责任政府先后被确定为政府改革的基本目标。前者主要表现为政府管制的减少，加大对社会事业的资源投入，提高公共支出的均等化水平，使政府承担起更多应该承担的公共服务责任；后者表现为加强政府内部责任机制建设，特别是行政问责制的完善，确保政府承担的公共责任能够有效履行。

"公共性" 的增强扭转了公共权力合法性的维护过度依靠经济增长的倾向。通过加强公共服务，公共权力从直接参与经济活动中脱身出来，回归到社会关系 "中立者" 的地位，这既可以更有效地调节多元化的社会关系，也有利于避免被社会中的强势集团所控制。责任政府的建设一方面迫使各级政府及其部门能够更有效地回应社会的要求，及时解决各类紧迫问题；另一方面，也是更重要的，它有利于打破已经巩固的地方利益、部门利益对政令执行的阻碍和干扰，提高了政府的执行力，从而也加强了中央政府、上级政府在社会公众心目中的权威性。

第五，公共管理的 "整体性" 日益受到重视。改革开放之初，邓小平在谈到社会主义与资本主义的比较时说，社会主义的优越性就在于 "全国一盘棋，集中力量，保证重点"。② "一盘棋" 思想说明了公共权力在使用过程中，能够有效地打破行政层级、部门的界限和障碍，提高公共管理的 "整体性"。然而，改革开放在激活各级政府以及部门的积极性和创造性的同时，也增加了它们自身的利益。由于相应的制度建设不完善，20 世纪 80 年代中期开始出现 "诸侯经济" "市场保护" 等现象。进入 20 世纪 90 年代，"部门职权利益化" "部门权力个人化" "部门利益法定化" 等倾向更

---

① 《邓小平年谱》（下），中央文献出版社，2004，第 1364 页。
② 《邓小平文选》第 3 卷，人民出版社，1993，第 16～17 页。

加明显，严重干扰了公共权力的整体性运行。1999 年《中共中央、国务院关于地方政府机构改革的意见》就尖锐指出："政府部门管理体制不适应社会主义市场经济的要求，部门职权利益化的倾向，造成一些部门、地区、行业之间的分割，加剧了部门、行业和地区的保护主义。"

提高公共管理的"整体性"是通过两种方式进行的。一种方式是提高政府内部的执行力，确保政令得到有效贯彻。提高执行力的最重要措施就是加强行政责任。早在 1987 年，党的十三大报告就提出要建立行政责任制。2003 年"非典"事件出现后，行政问责制发展迅速。中共中央出台的《党政领导干部辞职暂行规定》，对官员辞职和问责的内涵、情形以及追究方式做出了详尽的规定。各地也在完善问责制方面进行了探索，重庆、长沙、南京等地相继出台了关于行政过错责任追究的专项规定。2004 年，温家宝在十届人大四次会议的政府工作报告中指出，要建立决策责任制，实行执法责任制和执法过错追究制。2006 年初，国务院正式把建立和推行行政问责制列入政府工作议事日程。2006 年、2007 年，"提高政府执行力"两次被写进中央政府工作报告。另一种方式是加强政府部门之间的协调性，打破部门界限，加快跨部门问题的解决。自 1998 年以来，历次的政府机构改革都把"运转协调"作为改革的目标。党的十六大则将其明确为行政管理体制改革的目标之一。地方政府在这方面的探索包括政府流程再造、大办公室制度等。2008 年进行的"大部门制"改革是加强部门协调最重要的制度性改革。

应该清楚地看到，市场经济条件下的公共管理"整体性"不同于计划经济体制下的"一元化"管理。一方面，它在强调中央和上级权威的同时，也尊重地方和下级的合理利益要求；另一方面，实现"整体性"的手段不是行政命令，而是法律规定。因此，必须通过加强法治建设来提高公共管理的"整体性"。目前，提高公共管理"整体性"的目的除了减少政府系统内部的矛盾之外，更重要的是提高政府的回应性，从而维护政府的公信力。

第六，多元治理机制有了一定的发展。中国市场经济的发展也是一个培养多元社会治理主体的过程。通过下放权力，政府逐步实现了与企业、社会、事业单位的分开，从治理结构上改变了政府包揽一切的"全能主义"

形象。因此，随着私有企业、公民个人、各类社会组织等的发展壮大，政府部门不再是公共管理过程中唯一的主体，尽管还保持了核心的地位。社会治理主体的多元化为多元治理机制的发展提供了条件。

多元治理主体的发育从三个方面推动了多元治理机制的发展。首先，公共管理过程的参与主体在数量上增多了，在主动性上增强了。无论是作为组织，还是公民个体，这些参与者都对自身的权益有了更明确的认识，并且希望通过参与公共管理来维护。其次，市场经济中的一些机制、措施被引用到公共管理活动中，推动了相关问题的解决。这集中体现为各级政府的改革带有不同程度的新公共管理色彩。最后，一些具有能力的新兴治理主体承担起某些领域中的公共管理职能。

值得注意的是，多元治理机制的发展似乎与行政层级的高低成反比，越是在基层，多元治理机制越有发展的机会。同时，在社会管理领域，多元治理机制也得到了官方的承认，比如，在社区治理中，经过多年探索，多元治理机制已经得到了承认。2006 年通过的《关于构建社会主义和谐社会若干重大问题的决定》（以下简称《决定》），把"社会协同""公众参与"作为社会管理体制中的两大要素。而在社区建设方面，《决定》明确指出，发挥驻区单位、社区民间组织、物业管理机构、专业合作经济组织在社区建设中的积极作用，实现政府行政管理和社区自我管理有效衔接、政府依法行政和居民依法自治良性互动。2006 年国务院发布的《关于加强和改进社区服务工作的意见》把"坚持社会化"作为社会服务工作的原则之一，提出"发挥政府、社区居委会、民间组织、驻社区单位、企业及个人在社区服务中的作用，政府提供公共服务，鼓励、支持社区居民和社会力量参与社区服务"。①

多元治理机制作为当代治理范式提倡的改革选择，参与、合作是其核心价值。对于长期习惯于包办一切的公共权力来说，要真正实践这些价值，不仅需要改变管理的理念，更重要的是下放更多的权力。

第七，公共管理日益专业化和精细化。这种变化直接回应的是社会经

---

① 《十六大以来重要文献选编》（下），中央文献出版社，2008，第 389 页。

济生活的理性化、信息化以及公民个人权利意识的增强。2003 年 11 月在墨西哥城举行的第五届全球政府创新论坛在宣言中把专业化和优质作为 21 世纪政府创新的七大目标之一。公务员制度是提高公共管理专业化水平的基本制度。1993 年《国家公务员暂行条例》出台，1994 年开始实行公务员考录制度。2005 年《公务员法》正式颁布。公务员制度的建立不仅杜绝了个人对政府工作人员录用的任意干扰，有利于控制公务员队伍的规模，还为公共管理活动提供了具有相应素质和能力的工作人员。

公共管理的精细化主要出现在政府内部管理中，目的是加强政府内部的管理，提高政府运行效果。有两种形式的探索值得注意。一种是把国际流行的企业管理标准 ISO9000 引入政府管理中，规范政府内部的流程，明确具体岗位的责任。另一种是政府绩效管理。有研究表明，现阶段，各研究机构和地方党政机构设计或正在施行的地方政府绩效评估指标体系不下 30 种，其中北京、青岛、上海、厦门、杭州等都根据当地的实际情况制订了具体的指标体系。

然而，对于这种按照企业和市场的原则来改善公共管理的行动，学界并没有统一的认识。批评者认为，过于重视手段的技术性，往往忽略了公共管理本身也承担着政治的功能，涉及权力的分配，因此很容易使精细化管理流于形式。比如，在绩效评估中就存在一些主要问题。一是评估指标的设计还不合理，过于琐碎化和技术化。尽管政府要实行"数字化"管理，但是并非所有的行为都能用定量的指标来测量。二是评估过程流于形式，尤其在公民参与方面更为明显。或者是公民对参与评估不感兴趣，而缺乏参与热情，或者是评估方有意限制公民的自由而广泛参与。三是评估结果的使用还不明确。究竟如何使用评估结果直接关系到对评估对象的激励和惩罚，以及社会公众对评估的信任度。如果对于结果的使用过于随意，就无法取得预期的效果，并最终断绝评估的生命力。

第八，维护安全和秩序成为公共管理的底线，实现社会和谐成为公共管理的最高标准。中国经历的多重转型过程必然是风险多发、高发过程。只有获得安全和秩序，公共管理活动才能正常开展起来。这种认识可以追溯到对"文化大革命"教训的总结，但 20 世纪 80 年代末期以来日益明确，并且被确定为公共管理完成的基础性任务。社会治安综合治理机制的发展集中体现了公共权力对安全和秩序的强调。1991 年 2 月，中共中央、国务院发布《关于加强社会治安综合治理的决定》。该决定提出：社会治安综合治理的方针是解决中国社会治安问题的根本出路。1991 年，中央成立了社会治安综合治理委员会，指导和协调全国社会治安综合治理工作。此后，各级地方党委政府也设立了相应的机构，并且把"社会治安综合治理"列为"一票否决"考核范围。为了保持社会稳定，各级政府采取了多种措施，以应对不断增多的各类社会矛盾。①

2003 年"非典"危机的出现，直接推动了应急管理体制的快速建立。2006 年 1 月，国务院发布了《国家突发公共事件总体应急预案》，当年全国共制定各类应急预案 135 万多件，各省（自治区、直辖市）、97.9% 的市（地）和 92.8% 的县（市）制定了总体应急预案。全国应急预案体系已经初步形成。② 2007 年 8 月全国人大常委会通过了《中华人民共和国突发事件应对法》，为应对危机提供了明确的法律依据和保障。应急管理体制的建立说明，应对高风险已经成为公共管理的重要任务。2006 年通过的《关于构建社会主义和谐社会若干重大问题的决定》既肯定了社会矛盾和风险的存在，也把建设和谐社会确定为国家发展的目标，并提出了相应的建设方略，即按照民主法治、公平正义、诚信友爱、充满活力、安定有序、人与自然和谐相处的总要求，解决人民群众最关心、最直接、最现实的利益问题，着力发展社会事业、促进社会公平正义、建设和谐文化、完善社会管理、增强社会创造活力，走共同富裕道路，推动社会建设与经济建设、政治建设、文化建设协调发展。

从强调稳定有序，到建设和谐社会，反映了公共权力应对日益增多的风险与矛盾的态度的转变。对于各种矛盾和风险，不能只依靠控制和压制，更需要采取预防、疏导等措施，而制度、机制建设尤其关键。

通过以上分析，我们可以清楚地看到，自 1992 年以来，特别是 20 世纪

---

① 《2007 年全国社会治安综合治理工作成效显著》，中国平安网。
② 《2006 年我国制定应急预案约 135 万件　演练 13.7 万多次》，《人民日报》2007 年 7 月 23 日。

90 年代末期以来，中国的公共管理体制在许多方面进行的改革创新，比较及时地回应了社会经济发展中产生的诸多新问题、新矛盾，并且提高了整个体制的效力。当然，这些改革措施的有效性并不均等。造成这种结果有多种原因，但是问题的复杂程度，特别是决策者对问题紧迫性的判断似乎更具有决定性。

三　政治的优先性与公共管理改革的难题

决策者对现实的判断和优先性取舍说明，在公共管理改革创新中，政治始终处于优先的地位。通过政治决策，公共管理改革涉及的诸多价值取向得到了先后排序，并因此改变了公共资源的配置格局，使某些领域的公共管理问题得到了优先解决。然而，尽管政治的优先地位解决了公共管理改革的优先顺序问题，但是不能以干扰公共管理的正常运行为代价，否则公共管理的改革进程就很容易被干扰甚至打断，管理的连续性、规则化水平难以真正提高。

在中国，政治优先性在公共管理改革中的作用是通过将公共管理问题"政治化"的机制实现的。各级党委、政府，尤其是上级党委、政府为了突出某些问题的解决，会将其确定为"政治任务"，要求下级部门全力完成，并相应给予政治上的激励和惩罚。这种"政治化"过程要实现四个目标。①把某些任务变成"政治任务"，提高了它们在各级政府所承担的诸多责任中的地位，突出了它们的重要程度。②当这些任务转变成"政治任务"后，有关负责的政府或职能部门就会调整资源和人员的分配方案，把资源和人员向这些任务倾斜，以保障它们的实现。③当这些任务转变为"政治任务"后，来自下级或职能部门的抵触或不执行行为会得到一定程度的控制，以实现政令的统一。因为抵触或不执行会受到政治上的惩罚，有关负责人的"政治前途"将受到影响。④对于确定"政治任务"的上级政府尤其是中央政府来说，这展现了它们对问题的高度重视，有利于维护和改善它们在社会公众中的形象，提高其合法性。

在公共管理的实际过程中，政治的优先性有三种表现形式。①执政党的决策优先于国家法律制定。我们可以清楚地看到，执政党的每次重大决定都会带来法律制定重点、优先顺序的改变，并设定了公共管理改革的议程。这尤其体现在 2003 年以后的公共管理改革中。②上级的决定优先于下级的自主。一方面，上级的各项决定在法理上优先于下级的决定；另一方面，也是最重要的，上级的认可与资源配置为下级的自主行为设定了范围。③领导者个人的偏好直接影响着公共管理改革的日程。除了人治传统外，领导者的作用也得到了体制的支持。领导者最终"拍板"的决策体制、"一把手"负责制等强化了领导者的个人作用。在许多具体的公共管理活动中，领导者不仅影响着资源的配置、工作重点的调整，还决定着人员的结构。

在公共管理改革中，政治的优先性除了符合政治运行的一般逻辑外，还有中国自身的特殊条件。

第一，资源配置的集中体制为政治的优先性提供了制度环境。虽然下放权力和发展市场体制在很大程度上改变了原来高度集中的资源配置体制，但是中国在政府体制上依然采取的是集中制。一方面，在政府各个层级之间的关系上，下级要服从上级，地方要服从中央。包括中央政府在内的上级政府控制下级发展所需要的许多资源。除了资金外，更重要的是对下级行为的批准和认可权，即合法性的赋予权。另一方面，在政府各个职能部门内部，实行的是党委领导下的首长负责制，行政首长具有掌握部门资源的实际权力。因此，他们对某些任务给予重视，并且亲力亲为，必然会带动部门资源的调整。

第二，党管干部原则打破了政治与行政的边界，使所有政府工作人员都有义务服从党的政治决定。党管干部的原则要求各级官员首先要服从党的领导，执行党的命令。该原则在实行中采取的也是集中管理的方式，管理干部的权限是向上集中的。20 世纪 50 年代建立起来的干部管理体制保证了党中央通过组织系统，从宏观层面上掌控着地方政治生态，保障中央政令畅通。1984 年 7 月，中共中央组织部颁发了《关于修订中共中央管理的干部职务名称表的通知》，改变下管两级的做法，规定干部管理权限是下管一级。这种改变使地方的干部人事管理权限得到加强，但中央仍然掌握了对省一级地方党政一把手的任命和推荐（省长一般由中央推荐，通过省一级人大选举，一般能获得通过），仍然掌握着对地方领导的控制权。同时，地方政府对于自己的直接下级干部有了更大的管理权。这不仅密切了直接上下级之间的关系，而且加强了上级对直接下级的控制。在现有体制下，党的领导首先是政治领导，因此，上级政府很容易借助党的组织体系来把某些重要任务提升为"政治性"工作，以对负责人职位的改变作为督促完成的手段。

第三，地方和部门利益的强化也迫使上级部门不断强化重点问题或决定的"政治性"，以保证政令的推行。改革开放以来，在地方政府以及各职能部门工作积极性提高的同时，它们的自身利益也形成了，并且不断得到巩固，出现了"部门职权利益化""部门权力个人化""部门利益法定化"的倾向和现象。地方和部门利益的强化严重干扰了政令的统一，在某些领域非常突出。2005年，当时的教育部副部长张保庆气愤地说："中国目前最大的问题是政令不通，中南海制定的东西有时都出不了中南海。"2005年的中央政府工作报告提出要提高政府的执行力。2006年，温家宝提出，要"提高行政效能，增强政府执行力和公信力"。他批评说，在一些地方和部门存在两个突出问题：一是政令不畅、执行不力。二是违法违规，失信于民。①

毫无疑问，在一种快速变化的环境中，公共管理问题的"泛政治化"突出了改革的重点，推动了一些重要问题和难题的有效解决。这是改革开放以来，某些公共管理领域的改革能够快速推进，并使公共管理活动从总体上能够及时回应社会经济发展需要的重要原因。尤其是当改革遇到各种形式的抵制的时候，把要解决的问题提高到"政治高度"，及时有效地消除了抵制，确保了整个国家重要战略的推行以及这个大型国家转轨的有序进行。

但是，并非所有的公共管理问题都需要通过"政治化"的方式解决，这不仅不符合公共管理自身运行的规律，也为公共管理改革设置了难题。

---

① 温家宝：《加强政府建设　推进管理创新》，http://news. xinhuanet. com/politics/2006 - 09/07/content_5062506. htm。

这些难题主要有以下八种。

第一道是政策难题。政策优先于法律。全国人大常务委员会原委员长彭真同志在谈及国家管理的时候曾说："要从依靠政策办事逐步过渡到不仅靠政策，还要建立、健全法制，依法办事。"① 然而，我们可以清楚地看到，在法律制度健全的同时，政策并没有让位给法律，反而继续影响着甚至支配着公共管理活动。行政层次越低，这种现象越突出。与法律相比，政策具有灵活性，有利于提高决策的效率、公共管理的应对性，但是政策也具有高度个人化、易变性特点，很容易从支持公共管理改革力量蜕化成阻挠甚至反对改革的力量。

第二道是"领导者"难题。在任何公共管理改革运动中，领导者的作用都是至关重要的。他们的政治决断力和能力决定着改革的命运。中国也不例外。但是，中国也有自己的独特之处。首先，公共部门的领导者是任命的，并且没有严格执行任期制，变动较快。这一方面导致了诸多改革因为领导者的变动而终止，另一方面也使新到任领导者为了获得任命部门的注意，突出自己的不同，频繁以"创新"的名义做出各种决定。因此，公共管理改革也受困于"政绩工程"之累。即便是近年来备受关注的"改革强人"也会遇到"人走政息"的难题，也必须面对"过激"的改革措施遭遇到公共管理部门内部既得利益者的阻挠。

第三道是"制度化"难题。有两种形式的"制度化"难题，一种是把现有的改革创新"制度化"。这些年来，地方政府在公共管理改革方面做了许多探索，有效地解决了当地社会经济生活遇到的问题，有的还被其他地方学习发展，扩展到更大范围。但是这些改革措施面临着"制度化"难题。在中国，要实现创新的"制度化"，目前唯一的渠道是被上级认可，并被写入政策法规文件。然而，要获得上级认可，一方面需要时间，另一方面还要处理公共管理体系内部的各种关系，这往往会为改革增添不必要的成本。更重要的是，许多改革创新具有很强的"地方性"，一旦被制度化，很容易转变成要求"整齐划一"的行政命令，限制地方改革的活力。另一种"制

---

① 《彭真文选》，人民出版社，1991，第 492 页。

度化"难题主要来自现有制度、法律对改革创新的限制。通常的理由是，现有的制度、法律已经有了明确规定，所以不需要改革，更不需要创新，只要服从和执行就可以了，否则就是破坏法治。当然，这种理由有一定道理，但是必须承认现有的法律、制度有的是过时的，有的甚至沦为了"恶法""恶制"。不进行深入的改革创新就无法对其产生触动，也难以找到新的法律、制度出现的可能。

第四道是"安全"难题。公共管理改革应该优先解决管理双方以及相关者的安全问题，即公共权力、社会民众以及其他利益相关主体都能获得基本的安全感。然而，许多改革创新都缘起于不同类型的危机。危机往往会对安全感产生损害。对于公共权力来说，没有基本的安全感，难以继续推进改革创新，甚至会趋向保守。一方面，公共管理部门正在进行的改革创新会由于担心引发不稳定而中断；另一方面，其他的非改革者也会在观望的过程中失去进一步改革的勇气。社会公众则会由于基本安全受到威胁对公共权力提出强烈要求，甚至采取过激行动，使后者难以在短期内通过变革来缓解激化的矛盾，改革仓促启动，又草草失败。

第五道是"改革主体"难题。随着改革的深入，改革的主导者也成为被改革的对象。中国的改革开放是政府主导的。而渐进的增量改革方式又为政府自主性的发挥以及自利性的强化提供了条件。一方面，渐进改革可以使政府选择和安排改革顺序，减少改革的阻力；另一方面，增量改革通过产生新的空间、领域，推迟了政府利益最顽固的领域因改革受到的直接冲击，并且为政府权力的扩张提供了新的对象。在某些领域中，政府部门已经从改革的推进者蜕化为干扰者，甚至直接阻碍者。政府对改革深入的制约有多种表现形式，突出的包括政府规模不合理，浪费严重；权钱交易，干扰市场经济的正常运行；部门利益强化干扰了政府内部政令的通畅；行政行为随意，公信力下降等。因此，政府在继续作为改革的推动者的同时，也成为改革的对象。江小涓曾撰文指出，政府既是行政管理体制改革方案的制订者，又是行政管理体制改革的对象，角色冲突往往导致改革任务落实难，执行中变通方法多，改革过后易反弹。难点集中在两个方面：有利益的权力不愿放弃，阻碍转变职能；无利益的责任不愿担当，阻碍全面履职。

　　第六道是"参与"难题。扩大公共参与既是公共管理改革的目标，也是手段。一方面，参与公共管理活动是公民的基本权利；另一方面，公民对公共管理过程的参与有助于提高管理的民主化程度，减少官僚主义的滋生。因此，近年来，中央决策者一直鼓励最大范围地扩大公民的"有序"参与。然而，"有序"参与是由公共权力主导的，在现实中很容易蜕化成控制性参与，公共权力出于各种原因为公众参与设置障碍，使正常的参与缺乏制度化的渠道或者流于形式，不仅打击了公众参与热情，还可能造成公众参与的极端行为。更重要的是，有序的参与在指导思想上始终把公众作为"被动员参与的对象"来看待，不利于后者参与主体地位的确定，参与理性和能力的增强。

　　第七道是"技术"难题。新技术，特别是信息技术在公共管理中的广泛应用是一个世界趋势。"电子政府"也被认为是公共管理创新的目标之一。中国的电子政府建设基本上与世界先进国家同步。各级政府在购置设备、开发软件、建立网站、网络化办公等方面投入了大量的资源和人力，并且取得了显著的效果。但是，新技术在公共管理中的有效应用也是一个难题。首先，由于需要投入，所以新技术的应用并不是均衡的，存在地区、部门之间的"数字鸿沟"。其次，新技术功能的发挥受到制度限制。制度的边界也是技术应用的边界。最后，新技术产生的新问题超出了公共权力应对的能力。在公共管理改革中，技术创新虽然能够带来局部的突破，但从根本上需要制度创新的支持。

　　第八道是"能力"难题。公共管理改革的根本目的是提供公共权力解决公共问题的能力以及社会公众参与公共事务的能力。这是一个"增权"与"赋权"的双重过程。然而，这个双重过程内部是存在矛盾的。作为整个过程的主导者，公共权力增强能力往往是以增加权力的形式出现的，权力的增加又常常限制向社会公众"赋权"，结果是"增权"压倒了"赋权"。更值得注意的是，近年来，公共管理改革一方面在努力限制公共部门的权力，另一方面又在增强其解决新问题的职能，并且把大量的公共资源转移到这些领域，造成了公共权力的能力与资源的严重失衡，其无法承担起对这些公共资源的有效管理职能（见表6－2）。要解决这个问题，不仅要提升公共部门的能力，还要扩大社会参与，使政府与社会共同承担起责任。

表6－2 公共管理改革的措施及有效性比较

公共管理的价值取向	代表性措施	公共权力对问题紧迫性的判断	措施的有效性
安全	社会治安综合治理应急管理	高度	非常有效
民主	扩大有序参与渠道政务公开	中度	一般
法治	依法行政	中度	一般
廉洁	反腐败	高度	一般
透明	信息公开	中度	一般
责任	行政问责制	高度	一般
参与	扩大有序参与渠道	低度	一般
服务	服务型政府建设	中度	非常有效
合作	市民社会组织的培育公共服务外包	中度	一般
和谐	收入分配、公共财政等	中度	没有充分表现出来

四 简要结论：走向政治发展导向的公共管理创新

从社会主义市场经济体制确立以来，公共管理改革已经走过了16年的历程。从国家层面上来看，大规模的行政改革也进行了四次。2008年，《关于深化行政管理体制改革的意见》对未来12年的改革进行了明确的部署，强调"行政管理体制改革是政治体制改革的重要内容"，将贯穿在中国改革开放和社会主义现代化建设的全过程，改革的目的是建设服务政府、责任政府、法治政府和廉洁政府。显然，中国的公共管理改革已经在市场经济的背景下找到了自己的方向。

这个方向就是政治发展。白鲁恂在总结政治发展的十个命题时，从中提取了三个不断重复的核心主题，即对于平等的关注，包括政治参与的广泛化和大众化、法治的普遍化和排斥特权、政治纳用的理性化特征等；对于政治系统能力的强调，包括系统的效率、合理性，能力、作用的范围及强度等；对于政治角色和政治结构持续分化和专门化的认识等。从中国的公共管理改革的过程中，我们可以清楚地看到公共权力对市场经济带来的新变化新问题的回应，与政治发展的价值取向有着高度的契合。

而另一位政治发展理论家亨廷顿的思想也在中国经验中得到了清晰的回应。在他看来，维护政治稳定和政治秩序是政治的最高价值，对于发展中国家尤其如此。他依据各国发展经验提出，"各国之间最重要的政治分野，不在于它们政府的形式，而在于它们政府的有效程序"；对于经济发展迅速的国家来说，"首要的问题不是自由，而是建立一个合法的公共秩序。人当然可以有秩序而无自由，但不能有自由而无秩序。必须先存在权威，而后才谈得上限制权威"。有意思的是，20 世纪 80 年代特别是冷战刚结束后，国际学术界从市场经济体制可以置于任何领域皆有效的狂热和迷信（具体代表是新公共管理运动）中回到了强调政治发展的路径。治理理论所强调的民主、法治、参与、责任、回应等价值不正是政治发展理论曾经强调的吗？提高政权合法性作为治理的核心目标使公共管理改革的重点再次回到了公共权力或国家自身。

公共管理改革作为国家建构的重要内容，承担的任务是为政治意志的有效实现提供制度化的支持。这种支持体现为高素质的负责的官员队伍、合理的政府组织结构、与社会经济发展相适应的职能设置等。然而，政治意志不是个人意志或者某个群体的意志，而是公共意志。尽管公共权力的"公共代表"身份具有虚伪性，但依然需要把社会公共管理的职能履行下去，以减少社会矛盾的升级。在中国，随着市场经济的发展，公共管理的"公共性"更加重要，只有把社会公共管理职能履行好，才能为市场经济的发展提供条件，并且解决市场经济本身无法解决的问题。因此，公共管理改革不仅要求政府淡化阶级属性，更要完成具体的职能调整。这正是职能转变自 20 世纪 90 年代以来一直是行政改革的核心内容的根本原因。

但是，公共管理改革回归公共权力本身，并不意味着要放弃对新的公共管理参与者以及新的公共管理机制发展的支持。市场、公民个人以及伴随市场经济发展而出现的市民社会组织既是公共生活的重要组成部分，也是公共管理活动的参与者。正如乔治·弗雷德里克森所说，公共生活与政府并不是一回事，其内涵远比政府更为丰富。"公共生活与政府相互依赖，政府只是公共生活的一种表现。"正是公众的参与，才使公共事务的"公共性"从虚幻趋向真实，也为公共权力的合理运行设定了有效的边界，为它从一些领域退出提供了"安全阀"。必须清楚地认识到，市场经济中的公共管理必然是合作式的、参与式的。对于公共权力来说，在保持主导地位的同时，为新的公共管理参与者提供参与的渠道及发挥作用的机制将是政治性的挑战。因此，公共管理改革的深入，不能停留在技术和机制层面，必须获得制度的支持。

公共管理的"公共化"使市场经济发展过程中产生的新的社会力量能够加入公共事务的解决过程。对于公共权力来说，除了政治活动外，还有大量的公共管理活动；而对于新兴社会力量以及公民来说，除了政治权利之外，还有内容更丰富的公民权利和社会权利。这样，公共管理改革就起到了为政治体制转型减压和分流的作用。公共管理程序的完善、技术的提高、资源的增加使公民要求得到了满足，并且有效地解决了与他们生活生产相关的问题，从而提高了公共权力的合法性。[①] 因此，只有从这个意义上来推动公共管理改革，才能超越技术化、程序化的狭隘视野，在政治发展中找到自己的合理定位。

---

① 按照 Schimmelfennig 的观点，这是"产出/输出的合法性"（output legitimacy）。Schimmelfennig, Frank, *Legitimate Rule in the European Union*（Working Paper 1.45，1996），Berkeley：University of California，Center for German and European Studies.

第七章

21 世纪以来中国共产党的干部制度改革[*]

一 干部的定义

在中国，干部起码是有着三种定义的概念，这是由长期党政一体化，国家对社会高度干预的政治制度决定的。按照第一种定义，所有承担国家政权监管职能的工作人员都是干部，因此从层级角度来看既有中央干部，也有村、居委会干部；从领域来看既有团干部，也有妇联干部等。这是最广义的干部定义。按照第二种定义，所有由国家财政供养的，承担着国家管理职能的工作人员都是干部，因此，干部既分布在党政部门，也分布在事业和企业单位中。2000 年中共中央下发的《深化干部人事制度改革纲要》采取的就是这个定义，它将干部分为党政干部、企业经营管理干部、科学技术干部和其他战线干部。第三种定义范围最小，是根据国家公务员法确定的，将干部等同于国家公务员。按照《公务员法》，有七类机关的工作人员属于公务员。他们分别是：①中国共产党各级机关的工作人员；②各级人大机关的工作人员；③各级行政机关的工作人员；④中国人民政治协商会议各级委员会机关的工作人员；⑤各级审判机关的工作人员；⑥各级检察机关的工作人员；⑦民主党派、工商联各级机关的工作人员。实际上，随着有越来

---

[*] 本章主要内容曾发表在《北京行政学院学报》2011 年第 3 期。

越多的"参照公务员管理"部门的加入,这个根据法律做出的定义也不再严格。

干部定义的多重性,也意味着干部管理方式的多样性和管理制度的复杂性。因此,研究中国的干部管理体制,必须对干部的外延进行限定,以明确具体研究的对象。本章采用的是《深化干部人事制度改革纲要》的干部定义,对于干部制度的理解也相应地采用中央组织部的官方定义,即"党和国家关于干部工作的规章制度的总称。它包括干部管理体制和干部管理的具体的规章制度两个部分。"①

由于干部制度内容庞杂,并且不同时期有着较大差别,所以本章主要关注的是 21 世纪以来中共干部管理制度的变化。这样做的另一个更为重要的原因是,2000 年,中国共产党颁布了《深化干部人事制度改革纲要》,提出了十年改革的目标,此后 10 年是中共干部制度在文本制定上最完善、出台节奏最密集的时期,充分反映出中国共产党面临诸多挑战希望加快变革的迫切之心和探索尝试。在这个意义上,对干部制度文本的研究,也有助于加深对中国共产党变革转型的理解。

二 干部制度面临的挑战

在中国政治体制运行中,干部扮演着非常重要的角色。一方面,作为这个体制的领导力量的中国共产党是"先锋队式"的政党,干部既是社会中的优秀分子,也是党在各个领域中发挥领导作用的具体实施者;另一方面,中国的治理有着深厚的人治传统和精英主义特征,干部具有道德表率作用和人格魅力。毛泽东曾经一针见血地指出,"政治路线确定之后,干部就是决定的因素……中国共产党是在一个几万万人的大民族中领导伟大革命斗争的党,没有多数才德兼备的领导干部,是不能完成其历史任务的。"②

党的历届领导人都高度重视干部队伍建设,改革开放以来,更是提出

---

① 中央组织部研究室:《中国共产党干部制度的回顾与思考》,《求是》2001 年第 15 期。
② 《毛泽东选集》第 2 卷,人民出版社,1991,第 526 页。

了干部"四化",通过干部队伍的快速更新换代来贯彻新的政治路线,干部制度改革也成为整个改革工程的重要组成部分。20 世纪末至 21 世纪初,经历了 20 世纪 80 年代末期以来的国内国际政治动荡和市场经济变革深刻影响的中国共产党,面临着前所未有的新问题和新挑战。数量众多的干部,既是解决问题的能动力量,也可能是滋生新问题的广阔土壤。2000 年,中国共产党颁布了《深化干部人事制度改革纲要》,明确提出,"在今后十年中,为实现我们党和国家确定的经济、政治、文化发展目标,抵御前进道路上的各种风险,战胜各种困难,把建设有中国特色社会主义事业不断推向前进,关键在于我们党要按照代表中国先进社会生产力的发展要求、代表中国先进文化的前进方向、代表中国最广大人民的根本利益的要求,努力建设一支包括党政干部、企业经营管理干部、科学技术干部和其他战线干部在内的高素质的干部队伍,以提供坚强的组织保证"。[①]

干部制度面临的主要挑战有以下几种。

第一,整个干部队伍规模日益庞大,内部出现了较大的分化。对于中国的干部数量有着不同的统计方式。有学者从公务员的两种统计口径来计算,狭义的公务员指的是各级行政机关工作人员,数量为 500 万人;广义的包括行政机关、政党机关和社会团体的工作人员,数量为 1053 万人。[②] 另据孙涛等研究,"干部"主要包括"党、政、军、企、事、群"六大领域,涵盖了在党政机关、人民团体和公有制事业单位工作的所有脑力劳动者,约有 3800 万人。根据《中国统计年鉴》"公共管理与社会组织就业人员"统计的推算,"党政群"三大领域有 1100 万人。[③] 本章从国务院 2009 年发布的《中国人权事业的进展白皮书》中所列举的少数民族干部数据进行反推,也可以估算出干部的数量。[④] 截至 2009 年,全国共有 290 多万少数民族干部,约占干部总数的 7.4%,以此推算全国干部数量是 3918 万。遗憾的

---

① 《十五大以来重要文献选编》(中),人民出版社,2001,第 1313 页。

② 王健金、今花:《我国与外国公务员数量比较》,http://www.globalview.cn/ReadNews.asp?NewsID=4386。

③ 孙涛、李瑛:《公务员规模省际差异影响因素研究:基于 2001~2008 年面板数据》,《中国人民大学学报》2011 年第 1 期。

④ 国务院新闻办公室:《2009 年中国人权事业的进展白皮书》。

是，白皮书只给出了全国公务员队伍中少数民族约占 9.6% 的数字，并没有给出少数民族公务员的数量，所以我们无法推算出全国公务员的数量。从中组部给予的党员数据中，我们也可以估算出全国干部的数量，国家税务总局党组副书记王秦丰曾介绍，截至 2009 年底，中共党员总数为 7799.5 万名，其中，企事业单位管理人员、专业技术人员 1772.5 万名；离退休人员 1452.5 万名；党政机关工作人员 659.6 万名；三个群体构成了广义干部的主体，以此计算全国干部数量为 3900 多万，与根据白皮书推算出来的干部数量大致相当。①

如此庞大的干部群体，其构成本来就是多样的。而随着整个社会阶层的分化，干部群体内部也更加多样化。除了原有的职业、地区、行政级别等差异外，收入、财富拥有量以及享受到的公务福利等越来越成为推动干部群体内部分化的物质力量。干部群体从无产阶级转变为有产阶级，而利益的差别也加剧了价值认知上的分化。这对于一直强调思想统一、行动一致的干部管理来说，是巨大的挑战。

第二，共产党将自己定位为执政党，加快自身的改革。从革命党向执政党的转变，是中国共产党在新形势下自我的重新定位。一方面，作为执政党，不能用革命的方式来解决各种问题，必须提高执政能力，"无产阶级政党夺取政权不容易，执掌好政权尤其是长期执掌好政权更不容易"②。另一方面，作为执政党，其执政地位不是一劳永逸、一成不变的，"过去拥有不等于现在拥有，现在拥有不等于永远拥有"③。2004 年通过的"关于加强党的执政能力建设的决定"清楚列举了多方面的执政能力，要求实现科学执政、民主执政和依法执政。围绕提高执政能力，从中央到地方制定了多项新的制度规定，进行了许多有意义的改革创新。这既为干部管理提出了新的要求和任务，又为干部制度改革提供了新的约束条件和推动力量。干

---

① 2010 年 6 月 28 日中组部副部长王秦丰在新闻发布会上的通报，http://china. news. cheng-du. cn/content/2010 - 06/29/content_454954. htm? node = 5942。

② 《十六大以来重要文献选编》（中），中央文献出版社，2006，第 379 页。

③ 《中共中央关于加强和改进新形势下的建设若干重大问题的决定》，人民出版社，2009，第 5 页。

部制度的改革，既是加强党的执政能力的必要组成部分，又为提高执政能力提供了切实的支持。

第三，在党员干部队伍中腐败问题依然严重，党的公信力受到削弱。腐败问题已经成为关系执政党地位、社会公平正义的严重问题。过去十多年来，遏制腐败问题的党纪国法不断出台，反腐败的机构、措施手段和具体行动也在完善、升级，每年都有不同层级的干部锒铛入狱，甚至被处以极刑，但是腐败问题依然严重，并且在不同领域转移蔓延，已经深刻影响到包括教育、医疗、公共工程等在内的直接关系民生问题的公共品提供。因此，一方面，国家投入公共品的资金逐渐增多；另一方面，这些领域资金被滥用的问题也相当严重。在网络时代中，原本局限在个别地方和领域的腐败案件，很容易成为国人皆知的公共事件，从而进一步引发对整个体制的怀疑，乃至不信任，执政党和政府的公信力受到了极大的削弱。党的十六大、十七大报告中都提到一些党员领导干部的形式主义、官僚主义作风和弄虚作假、铺张浪费行为相当严重，腐败现象仍然突出。每年的政府报告也都会提出同样的问题。2009年《中共中央关于加强和改进新形势下党的建设若干重大问题的决定》更加明确地提出，"有些领导干部宗旨意识淡薄，脱离群众、脱离实际，不讲原则、不负责任，言行不一、弄虚作假，铺张浪费、奢靡享乐，个人主义突出，形式主义、官僚主义严重；一些领导干部特别是高级干部中发生的腐败案件影响恶劣，一些领域腐败现象易发多发。这些问题严重削弱党的创造力、凝聚力、战斗力，严重损害党同人民群众的血肉联系，严重影响党的执政地位巩固和执政使命实现，必须引起全党警醒，抓紧加以解决"。①

第四，国际竞争日益激烈，国际压力的转化方式更加多样。中国的改革是在开放过程中展开的，国际社会既是中国发展所需要的重要资源的提供者，也是中国改革路径选择的挑战者。这种挑战涉及经济贸易、政治制度、文化价值观等诸多方面，随着中国国际影响力的增强，与国际社会的

---

① 《中共中央关于加强和改进新形势下党的建设若干重大问题的决定》，人民出版社，2009，第5页。

联系交往的全面化、深入化，国际压力也有更多的输入渠道和转化途径。因此，执政党在各种场合都要强调"世情"的重要性，要求认清国际形势，积极参与应对。2009年《中共中央关于加强和改进新形势下党的建设若干重大问题的决定》对中国面临的国际环境进行了较为全面的论述，"当今世界正处在大发展大变革大调整时期。世界多极化、经济全球化深入发展，科技进步日新月异，国际金融危机影响深远，世界经济格局发生新变化，国际力量对比出现新态势，全球思想文化交流交融交锋呈现新特点，发达国家在经济、科技等方面仍占优势，综合国力竞争和各种力量较量更趋激烈，不稳定不确定因素增多，给我国发展带来新的机遇和挑战"。①

面对这些挑战，作为执政党的中国共产党也在努力做出积极回应。这首先就体现在从2000年《深化干部人事制度改革纲要》颁布以来，执政党密集地出台了多种制度规定，形成了一套较为完备的制度体系。

这个体系的制度文本主要分为三个层次：第一个层次是以党的全会名义颁布的决定或意见，对改革提出指导思想和宏观构想。比如2001年的《关于加强和改进党的作风建设的决定》、2004年的《关于加强党的执政能力建设的决定》、2008年的《关于深化行政体制改革的意见》、2009年的《关于加强党建若干重大问题的决定》，都起到了这种作用。第二个层次是以党中央名义（或与国务院联合）颁布的规划纲要，对具体的改革提出时间表和框架设计。比如2002年，党中央、国务院联合颁布的《2002—2005年全国人才队伍建设规划纲要》，2005年的《建立健全教育、制度、监督并重的惩治和预防腐败体系实施纲要》等。第三个层次是更为具体的制度规定，通常由中组部等相关部门起草，通过中央办公厅颁布。比如2002年颁布的《党政领导干部选拔任用工作条例》。2004年和2006年是出台具体规定最为密集的两年。2004年4月，中共中央办公厅一次性颁布五个法规文件，分别是：《公开选拔党政领导干部工作暂行条例》、《党政机关竞争上岗工作暂行条例》、《党的地方委员会全体会议对下一级党委、政府领导班子

---

① 《中共中央关于加强和改进新形势下党的建设若干重大问题的决定》，人民出版社，2009，第3页。

正职拟任人选和推荐人选表决办法》、《党政领导干部辞职暂行条例》和《关于党政领导干部辞职从事经营活动有关问题的意见》。加上此前经中共中央同意、中央纪委和中央组织部联合下发的《关于对党政领导干部在企业兼职进行清理的通知》，通称"5＋1"文件。2006年6月，中共中央又集中出台了《党政领导干部职务任期暂行规定》、《党政领导干部任职回避暂行规定》和《党政领导干部交流工作规定》三部重要法规。这些条例规定，连同以前出台的规定，共同构成了初步的干部人事工作法规体系，标志着党的干部人事制度改革由单项突破进入整体推进的新阶段。[1]

三 执政党地位与党管干部原则

按照中国共产党的理论，党的领导是政治、组织和思想领导，"党管干部"既是党的领导的体现方式，也是党的领导的实现途径。早在20世纪60年代，邓小平在一次讲话中就明确提出，"党要管党，一管党员，二管干部"。[2] 有学者认为，邓小平在这里使用党管干部的概念，主要是指党组织要加强对干部的管理和监督，与现在广泛使用的"坚持党管干部原则"中的"党管干部"的含义有着很大的不同。

现在意义上的"党管干部"是江泽民1989年8月21日在全国组织部长会议上的讲话中提出来的，江泽民说"党的领导只提政治领导不够，还应该有思想领导和组织领导。党不管思想管什么？党不管干部管什么"，"党组织还是要管干部"。[3] 江泽民1990年又在阐述党的领导和人民代表大会关系的时候正式使用了"坚持党管干部的原则"这个说法。这种提法主要针对党的十三大提出的党政分开取向的改革，从加强党对国有企业、高等学校和国家机关的领导的角度，强调在国家机关中恢复设置党组，党组织在国有企业、高等学校和国家机关的干部选拔和选举中积极介入和实施控制的必要性。在这种思想的指导下，中共恢复了国务院各部门在党的十

---

① 操申斌：《改革开放以来中国共产党党内法规建设的历史考察》，《安徽史学》2009年第6期。
② 《邓小平文选》第1卷，人民出版社，1994，第328页。
③ 《十三大以来重要文献选编》（中）人民出版社，1991，第582页。

三大后被撤销了的国务院各部门党组和纪检组，在一定程度上改变了党的十三大后实行的政府、企业和事业单位的行政首长负责制，重新强调了党组织在企业、事业单位和政府机关中的直接领导地位。此后，这种意义上的"党管干部"概念在党的文件中被广泛使用。

在过去十多年中，"党管干部"原则除了得到明确和反复强调外，还在两个方面取得了进展。一是，"党管干部"原则的应用范围逐步扩大。2000年8月公布的《深化干部人事制度改革纲要》，在谈到深化干部人事制度改革的指导方针和原则时，强调"必须坚持党管干部的原则"。"党直接管理党组织的各级各类干部，管理群众团体干部。"① 2002年5月，党中央、国务院下发了《2002—2005年全国人才队伍建设规划纲要》，提出实施"人才强国"战略。党的十六大提出，"努力形成广纳群贤、人尽其才、能上能下、充满活力的用人机制，把优秀人才集聚到党和国家的各项事业中来"。2002年12月的全国组织工作会议，根据人才强国战略和人才队伍建设的需要，明确提出了"党管人才"的要求和新思路。从而将"党管干部"原则扩展到更大范围。而从2006年之后，随着和谐社会建设思想和社会管理思想的提出，"党管干部"原则也扩展到社会组织之中。

二是，随着《公务员法》的正式颁布，"党管干部"原则在公务员系统中得到了法律支持。② 2006年正式颁布的《公务员法》，用"公务员"取代"国家公务员"概念，从而使公务员法覆盖的范围与干部的范围更为吻合。据2006年4月9日中共中央国务院关于印发的《〈中华人民共和国公务员法〉实施方案》，《公务员法》确定的公务员范围主要是包括七类机关的工作人员：①中国共产党各级机关的工作人员；②各级人大机关的工作人员；③各级行政机关的工作人员；④中国人民政治协商会议各级委员会机关的工作人员；⑤各级审判机关的工作人员；⑥各级检察机关的工作人员；⑦民主党派、工商联各级机关的工作人员。按照《公务员法》的规定，国家公务员严禁参与旨在对抗政府的抗议示威活动。《公务员法》也突出了干

---

① 《深化干部人事制度改革问答》，中央文献出版社，2000，第62页。
② 李绥州：《理性化与再政治化的交汇——中国党政干部制度改革三十年的回顾与分析》，《岭南学刊》2008年第5期。

部"管理权限"的概念。在该法中,"按照管理权限"的规定多达八处,分布在公务员管理的各个核心环节和重要方面。这些规定表明,党不仅要直接管理重要干部,还要全面落实在干部管理中的各个重要环节。

四　干部的选拔任用

选拔任用是干部制度的重要环节,直接关系着整个干部队伍的来源、结构和能力。随着社会的多元化和社会精英选择的多样化,如何将社会优秀人才吸引到干部队伍之中,任命到适当的位置,变得既迫切又必要。

在过去十多年中,中国的干部选拔任用制度主要有以下四个方面的变化。

第一,干部选拔任用的标准在坚持"德才兼备"原则的前提下,更为强调干部作风和"德"。邓小平在1980年的讲话中提出,选拔干部要注重德才兼备,在这个前提下,"要年轻化、知识化、专业化,并且要把对于这种干部的提拔使用制度化"。[①] 这样,干部选拔的"德才兼备"原则、"四化"(革命化、年轻化、知识化、专业化)标准和干部选拔任用的制度化,就成为干部选拔任用制度改革的基本指导思想。这个基本思想在2001年《关于加强和改进党的作风建设的决定》(以下简称《决定》)中开始有所调整,《决定》提出要把干部在作风方面的表现作为选拔任用的重要依据。2004年的《关于加强党的执政能力建设的决定》明确提出了新形势下的干部选拔标准:德才兼备、注重实绩、群众公认。2008年,中组部部长李源潮在延安、浦东等干部学院秋季开学典礼的讲话中,提出干部选拔的"德才兼备,以德为先"标准,这个标准被写入了2009年的《关于加强和改进新形势下党的建设若干重大问题的决定》中。"以德为先"标准的提出,充分体现了执政党对干部队伍"先进性和纯洁性"现状的忧虑,也反映了其在干部选拔任用中更侧重于社会的评价、社会的要求。中组部常务副部长沈跃跃在一篇文章中论述到,"坚持德才兼备、以德为先用人标准,是提高

---

① 《邓小平文选》第2卷,人民出版社,1994,第326页。

选人用人公信度的需要……当前，在干部选拔任用工作中，一些地方和部门存在着重才轻德、以才蔽德、以绩掩德的现象，致使一些品行不端、作风不实、投机钻营、有才无德的人得到提拔重用，群众反映强烈，严重影响选人用人公信度。贯彻德才兼备、以德为先用人标准，把干部的德作为一个标杆、一种导向高高举起，坚持公道正派、坚持任人唯贤，把德才兼备的人选准用好，就能让选拔出来的干部组织放心、群众满意、干部服气，就能极大地调动广大干部群众的积极性，有效提高选人用人公信度。"①

第二，干部选拔任用更为法制化和制度化。2006 年《公务员法》的正式颁布，给作为公务员的干部选拔任用提供了最基本的法律依据。尽管公务员考试的竞争性越来越强，但是报考人数在逐年增多。造成这种结果的因素有多种，但是其中的一个重要因素是，这是一种有明确法律支持，程序上公平、公正、公开的选拔程序。但是，在"党管干部"的原则下，干部选拔任用的制度化速度远远快于法制化。执政党主要是通过党的职能部门，而非立法机构来制定具体的条例、办法来规范干部的选拔任用。这些制度规定在效力、适用范围以及使用频率等方面均大于《公务员法》，从而使对干部，特别是领导干部的政治管理有了较为系统全面的制度支持。2002年颁布的《党政领导干部选拔任用工作条例》（以下简称《条例》）共有 13 章 74 条，详细规定了干部选拔任用的标准和具体程序环节。干部选拔任用的一般程序包括：确定选拔任用条件、民主推荐、考察、酝酿、讨论决定、任职。对于那些需要经过人民代表大会或人代会常委会选举、任命或决定任命的干部，要做到"依法推荐、提名和民主协商"。《条例》还专列一章，对"公开选拔和竞争上岗"这种干部选拔任用方式进行了详细规定。此外，《条例》还规定了干部选拔任用要遵守的纪律，进行监督的方式以及干部的流动和退出机制（交流、回避、免职、辞职和降职）。在接下来的两年中，又出台了单行条例对《条例》中的一些重要程序进行了更为具体细致的规定。这些规定包括 2003 年的《党政领导干部选拔任用工作监督检查办法（试

---

① 沈跃跃：《坚持德才兼备、以德为先用人标准——认真学习贯彻党的十七届四中全会精神》，http://news.xinmin.cn/rollnews/2009/10/12/2712453.html。

行)》，2004 年的《公开选拔党政领导干部工作暂行条例》《党政机关竞争上岗工作暂行条例》《党的地方委员会全体会议对下一级党委、政府领导班子正职拟任人选和推荐人选表决办法》《党政领导干部辞职暂行条例》等。

第三，开放一些岗位，引用竞争性选拔方式。"公推公选"（公开推荐、公开选拔）成为干部竞争性选拔的主要方式。据考证，公开选拔诞生于1985 年（浙江省宁波市公开选拔局级领导干部）。2002 年，党的十六大报告明确提出了"人民民主"、"党的领导"和"依法治国"三者的有机统一是社会主义民主政治发展的根本。党内民主是党的生命，对人民民主具有重要的示范和带动作用，因此要扩大党员和群众对干部选拔任用的知情权、参与权、选择权和监督权。为了落实党的十六大提出的任务，各地进行了多种形式的探索。在这些实践的基础上，2004 年颁布了《公开选拔党政领导干部工作暂行条例》。在 2007 年党的十七大记者招待会上，时任中组部副部长的欧阳淞说，党的十六大以来，全国有 300 个乡镇举行了领导班子直选，涉及 10 多个省。实行"公推公选"的范围更大，仅在江苏，到 2007年 10 月为止，就有 1600 名各级领导干部用这种方式产生，其中包括县长这种重要岗位。据不完全统计，全国绝大部分省份都举办过公推公选。江苏、四川、浙江等省已经将其作为选拔干部的常规形式之一。

第四，扩大党内民主，对"一把手"的人事权进行约束。党委"一把手"或少数主要领导干部的权力过大，缺乏约束是干部制度腐败的重要原因。早在 1997 年，中央办公厅就印发了《关于对违反〈党政领导干部选拔任用工作暂行条例〉行为的处理规定》，列举了多种违反党内民主原则，滥用个人权力或少数人权力的行为，并提出了相应的党内处理办法。2002 年的《党政领导干部选拔任用工作条例》专辟一章（第六章）对干部的"讨论决定"权限和具体程序进行了规定。后来的多部条例或办法也做了具体的规定或要求。各地在扩大全委会权力，加强党代表常任制，开放常委会或全委会等方面，也做了积极的探索，目的是通过扩大党内民主来约束"一把手"或少数领导的权力。2009 年的《关于加强党建若干重大问题的决定》系统地提出，"进一步扩大干部工作中的民主，落实群众对干部选拔任用的知情权、参与权、选择权和监督权。扩大民主推荐、民意测验和民主评议的范围，改进方法，提高质量。认真推行党政领导干部任前公示制和任职试用期制。市（地）、县（市）党委、政府领导班子正职的拟任人选和推荐人选，逐步做到由上一级党委常委会提名，党的委员会全体会议审议，进行无记名投票表决；在全会闭会期间，可由党委常委会做出决定，在决定前要征求全委会成员的意见。各级党委决定其他干部的任免，也要在充分酝酿和协商的基础上进行表决。"

第五，在干部选拔任命中，干部交流的力度和范围不断扩大。干部的交流有两个主要目的，一是要避免主要岗位的领导干部受地缘亲缘的干扰；二是增强干部在不同地区、不同岗位上的工作经验。早在 1990 年，中共中央就做出了实行党和国家机关领导干部交流制度的决定。2006 年的《党政领导干部交流工作规定》规定了干部交流的五类情况：因工作需要交流的；需要通过交流锻炼提高领导能力的；在一个地方或者部门工作时间较长的；按照规定需要回避的；其他原因需要交流的。交流的重点是县级以上地方党委、政府正职领导成员及其他领导成员，纪委、人民法院、人民检察院和党委、政府部分工作部门的正职领导成员。交流的范围是，干部可以在地区之间，部门之间，地方与部门之间，党政机关与国有企业事业单位、人民团体、群众团体之间进行交流。《公务员法》从第 63 条到第 67 条规定了公务员交流的不同形式。公务员除了跨地区、跨部门交流、上下交流（到上级机关或下级机关挂职锻炼）外，还可以与国有企业事业单位、人民团体和群众团体中从事公务的人员交流。2004 年的《关于加强党的执政能力建设的决定》提出，"逐步加大党委、人大、政府、政协之间的干部交流"。而 2009 年的《关于加强党建若干重大问题的决定》提出，要"完善干部交流制度，加大重要部门、关键岗位、东中西部地区干部交流力度，疏通党政机关干部、企事业单位干部交流渠道"。据统计，党的十五大到十六大五年间，中央管理的干部共交流 622人，全国地厅级干部交流 1.4 万人，县处级干部交流共 17.9 万人。全国 96% 的县（市、区）委书记、97% 的县（市、区）长进行了交流或易地任职。①

---

① 中组部研究室：《党的十五大以来我国党政领导干部制度改革取得重大进展》，《领导科学》2002 年第 22 期。

五　干部的监督管理

对干部，尤其是领导干部的监督管理，一直是执政党非常关注的问题。这既由于部分领导干部的腐败行为已经严重破坏了执政党的社会形象，更是由于公众权利意识日益增强，眼界不断开阔，对于执政党提出了更多更高的新要求。过去十多年来，执政党不断加强干部监督的组织机构建设，比如强化纪律检查机关、监察部门的权威和功能，比如 2003 年建立巡视制度，2007 年成立国家预防腐败局，鼓励各地纪律检查机关探索更为有效的干部监督方式，比如应用网络技术加强机关效能建设、加快行政审批改革，对领导干部的监督扩大到"八小时工作"之外等。

在制度规定上，一系列党纪国法，触及干部监督管理的各个方面。有五个方面的制度规定值得关注。

第一，不断加强党内监督。对于干部的监督有多种方式，比如立法监督、司法监督、行政监督、社会监督、舆论监督。而党内监督依然是目前的主导形式，也是采用最多的方式。2000 年 2 月，中央组织部制定了《关于建立干部监督工作督察员制度的办法（试行）》，对督察员的条件、职责、工作方法、工作纪律和管理等做出了详细规定。为进一步加强组织部门干部监督，同年 2 月，中央组织部颁布《关于加强组织部门干部监督工作若干意见（试行）》。这两个法规成为目前规范组织部门干部监督工作的主要法规依据。2003 年 12 月 31 日，中共中央颁布实施了《中国共产党党内监督条例（试行）》，这是中国共产党历史上第一部党内监督专门法规。《党内监督条例（试行）》规定了开展党内监督的指导思想、重点对象、重点内容，规定了党内六种监督主体的职责、责任和权利，规定了党内监督的十项制度："集体领导和分工负责""重要情况通报和报告""述职述廉""民主生活会""信访处理""谈话和诫勉""巡视""舆论监督""询问和质询""罢免或撤换要求及处理"。这是党内监督的基本依据。同日，中共中央还颁布了《中国共产党纪律处分条例》，提出要严惩违反政治纪律的行为、违反廉洁自律规定的行为和贪污贿赂行为等 10 类 130 多种违纪行为，明确警告、严重警告、撤销党内职务、留党察看和开除党籍五种党纪处分。此外，国家还颁布《行政机关公务员处分条例》，具体规定政纪处分原则、权限以及各类违纪行为及其量纪标准，明确警告、记过、记大过、降级、撤职、开除六种政纪处分。

第二，加强干部考核，探索用更科学的方法来考核党政领导干部的工作，改善激励的依据。作为执政党，中国共产党非常重视干部的考核，以使党的决策得到落实，中心工作有效完成。早在 1995 年，中央组织部就下发了《关于加强和完善县市党委、政府领导班子工作实绩考核的通知》；1998 年，印发了《党政领导干部考核工作暂行规定》。各地党委政府根据本地的工作情况，也制定了不同的考核办法。2006 年 7 月中共中央组织部下发了《地方党政领导班子和领导干部综合考核评价试行办法》（以下简称《办法》）。《办法》共分 9 章 47 条，详细规定了民主推荐、民主测评、民意调查、实绩分析、个别谈话和综合评价等方法步骤的基本作用、内容和要求。《综合考核评价试行办法》适用于县级以上地方党政领导班子换届考察、领导班子成员的个别提拔任职考察。其他考核，如届中考核、年度考核等，可参照执行。这个考核办法有两个突出特点，一是将考核的内容具体化，可操作化。比如区分了对领导班子和领导干部个人测评的内容。对领导班子，主要评价的是政治方向、精神面貌，贯彻科学发展观、执行民主集中制、驾驭全局、务实创新、选人用人、处理利益关系、处置突发事件的能力，经济建设、政治建设、文化建设、社会建设和党的建设，以及党风廉政建设等方面。围绕以上测评内容，设置了"政治鉴别力和敏锐性，大局观念，工作指导思想""贯彻科学发展观的自觉性和坚定性，联系本地实际贯彻落实的能力""发展速度，发展质量，发展代价""思想道德和纪律教育，履行廉政职责，班子自律"等 14 个评价要点。对于领导干部，采用的是"德、能、勤、绩、廉"的评价内容，主要包括政治态度、思想品质，工作思路、组织协调、依法办事、心理素质，精神状态、工作作风，履行职责成效、解决复杂问题、基础建设，廉洁自律等方面。根据以上测评内容，设置了"理想信念，贯彻执行党的路线方针政策的坚定性，政治纪律，理论素养""发展观、政绩观，创新意识""事业心、责任感，敬业精神，学习态度""分管工作完成情况，抓班子带队伍情况""遵守廉政规定，对配偶、子女和身边工作人员的教育与要求，接受监督，生活作风"等 12 个评价要点。二是考核的方法更加多样，更加重视社会公众的评价。民意调查被规定为考核的评价方法之一，并对如何进行民意调查进行了详细的规定。

第三，加强任期制的管理。领导干部，尤其是主要领导干部调整过快，一直是影响地方、部门工作稳定性，甚至滋生腐败的重要因素，广被社会批评。2002 年，党的十六大在修改《党章》中，将党的基层委员会任期从每届三年到四年，调整为三年到五年，以和《宪法》规定的各级政府的任期对应。2004 年《宪法》修改，将乡镇人民代表大会的任期从每届三年调整为五年，从而实现从中央到地方各级政府每届任期的统一。为了进一步严格干部任期管理，2006 年，中央颁布的《党政领导干部职务任期暂行规定》提出"党政领导干部在任期内应当保持稳定"。除了达到退休年龄的；由于健康原因不能或者不宜继续担任现职务的；不称职需要调整职务的；自愿辞职或者引咎辞职、责令辞职的；因受处分或处罚需要变动职务或者被罢免职务的；因工作特殊需要调整职务的，"应当任满一个任期"。

第四，加强对领导干部的廉洁从政行为的规范管理。过去十多年来，执政党对领导干部廉洁从政的监督有两个突出特点。一是对领导干部的经济行为进行监督。2007 年颁布《中共中央纪委关于严格禁止利用职务上的便利谋取不正当利益的若干规定》，明确了对党员干部在经济和社会交往中可能出现以权谋私等八种行为的处理办法；2009 年颁布《国有企业领导人员廉洁从业若干规定（试行）》，明确提出严禁国有企业领导人员利用职权为本人或特定关系人谋取利益以及损害企业权益等行为。1997 年开始试行、2010 年修订实施的《中国共产党党员领导干部廉洁从政若干准则》，明确提出严禁党员领导干部违反规定私自从事营利性活动、利用职权和职务上的影响谋取不正当利益等，比较全面地规范了社会主义市场经济条件下党员领导干部的廉洁从政行为，成为规范党员领导干部从政行为的基础性党内法规。为了规范领导干部的收入，还采取了财产申报试点，反对商业腐败、清理小金库等行动。二是对领导干部的涉外行为和活动进行监督。为规范领导干部廉洁从政行为，中央颁布的《关于对党和国家机关工作人员在国内交往中收受礼品实行登记制度的规定》，明确要求党和国家机关工作人员不得收受可能影响公正执行公务的礼品馈赠；制定的《关于领导干部报告个人有关事项的规定》，要求领导干部如实报告本人收入，本人及配偶、共同生活的子女房产、投资，以及配偶子女从业等情况；制定了《关于对配偶子女均已移居国（境）外的国家工作人员加强管理的暂行规定》。

第五，加强对领导干部的问责制。领导干部问责制的切实实行开始于2003年的"非典"事件，此后随着越来越多公共事件的发生，加强问责制成为行政改革的重要内容。2006年温家宝在"加强政府自身建设，推进政府管理创新"电视电话会议上，明确提出要建设责任政府。2008年3月公布的《关于深化行政管理体制改革的意见》提出"健全以行政首长为重点的行政问责制度，明确问责范围，规范问责程序，加大责任追究力度，提高政府执行力和公信力"。2009年，中共中央办公厅、国务院办公厅印发《关于实行党政领导干部问责的暂行规定》，该规定适用于中共中央、国务院的工作部门及其内设机构的领导成员，县级以上地方各级党委、政府及其工作部门的领导成员，上列工作部门内设机构的领导成员，对决策严重失误、工作失职、管理监督不力、滥用职权、群体性和突发性事件处置不当、违法干部选拔任用工作规定、其他给国家利益、人民生命财产、公共财产造成重大损失或恶劣影响等行为，必须进行问责。

六　简要讨论：制度文本与制度效力

21世纪以来，执政党面临的挑战日益严峻，执政党为了提高干部管理的科学化、民主化水平，制定了大量的条例规定，提高了干部管理的制度化水平。一套较为完善的制度体系已经形成，涵盖了干部选拔任用、流动、监督、问责等各个环节。但是，一套真正有效的制度体系，要从制度文本转化为制度实践，并不会自动地完成。这取决于这些文本是否有问题的针对性，实际的操作性，观念上的认同性。当这些制度规定还主要作为党内规则的时候，其实践和运行问题变得更为重要，因为它们在本质上是以

"自我约束"，而非"第三方约束"出现的。

习近平总书记在《求是》上发表"关键在于落实"一文，也说明了执政党对制度规定落实难的忧虑。他说，"在有些地方、部门和单位，中央的一些方针政策和重大部署，口头上讲了、文件上也写了，而贯彻落实得却不好；一些中央三令五申、明令禁止的事情，依然我行我素、屡禁不止。不重视抓落实、不善于抓落实的问题仍然存在"。①

因此，在各种制度规定不断出台的同时，执政党应该把制度改革的重点转移到如何提高制度运行效力上来，这既是解决问题所需，也有利于提高制度的权威性。就干部管理制度改革而言，提高制度运行效力，应重点解决好两个问题：一是将干部管理的各种党内制度纳入国家的整个法律体系之中，避免党纪高于国法，从而使党员干部的管理真正做到依法管理；二是要扩大党内民主和人民民主，真正解决好党员干部的权力来源问题，通过党员监督和人民监督，来从根本上强化干部的自我约束意识和遵守规则意识。

---

① 习近平：《关键在于落实》，《求是》2011年第6期。

第八章

体系绩效、治理现代化与人民代表大会制度[*]

人民代表大会制度作为当代中国的根本政治制度，是国家治理体系的基础性要素。^① 由于其集中体现了人民主权原则，因此是国家治理体系现代性的制度性标识。与国家治理体系的大部分构件一样，人民代表大会制度是在中华人民共和国成立之后被建构出来的，经过 60 多年的发展演进，在不断适应国情和满足经济社会发展需要的过程中，其定位逐渐明确，功能不断实现，已经成为整个国家治理体系实现现代化必不可缺的制度要素。

要客观地评价人民代表大会制度在中国当代政治生活的定位和作用，不能只将其与国外类似的制度进行比较，更应该将其置于当代中国国家治理体系的结构框架和演进过程中。本章认为，治理理论的出现为我们更为全面客观地认识人民代表大会的运行和制度绩效提供了理论参照系。从治理体系的整体出发，重视治理过程和治理绩效的分析，我们可以考察人民代表大会制度在整个制度体系中的定位、在不同历史时期发挥的功能绩效，分析这个建构起来的制度是否适应了国情，是否有机地嵌入了整个体系，是否有效回应了经济社会发展的要求和国家治理体系能力提升的需求。这也有助于更清晰地认识到制约其运行效果和发展路径的因素，并探讨进一

---

* 本章主要内容曾发表在《教学与研究》2015 年第 6 期。

① 习近平在庆祝全国人民代表大会制度建立 60 周年的讲话中说，"人民代表大会制度是中国特色社会主义制度的重要组成部分，也是支撑中国国家治理体系和治理能力的根本政治制度"。

步改进所需要的条件。

一 制度绩效与治理体系绩效

国家治理体系是由多种具体制度有机构成的，这些单个制度并不是同步产生的，往往是陆续出现的，有的是传承而来，有的是新设计建构的，还有的是移植借鉴的。在现代化进程中，许多发展中国家的现代性制度带有明显的移植性、建构性，通常与本国的实际情况存在着距离，需要经历一个本土化的调适过程。在这种情况下，这些制度不仅要有现代的形式，更要有效运行起来，发挥应有的功能绩效。

早在 20 世纪 50 年代，发展政治学者通过对后发国家现代化经验的研究发现，制度的有效运行直接影响着整个政治体系或者统治的合法性。例如，李普塞特认为，政治稳定既取决于政治秩序的"合法性"，也取决于其"有效性"。"有效性"是工具性的，而"合法性"是评价性的。[①] 白鲁恂认为，政府管理社会经济的能力是新兴国家获得合法性支持的重要来源。[②] 亨廷顿在比较了各国发展差异后指出，"当今世界各国之间最重要的政治分野，不在于它们的政府形式，而在于它们政府的有效程度。"[③] 然而，在冷战的阴影下，制度的绩效往往与意识形态联系在一起，被笼统的"制度优越论"所替代。

冷战结束后，特别是 21 世纪以来，治理危机从发展中国家的问题演变为世界各国普遍面临的问题，对于制度绩效的评价不仅更少受意识形态的干扰，而且也在自觉地从单个制度的功效提升到体系绩效层面。一方面，许多西方学者开始认真反思包括美国在内的西方治理模式遭遇的危机以及导致危机的制度根源；另一方面，开始关注中国快速发展背后的制度因素，

---

① 〔美〕西摩·马丁·李普塞特：《政治人——政治的社会基础》，上海人民出版社，1997，第 55 页。

② Pye, L., "The Legitimacy Crisis," in L. Binder et al. (eds), *Crisis and Sequences in Political Development*, Princeton: Princeton University Press, 1971, p. 135.

③ 〔美〕亨廷顿：《变革社会中的政治秩序》，三联书店，1989，第 1 页。

并将中国的崛起视为对西方治理模式的制度挑战。[1]

因应发展中国家治理危机提出的治理理论，尽管还处于发展完善过程中，但在分析上具有意识形态化和整体主义优势，不仅将各国治理绩效的比较置于一个新的理论平台上，而且也为考察单个制度的体系绩效提供了理论前提。治理理论关于制度绩效与体系绩效的关系有四个基本认识。①治理体系的绩效体现为对问题的回应和解决。而一种治理体系在不同时空条件下面对的问题和挑战是不同的，如卡蓝默所说，治理必须回应一个社会的深层文化需求，还要回应挑战的性质和规模以及每个时代社会的技术状况。[2] ②治理的根本目的是实现整体绩效。无论多元参与主体还是不同层次上的治理行为，都应该服从治理的总体目标。民主、法治、透明、廉洁、效率等目标已经成为各国公认的目标。相关主体、相关行为要按照这些目标来进行调整改革，才能在整个治理体系框架内协同运行，确保实现整个治理体系的治理效果。③提升治理体系绩效，需要协调复杂的制度间关系。治理体系是由多种类型的制度构成的，各个制度之间要相互协同，形成合力。每个制度在整个治理体系中都有自己的功能定位，并且需要根据环境条件的变化进行调整，才能保持绩效，否则会引发治理体系的失效。④制度绩效的提升也要有系统性。在制度运行过程中，不仅要重视制度的设计，还要重视机制、技术、方法、人力资本等要素的作用，要重视具体的、微观的问题解决，不断累积，形成绩效的规模效应。

近年来，中国人大制度的研究者也正在拓宽研究的视角，更加关注人大制度的实际运行和绩效。有学者认为，海外关于人民代表大会制度的研究正在从制度范式向权力范式转变，所谓的权力范式具体体现为五种分析模式，即合作模式、制衡模式、磨合模式、网络模式和垃圾桶模式。[3] 这些

[1] Charles A. Kupchan, "The Democratic Malaise: Globalization and the Threat to the West," *Foreign Affairs*; Francis Fukuyama, "America in Decay: The Sources of Political Dysfunction," *Foreign Affairs*, Sept/Oct, 2014.

[2] 〔法〕皮埃尔·卡蓝默：《治理：老问题—新答案》，转引自 http://www.governance.cn/browarticle.php? wz_id=172。

[3] 王雄：《从制度范式到权力范式：海外视角下的中国人大制度研究》，《社会科学》2013 年第 8 期。

分析模式与其说代表了研究者向"权力范式"的转变，不如说是从规范分析向制度运行实证分析的转变。在国内，人民代表大会制度也吸引了更多政治学学者的关注。他们试图改变从法律条文研究人大制度，从人大工作经验研究人大制度的习惯做法，将理论分析和实证研究结合在一起，更好地理解这个制度。何俊志曾经讨论了地方人大的多重性质，认为地方人大扮演着国家代理人、政党代理人和地方代理人三重角色。这三个角色实际上也是地方人大在整个国家治理体系中要处理的三个主要关系，承担的三个主要功能。这种思路对于拓展人民代表大会制度的分析框架，从制度体系角度了解人大制度非常有启发性。[1] 笔者曾经尝试将治理作为一种"范式"来定位人民代表大会及其常委会的功能，分析人大监督权的行使及制约因素，[2] 以突破基于马克思主义经典著作的经典理论范式以及法律文本范式形成的思维定式束缚，更为全面、动态地理解人民代表大会制度的运行。

以下我将沿着治理体系绩效的思路，讨论人民代表大会制度在当代中国国家治理体系现代化进程中的多重功能定位，并分析其发挥的制度绩效。在当代中国国家治理体系中，人民代表大会制度主要承担了三种功能：一是作为当代中国国家治理体系现代性的标志；二是作为国家治理体系运行的方式；三是作为国家治理体系现代化的过程。人民代表大会制度是人民主权原则这个现代性政治精神在中国的制度化体现，因此，人民代表大会制度的建立和运行赋予了中国共产党通过武装斗争获得的国家政权在组织形式上的现代性。人民代表大会制度是中国共产党领导下的国家治理体系的组成要素，是执政党与国家政权建立联系的首要制度渠道，人民代表大会制度的运行方式也是执政党的执政方式。人民代表大会制度并不是一成不变的，而是随着经济社会的变化而不断调整的，以反映社会政治关系的变化，更好地体现人民主权原则，因此人民代表大会制度的发展也是国家治理体系现代化的组成部分，反映了整个治理体系运行和能力的现代化。

---

① 何俊志：《中国地方人大的双重性质与发展逻辑》，《岭南学刊》2007 年第 3 期；何俊志：《中国地方人大的三重性质与变迁模式》，载杨光斌、寇健文主编《中国政治变革中的观念与利益》，人民大学出版社，2012。

② 杨雪冬：《地方人大监督权的三种研究范式》，《经济社会体制比较》2005 年第 2 期。

二 作为国家治理体系现代性标志的 人民代表大会制度

中国共产党通过武装斗争，成功地夺取了国家政权，实现了国家的统一和主权独立，确立了当代中国的国家形态，但整个国家的制度建设才刚刚开启。在 1949 年通过政治协商会议实现民主建政后，对于这个新的国家来说，最为迫切的任务是，如何设计一种现代的，为世界各国普遍接受的制度形式，实现国家政权产生和运行方式从军事化向常态化的转变。宪法和代议制就是现代国家治理体系必备的制度形式。

宪法是近代以来世界国家组织和运行政权的法定依据，用法律的形式确定了国家权力的来源，实现了国家政权组织和运行的规范化、程序化和稳定化。从清末立宪以来，建立政权就要制定宪法的理念逐渐被各种政治力量接受，并为此进行了各种尝试。其中，孙中山先生领导制定的五权宪法，对于理解现代国家治理中政权和治权这对基本关系最有探索意义。在他看来，制定宪法，要处理好政权和治权的关系，实现"人民有权，政府有能"。他创立的五权分立理论，目的是避免"三权分立"体制下的权力之间相互掣肘的问题，实现权能分立，建立"万能政府"。① 正如萨孟武评论的，"五权宪法并非使五种治权分立，以收制衡之效，乃使五种治权分工，以收合作之果"。② 孙中山对于政权与治权关系的理解，尤其对于国家政权内部各权力分工合作关系的强调，也代表了近代以来中国人对如何实现现代国家制度有效性的深刻认识。

现代国家奉行主权在民的原则，人民是政治权力的来源，代议制是人民主权的制度载体，通过它既能将人民组织起来，也能为权力的产生提供现代的合法形式。近代以来，代议制曾经有过国会、议会、参议会等多种形式，人民代表大会制度则是中国共产党提出的代议制形式。1940 年，毛泽

---

① 《孙中山全集》第 9 卷，中华书局，1986，第 354 页，
② 萨孟武：《宪法新论》，中国方正出版社，2006，第 26 页。

东在《新民主主义论》中就讨论了在中华人民共和国如何组织政权机关的政体问题。他说，没有适当形式的政权机关，就不能代表国家。基于近代以来中国宪政建设的教训和中国共产党在根据地斗争中积累的经验，他设想，"中国现在可以采取全国人民代表大会、省人民代表大会、县人民代表大会、区人民代表大会直到乡人民代表大会的系统，并由各级代表大会选举政府"。[①]

中国共产党夺取政权后，召集政治协商会议，制定并通过了起临时宪法作用的《中国人民政治协商会议共同纲领》，将"人民代表大会"确定为"人民行使国家权力的机关"，并根据当时国内形势，提出了在全国范围建立这种基于普选的国家权力机关的具体步骤。第一步，在新解放区立即建立军事管制，成立军事管制委员会和地方人民政府，肃清反革命残余势力，召集各界人士座谈会，建立和当地群众的联系。第二步，由当地人民政府召集各级人民代表会议，代表由各单位推选或者政府特邀，作为政府的咨询记挂。第三步，逐步改变人民代表会议结构，增加各单位直接或者间接选举的代表，减少政府特邀的代表，人民代表会议向人民代表大会转变，并由人民代表大会选举各级人民政府。各级人民代表大会闭会期间，各级人民政府为行使各级政权的机关。

通过上述步骤，到1952年底，人民代表会议的代表达到1300余万人，其中直接和间接选举的占80%以上，全国各省和直辖市，2/3以上的市、1/3以上的县和绝大部分的乡，都由人民代表会议代行了人民代表大会的职权，并选举出各自的人民政府。[②] 1953年1月，中央人民政府委员会第20次会议决定实行普选，先通过普选产生地方各级人民代表大会，然后在此基础上召开全国代表大会。接着，1953年2月通过了《中华人民共和国全国人民代表大会及地方各级人民代表大会选举法》。基层选举工作于3月开始，到1954年5月完成。1954年8月，县级以上地方各级人民代表大会先后全部建立。[③] 1954年9月15～28日，第一届全国人民代表大会第一次会议在北京召开，会议通过了《中华人民共和国宪法》《中华人民共和国全国

① 《毛泽东选集》第2卷，人民出版社，1991，第677页。
② 凌风：《五年以来人民民主政权建设工作的成就》，《光明日报》1954年9月15日。
③ 胡大元：《1954年宪法与中国宪政》（第2版），武汉大学出版社，2008，第38页。

人民代表大会组织法》《中华人民共和国国务院组织法》《中华人民共和国法院组织法》《中华人民共和国检察院组织法》《中华人民共和国地方各级人民代表大会和地方各级人民委员会组织法》等国家政权建设的基本法律，并进行了相应的选举，产生了国家主要机构的领导人员。自此，当代中国国家治理体系的核心制度要素基本成形。

董必武曾经深刻地指出了人民代表大会制度在整个国家治理体系中的重要性。他说，我们国家有很多制度，如婚姻制度、税收制度、司法制度、军制、学制等，但这些制度都只能表示我们政治生活的一面，只有人民代表会议或人民代表大会制度才能代表我们政治生活的全面，才能表示我们政治力量的源泉。"我国人民代表会议或人民代表大会是由人民革命直接创造出来的。不是倚靠从前任何法律规定而产生的。人民代表会议或人民代表大会一经宣告成立，它就可以相应地制定各种制度和法律，而其他任何制度则必须经过人民代表会议或人民代表大会批准，或由它所授权的机关批准，才能生效。"①

人民代表大会制度的建立，从三个方面赋予了当代中国治理体系的现代性。

首先，以普选产生国家权力机关的方式替代了武装夺取政权的军事方式，建立了全国性的政权。人民通过选举代表，实现了对国家的授权，体现了人民主权原则，确立了人民与国家之间的现代关系，以民主的方式解决了国家权力的来源问题，并使国家政治生活从军事化状态转入定期选举、定期更替的常态化。

其次，采取"自下而上"的层层递进选举方式，将人民组织起来，② 明确了国家各级权力机关之间的权力来源关系，反转了传统上"自上而下"层层加封手段的权力授予方式，实现了国家权力关系的现代化。

最后，人民代表大会是最高权力机关，通过选举产生了人民政府、人

---

① 《董必武选集》，人民出版社，1985，第 298 页。
② 彭真说，人民代表大会是全国人民基本的组织形式。所谓基本的组织形式，就是说只有通过它才能把人民组织起来，离开它人民组织不起来。《彭真文选》，人民出版社，1991，第222 页。

民法院和检察院等其他国家机关，明确了这些机关之间的关系，并将这些关系通过《宪法》固定下来。这些主要国家机关的建立，实现了现代国家治理体系的内部结构和主要职能的完备化。各级人民代表大会具有立法、重大事项决定、监督等职权。这样就解决了人民意志上升为国家意志，再转化为国家行动这个现代治理关系，为提高国家治理的绩效提供了制度保障。

因此，习近平总书记在纪念人民代表大会制度建立 60 周年的讲话中指出："中国共产党领导中国人民取得革命胜利后，国家政权应该怎样组织？国家应该怎样治理？这是一个关系国家前途、人民命运的根本性问题。"①人民代表大会制度就是回答这些问题的答案。

三 作为现代国家治理方式的人民代表大会制度

从制度组成来说，当代中国国家治理有多种方式，比如执政党对国家和社会的政治领导方式、行政部门运行中的首长负责制方式、政治协商制度中的民主协商方式、基层民主中的基层自治方式等。作为当代中国国家治理体系的基础性因素，人民代表大会制度也是实现国家治理的重要方式之一，并且与其他制度的运行方式有着明显不同。彭真在中华人民共和国成立初期，曾经提到人民代表大会是国家组织形式，不同于党的政治领导方式和行政部门的行政首长负责制，因此要区别对待。②

人民代表大会作为国家治理的一种方式，突出特点是更加重视民主法制。人民代表大会是依法通过民主的形式产生的，其各项决定也是通过民主的方式，经过法定程序，依据相应的法律做出的。立法和监督法律的执行，是人民代表大会的基本职能，这要求人民代表大会在运行中更要重视法律规定、程序要求等。因此，与其他制度相比，人民代表大会制度作为实现国家治理的方式具有集体性、规范性、程序性等特点。彭真在 1984 年

---

① 2014 年 9 月 5 日，习近平在庆祝全国人民代表大会成立 60 周年大会上的讲话。
② 彭真在 1951 年华北第一次县长会议全体党员会议上的讲话提到了这三种治理方式。后来在 1984 年省、自治区、直辖市人大常委会负责同志座谈会上，区分了党的形式和国家的形式。

的座谈会上指出，许多人大工作同志长期做党的工作、做政府工作，现在改做人大工作，要转变工作习惯和工作作风。要懂得，"民主就不能怕麻烦"。"凡是关系国家和人民的大事，光是党内做出决定也不行，还要同人民商量，要通过国家的形式。"①

人民代表大会要发挥其在整个国家治理体系中的作用，需要处理三种制度性的主体间关系，并在处理这三类关系中展示自己的民主法制特征。

第一个关系是人民代表大会与执政党的政治领导关系。人民代表大会是国家权力机关，中国共产党是执政党，是领导核心，二者不是组织上的隶属关系，而是政治上的领导关系。② 因此，问题的关键是如何通过人民代表大会这种制度形式将党的主张与人民的要求有机地统一，并进而以国家的意志体现出来，实现党的意志的民主化、法制化。这个统一和转化过程既是中国国家治理体系的本质特点，也决定着该体系能否以科学民主法治的现代方式运行。实践表明，这个过程进行得越顺利，党的领导作用越能加强，人大作为国家权力机关的治理功能就越能充分发挥。③

改革开放以来，执政党在这方面做了许多探索，使执政党与人民代表大会之间的关系更加清晰明确、规范化和制度化。一方面，执政党明确表示要尊重宪法和法律，依法治国、依法执政，支持和保证人民通过人民代表大会行使国家权力，支持人大及其常委会充分发挥国家权力机关的作用，依法行使各项职权；另一方面，执政党对于各级人民代表大会的政治领导方式也在不断调整完善。这主要体现在三个方面。

一是发挥各级人大党组的领导核心作用。1956 年 1 月，全国人大常委会机关党组成立。1956 年 9 月，中国共产党八大修改的党章对于国家机关和人民团体的领导机关中成立党组有了明确的规定。改革开放以后，尤其是 1989 年之后，在全国人大常委会，不仅有机关党组，还恢复了常委会党组，党组书记由委员长担任。全国人大常委会党组受中共中央领导，主要

---

① 《彭真文选》，人民出版社，1991，第 493 页。
② 《彭真文选》，人民出版社，1991，第 222 页。
③ 林伯海：《新中国成立以来执政党与人大关系的变迁与发展》，《西南交通大学学报》2009 年第 5 期。

职责是：就常委会行使职权中的重大问题向党中央请示报告；保证党中央决策的贯彻落实。2002 年，中国共产党十六大党章修正案对党组发挥领导核心作用有了更加明确的要求，增加了党管干部的职责。①

二是提升人大常委会主要领导的政治地位。20 世纪 90 年代以来，省级以上人大常委会主要领导的政治地位得到提升。党的十四大以来，全国人大常委会委员长开始由中共中央政治局常委担任，绝大多数省级人大常委会主任由同级党委书记兼任。从党的十三大以来，省级以下人大常委会主要领导也在逐步年轻化，不再完全由退居"二线"的领导干部担任。21 世纪以来，一些地方加快推动人大常委会主要领导的年轻化步伐，许多年轻的人大常委会领导还有机会转任到党委和政府系统。党的十八大进一步提出要优化人大常委会组成人员的年龄结构。

三是保持各级人大代表中的中共党员比例。保持党员在各级人大代表中 50% 以上的比例，是党对人大领导的重要途径。一方面，这些党员代表也是各个领域和行业的优秀分子，体现了党的先进性；另一方面，保持这个比例的党员代表有利于各级人民代表会议期间贯彻党的意志，在发扬民主的基础上提高决策的效率。据统计，自第一届全国人大以来，在历届全国人大代表中，党员比例都在 54% 以上，第九届、第十届、第十一届的党员代表比例连续三届超过 70%。②

第二个关系是各级人民代表大会与同级其他国家机关之间的关系。人民代表大会是各级国家机关的产生机构，通过选举产生了同级政府、法院、检察院，形成了不同层级治理体系的基本国家构件。但是，各级人民代表大会与其他国家机关之间的关系远不是单纯的选举与被选举关系，还有治理意义上的复合关系。这主要体现在两个方面，一是各级人民代表大会及其常委会要监督同级政府、法院、检察院依宪依法工作。监督有多种方式，比如定期听取和审议它们的工作报告，进行执法检查、代表视察、工作评议、执法评议、对重大违法案件实施监督、质询、进行特定问题调查、罢免

① 徐高峰：《中国共产党在人大设立党组的前前后后》，《红广角》2014 年第 9 期。
② 刘乐明、何俊志：《谁代表与代表谁？十一届全国人大代表的构成分析》，《中国治理评论》2013 年第 2 期。

选举产生的工作人员等。为了落实人大的监督功能，全国人大于 2006 年制定通过了《中华人民共和国各级人民代表大会常务委员会监督法》，各地人大也在提高监督效果方面做了许多探索尝试。二是各级人民代表大会及其常委会与同级政府、法院、检察院在具体治理问题解决上要分工合作。人大的监督不是为了限制各国家机关的运行，而是为了发挥各自的治理功能，实现整体治理的目标。彭真在解释 1982 年宪法关于国家机构的规定时说，这次修改遵循的方向之一就是"使各个国家机关更好地分工合作、相互配合"。而"国家机构的这种合理分工，既可以避免权力过分集中，又可以使国家的各项工作有效地进行"。① 随着执政党对于本国制度认识的深入和制度特性的强调，人大与其他国家机关之间的分工合作关系更加明确，并以此作为中国政治制度区别于西方"三权分立"制度的重要特点。吴邦国在担任全国人大常委会委员长期间，进一步发展了这种分工说。他认为，这种合理的分工，既有利于充分发扬民主，又可以集中力量办大事，提高工作效率。各国家机关虽然分工不同、职责不同，但目标是完全一致的，都在中国共产党领导下，在各自职权范围内贯彻落实党的路线方针政策和宪法法律，为建设中国特色社会主义服务。②

第三个关系是各级人大常委会之间的关系。各级人大常委会之间没有领导关系，但有着密切的联系。这种联系直接决定着人大制度的整体运行。根据宪法和组织法，各级常委会独立行使自己的职权，并对本级人民代表大会负责，但是，上级人大常委会对下级人大常委会要进行业务指导和法律监督，及时纠正下级人大常委会违反法律的决定和行为。下级人大常委会的工作开展要参考和服从上级人大常委会的工作安排，尤其是在安排重点工作时更要如此。上级人大常委会对下级人大常委会在立法工作、监督工作、选举工作、信息理论和日常工作等方面给予指导。上级人大及其常委会也要主动听取下级人大及其常委会的意见、反映的民意，以加强国家权力机关的民主基础。比如 20 世纪 80 年代，开始探索在全国人大常委会开

---

① 《彭真文选》，人民出版社，1991，第 546 页。
② 吴邦国：《坚持中国特色社会主义政治发展道路　努力把人大工作提高到一个新水平》，《求是》2008 年第 8 期。

会，请省级人大常委会负责人列席。上级人大代表列席下级人大及其常委会会议以及参加下级人大常务委员会组织的活动，上级人民代表大会常务委员会委托下级人民代表大会常务委员会组织代表视察、专题调查，上级人民代表大会常务委员会及各专门委员会或其办事机构召开经验交流会、研讨会、工作座谈会等。为了加强人大制度内部的整体性，还有两个重要的制度设计：一是人大代表的选举方式。县级以上人大代表都是由下级人民代表大会选举产生的，而且在上一级人大代表中，许多也是下级人大代表。这种代表选举方式，既体现了人民主权原则，也有利于上下级代表之间的沟通交流。二是各级人大的开会顺序。各级人大年度会议的举行顺序是从低向高依次进行，最先召开的是乡镇人大会议，最后召开的是全国人大会议。这种会议召开顺序体现了人民代表大会既是民意表达机关，也是民意集中机关。逐次开会的方式，有利于集中了解基层地方的民情民意，增强全国人大会议议程设计的针对性。

从上述分析的三种关系来看，人民代表大会制度是在通过处理与其他治理主体的关系中来发挥自己在整个国家治理体系中的功能和作用的。没有其他治理主体的支持和配合，人民代表大会制度就难以有效地发挥自己的作用，而不突出自己治理方式的民主法制特征，就会削弱自己在整个国家治理体系中的地位和价值。

四　作为国家治理过程的人民代表大会制度

国家治理体系建构完成后，不是固定不变的，而是随着经济社会发展的需要而不断调整完善的。这个调整完善的过程就是现代化的过程，治理能力的现代化是衡量这个过程的核心标准。就人民代表大会制度而言，在1954年建成之后，20世纪60年代就陷入停滞失效状态，直到"文化大革命"结束，才逐步恢复正常，并在改革开放之后进入快速发展时期。[①]

改革开放以来，人民代表大会制度始终坚持将实现人民当家做主作为

---

① 2004年9月15日，胡锦涛在庆祝人民代表大会制度建立50年的讲话。

发展的基本目标，通过结构、功能的调整完善，回应经济社会政治文化的变化要求，实现人民代表大会制度向整个国家核心民主制度地位的复归，推动国家治理体系和能力的现代化。

作为国家治理过程，人民代表大会制度主要在以下几个方面取得了重大进展。

第一，将人民代表大会与执政党的关系逐步纳入宪法和法律框架。执政党是中国政治生活的领导核心，人民代表大会是国家最高权力机关，也是党领导人民实现当家做主的主要制度。但是在现实中，二者的关系长期纠缠于"党大"还是"法大"这样非此即彼的争论中，一些党委在决策过程中缺乏对人民代表大会及其常委会的应有尊重，不仅干扰了人大的正常运行，也加深了其"橡皮图章"的消极形象。自党的十三大以来，如何完善人民代表大会制度就是中国民主政治建设的重要组成部分。执政党提出要不断改进党的领导、人民当家做主和依法治国三者之间的关系，通过执政能力建设、社会主义法治国家建设、扩大公民有序政治参与以及协商民主建设等多种制度建设，多层次多维度地提高民主法治水平。人民代表大会与执政党之间的关系逐步被纳入宪法和法律框架下进行审视。一方面，执政党明确提出，包括政党在内各种组织以及个人都必须以宪法为根本的活动准则，并负有维护宪法尊严、保证宪法实施的职责，这在理论上消除了"党大"还是"法大"的根源。另一方面，执政党提出要推动人民代表大会制度与时俱进，支持发挥人大及其常委会的作用，引导和发挥好人大代表依法履职的积极性，不断完善人大的工作机制。在体制机制能力建设等方面的具体举措有助于人民代表大会制度实际效果的有效发挥。

第二，人民代表大会制度在结构上日趋完整。人民代表大会制度，是建立在从中央到地方各级政权之上的一套完整制度。1979 年，随着新的《选举法》和《地方组织法》的制定实施，地方各级恢复了人民代表大会制度，从省到县三级建立了人大常委会，在乡镇建立了人大主席团。根据1982 年宪法，在全国人民代表大会和较大的市以上的地方人民代表大会设专门委员会，并且为适应经济社会发展的需要，不断增加专门委员会的类别。从第六届全国人民代表大会起，设立了民族委员会、法律委员会、财政经济委员会、教育科学文化卫生委员会、外事委员会、华侨委员会。1988年，第七届全国人民代表大会增设了内务司法委员会。1993年，第八届全国人民代表大会又增设了环境保护委员会。1998年，第九届全国人民代表大会又增设了农业与农村委员会。这些专门委员会是常设性机构，受全国人民代表大会领导，在全国人大闭会期间受全国人大常委会的领导和监督。专门委员会的设立，既提高了人大工作的专业化水平，也保证了对于国家管理主要领域的立法监督工作的常态化。人大常委会组成人员的专职化水平也在不断提高。2003年，第十届全国人大开始设立专职常委。此前和之后，一些地方人大也进行了相应的改革探索，目的都是改进人大常委会的年龄结构和知识结构。

第三，人民代表大会及其常委会的职权逐步有效发挥。虽然各级人民代表大会及其常委会因为层级的不同，职权存在着差别，但是选举、任命和罢免权、监督权和重大事项决定权是各级人大及其常委会的共同职权。全国人民代表大会还享有修改、监督宪法实施权和立法权。经济社会的快速发展，导致了问题，引发了变革，使得各级人大及其常委会享有的法定权力不断被激活，从法律文本走向现实生活。在多项职权中，立法权和监督权的行使更为突出。为了实现社会主义法治国家的建设目标，从全国人大到各级地方人大积极投入到立法和执法监督工作中。一些重要法律不断推出。比如，全国人民代表大会制定了现行宪法和四个宪法修正案。1999年，《行政复议法》通过实施；2000年，《立法法》通过并实施；2004年，《行政许可法》开始实施；2007年，《物权法》通过实施。据统计，从1997年到2010年底，各级人大共制定法律236件、行政法规690多件、地方性法规8600多件，实现了建成中国特色社会主义法律体系的立法目标，为在市场经济条件下调节国家与社会、个人之间的关系提供了法律依据，为法治国家、法治政府、法治社会建设提供了法律条件。在行使监督权方面，各级人大，尤其是地方人大在执法检查、述职评议、代表评议、个案监督、财政预算和执行监督等方面进行了创新探索，既将法律赋予的监督权具体化，也推动了"一府两院"的工作。2006年，《中华人民共和国各级人民代表大会常务委员会监督法》通过，为监督权行使的制度化、规范化提供了依据。

第四，人大代表的结构和能力不断改进。人大代表是人大制度运行中的活跃主体，也是人大制度与广大人民群众联系的纽带。人大代表的结构和素质能力一直是社会关注和讨论的热点问题，被视为制约人大制度运行效果的重要因素。1979年新制定的《选举法》将直接选举人大代表的范围由乡、镇、市辖区、不设区的市扩大到县和自治县一级，但是在实际运行中，人大代表的推荐和代表份额的分配有着很强的组织化色彩，这虽然保证了代表结构上的完美，但是限制了代表选举的竞争性以及代表履职时的责任心。随着公民政治参与意识的增强，地方人大代表选举的竞争色彩也在增强。2003年，在北京、深圳等地的县、区人大代表换届选举中，一些公民以个人身份参加选举，成为一时的新闻事件，并由此引发了对"独立候选人"的讨论。各级地方人大也通过健全代表联络机构、拓宽代表与选民的联系渠道、增加候选人在选举中与选民见面环节、加强代表的培训等方式，来提高代表的履职责任意识和履职能力。而人大代表结构的最大变化是十七大报告中提出的"逐步实行城乡按相同人口比例选举人大代表"。为了落实这个建议，2010年《中华人民共和国全国人民代表大会和地方各级人民代表大会选举法》修正案通过，从而彻底实现了选举权上的城乡"同票同权"。这也意味着是中国的平等选举原则在"地区平等""民族平等"之外，又增加了"人人平等"，真正实现了普选制。

第五，人大工作机制和工作程序不断完善。人大常委会及其工作机构担负着人民代表大会制度的日常运行。由于各级人民代表大会实行年会制，会期短，代表实行兼职化，所以人大的职权实际上主要是通过常委会及其工作机构执行的。改革开放以来，各级人大常委会逐步摆脱了领导干部工作"最后一站"的形象，工作机构更加健全，工作人员的专业化水平不断提高。各级人大常委会及其工作机构的运行更加制度化、规范化，不仅成为国家机关中依法依规运行的表率，在专业能力等方面也有了很大的提高。一些地方人大在选举工作的组织、代表联络和履职、提高立法质量、回应社会关切等方面积极进行探索创新，推动了国家有关制度的建设。

人民代表大会制度的上述变化，是整个国家治理体系现代化进程的组成部分。与国家治理体系现代化滞后于经济社会生活现代化一样，人民代表大会制度的发展也滞后于经济社会多元化产生的巨大变化，并且滞后于国家治理体系的整体发展要求。2004 年，胡锦涛在庆祝人民代表大会制度建立 50 周年的讲话中，对人民代表大会制度发展提出四个方面的要求：进一步加强和改进立法工作，提高立法质量；进一步加强和改进人民代表大会的监督工作；进一步密切各级人民代表大会同人民群众的联系；进一步加强各级人民代表大会及其常务委员会的组织制度和工作制度。十年后，习近平在纪念人民代表大会制度建立 60 周年的讲话中，再次提到了这四个需要改进的地方，[①] 并且增加了"加强和改进法律实施工作"的新要求。应该说，这五个方面的工作既是人民代表大会制度的基本职能，也是整个国家治理体系赋予其的主要功能。也正因为如此，才会被反复强调，以适应不同发展阶段的要求，更好地实现整个治理体系对其的绩效期待。

五　结论：从制度绩效到体系绩效

邓小平早在 20 世纪 80 年代就指出要重视一个国家的体系绩效。他说，评价一种制度的优越性，要看其"总的效率"，不是经济管理、行政管理的那种效率。中国制度的最大优越性是"凡是一件事情一下决心，一做出决议就立即执行，不受牵扯"。[②]当代中国的国家治理体系在结构意义上已经存在了 60 多年，其中的一些关键要素，比如政党、治理的基本理念价值等，存在的时间更长，而且整个治理体系也在不断地调整变化过程中。这个完整的体系及其发展历程，既规范和塑造了体系中的各个制度组成部分，也是评价单个制度绩效不可或缺的坐标。因此，要认识和评判人民代表大会的制度绩效，不仅要分析其自身的发展和职能的发挥，还要检验其在整个国家治理体系中发挥的作用。

从体系绩效来看，人民代表大会制度完成了其两个基本功能：一是将

---

① 习近平在讲话中，具体表述为：加强和改进立法工作；加强和改进法律实施工作；加强和改进监督工作；加强同人大代表和人民群众的联系；加强和改进人大工作。
② 《邓小平文选》第 3 卷，人民出版社，1993，第 240 页。

执政党的意志通过民主形式转化为国家意志；二是根据经济社会发展和国家治理的需要，加快立法工作。这两个功能的实现，既符合国家治理体系现代化的价值追求，也为国家治理体系整体绩效的提升提供了民主化、法治化的保障，并构建了整个体系的现代性特征。但是，人民代表大会制度的功能发挥还带有很强的形式性，在反映和整合日益多元化的民意，更有效地运用监督职能，提高整个国家治理体系的民主化、法治化水平等方面还有很大的拓展和提升空间，需要采取更为切实的举措。而功能从形式向实质的转化，是国家治理体系和能力现代化最迫切需要的。

关于《立法法》的修改，反映了人民代表大会制度在国家治理体系中的定位和功能的进一步明确与落实。一方面，通过完善人民代表大会及其常委会的立法功能，实现立法和改革决策的更好衔接，解决中国国家治理中长期存在的法律和政策的关系问题；另一方面，赋予设区的市地方立法权，有助于推进地方治理的法治化。① 因此，认清和顺应经济社会的变化，人民代表大会制度更好地发挥体系绩效还有很大的空间。

---

① 李建国：《关于〈中华人民共和国立法法修正案（草案）〉的说明》，《人民日报》2015 年 3 月 9 日。

第九章

社会变革中的政府责任*

　　建设责任政府是过去 20 多年来各国政府改革与创新的目标之一。^① 中国的政府改革也顺应着这个潮流，在调整和完善政府责任内容，提高政府责任意识和责任能力等方面进行了努力，确保了政府责任基本适应了市场经济发展和社会日益开放与多元化的需要，有效地发挥了政府在推动经济增长，保持社会稳定，参与国际社会等方面的积极作用。然而，相对于高速度和多层次的社会经济变迁来说，政府责任的调整和改革相对滞后，在某些领域不仅没有发挥出推动作用，反而成为改革和发展的障碍。

　　本章分为五个部分。第一个部分从理论上简要分析了政府责任和责任政府，然后提出了一个考察中国政府责任变化的分析框架。第二部分讨论了中国政府责任的发展以及取得主要成就。第三部分从地方政府角度讨论了政府责任"泛经济化"带来的问题。一方面，经济增长责任挤压了政府的社会管理责任和公共服务责任；另一方面，地方政府缺乏足够的财力来履行公共服务责任。第四部分讨论治理问题的增多对政府责任实现机制提出的挑战。尽管政府已经不再是"全能政府"，但面对这类问题，承担着"无限责任"，被迫用"政治方法"来保证责任的完成。最后一部分是

---

　　* 本章主要内容曾发表在《中国人民大学学报》2009 年第 1 期。

　　① 〔美〕伊莱恩·卡马克：《过去 20 年各国政府改革的经验与教训》，《经济社会体制比较》2005 年第 6 期，第 79 ~ 84 页。

结论。

一　政府责任与责任政府

　　任何政府都要承担一定的责任，但并非所有的政府都是责任政府。政府承担的责任是由社会经济关系以及政府体系内部权责划分关系共同决定的。一方面，政府作为公共权力的行使者，要对社会经济关系的稳定、调整和发展承担责任，以确保获得社会的支持，巩固政府的合法地位；另一方面，政府作为一个多层级的权力体系，要通过明确的责任划分和充分的责任履行来保证政令、法律、政策等能自上而下地在政府各层级之间贯彻，实现政府的整体性和权威性。这样，在责任指向上，政府责任就可以划分为纵向责任和水平责任两大类。纵向责任又可以分为两类。一类是政府系统内部的上下级之间的责任，是自下而上的责任；另一类是政府对民众的责任，是自上而下的责任。水平责任是政府对同级代议机构、司法机构的责任以及政府部门之间的相互责任。除了按照指向划分责任类型外，还可以根据责任对象把政府责任划分为政治责任和法律责任。对代议制机构承担的是政治责任，司法机构追究的是法律责任。值得注意的是，20 世纪 90 年代以来，随着对民主化和转型问题研究的深入，国外学者在强调选举作为实现纵向责任的重要制度的同时，更为强调水平责任机制，即政府内部的监督；在强调政治责任的同时，更为强调政府在公共政策制定中所承担的决策和执行责任。①

　　国内学者对于政府责任的广泛研究是从 20 世纪 90 年代中后期开始的。② 当时，随着建设社会主义市场经济体制目标的确立，市场经济条件下的政府责任如何界定、如何实现等问题成为研究的重点。但这个时期的大部分研究都停留在规范层次上，侧重于对政府责任进行归纳和描述。除了按照市场经济的要求，描绘政府责任外，有的学者还借助马克思主义经典

---

①　Rose-Ackerman, Susan, *From Elections to Democracy: Building Accountable Government in Hungary and Poland*, New York: Cambridge University, 2005.

②　姚尚建：《国内责任政府研究的历史与现状》，《学术交流》2006 年第 4 期。

作家关于国家职能的思想来为发展经济也是政府重要责任提供依据。进入 21 世纪后，随着大量国外著作的引入，对于政府责任的研究也开始从规范分析向实证研究，特别是对策研究转变。尤其是在 2003 年"非典"事件后，行政问责制的建设成为许多学者关注的重点。他们除了研究问责制的理论外，还热衷于参与政府有关文件或规定的制定。值得注意的是，也是在这个时期，政府责任在内容上增加了国际维度，政府不仅要对国内居民负责，也要对国际社会负责。

笔者曾提出，要更全面准确地理解政府的基本责任，必须把政府置于两组关系之中。① 一组关系是国内的，是公民社会—政府—市场的关系；另一组关系是全球性的，是政府—其他国际行为主体的关系，它们包括其他政府、国际组织、国际非政府组织以及跨国公司等。随着全球化进程的推进，这两组关系已经紧密地联系在一起，形成了制约和塑造政府责任的网络。而政府的基本责任就是用公共权力来处理这两组关系，以实现和保护公共利益。

政府所承担的责任是随着社会经济的发展而变化并丰富的。在当代社会，政府承担的责任更加多样，但对于政府应该承担什么样的责任存在着激烈的争论。约翰·阿克曼在总结了国外各种关于政府责任的定义后说，对政府责任的界定取决于了人们对国家作用的理解。② 但是无论怎样，如果政府不能很好地履行其承诺的责任，就会导致公信力的丧失，从而影响到政府的合法性。③

只有那些有能力承担社会经济生活所要求的基本责任并且有制度保证责任履行的政府才可以被称为责任政府。政府责任实现的过程包括"回复"和"执行"两个环节。所谓"回复"指的是政府机构以及政府官员应对公众以及监督机构提供决策和行动的信息并给予解释说明；所谓"执行"指

---

① 杨雪冬:《责任政府：一个分析框架》,《公共管理学报》2005 年第 1 期。

② Ackerman, John M., "Social Accountability in the Public Sector: A Conceptual Discussion," *Social Development Papers*, No. 82, March, 2005.

③ Blind, Peri K., "Building Trust in Government in the Twenty-first Century: Review of Literature and Emerging Issues," 7th Global Forum on Reinventing Government Building Trust in Government 26 – 29 June 2007, Vienna, Austria.

的是公众和监督机构可以对失职行为给予惩罚并对错误行为进行追究。① 政府责任实现有四个机制：民主选举、内部监督与控制、社会参与以及官员的自觉。前三个机制共同构成了政府责任制度，官员的自觉则是责任制度在个体行为中的内化，只有这样才能保证责任履行的持续性和稳定性，并减少制度运行的成本。

这里有必要把责任政府与回应性政府区别开来。有学者指出，前者指的是对公民负责的政府，后者指的是对公民要求回应的政府，二者的差别是根本性的。伯纳德·曼宁等人认为，如果一个政府根据公民的偏好制定了相应的政策，那么它就具有"回应性"；优秀的保留其位，失职的撤销职务，那么这样的政府就是"负责的"。因此，回应性政府强调的是政府行为的动机，责任政府强调的是政府行为的质量。② 责任政府肯定是回应性政府，但是回应性政府未必就是责任政府。但是，无论是责任政府还是回应性政府，都要承担一定的责任。

我们在分析改革开放以来中国政府责任的发展和变化时，从考察政府责任的三个要素入手，即政府的基本责任、履行责任的制度以及实现责任的能力。根据中国政府责任发展的情况，我们可以做出两个基本判断。

第一个判断，从过程来看，中国政府责任处于从建设回应性政府向建设责任政府的转变过程中。各级政府围绕市场经济的发展和社会条件的变化进行着调整和改革，比较好地适应了新的环境，基本满足了国内民众的要求，稳定和巩固了政府的合法性。因此，中国政府在承担经济发展所要求的基本责任时具有主动"回应性"，但是由于责任内容不均衡，责任机制不完善、公众参与不足、政府责任意识不强，回应性政府还没有切实转变为责任政府。

第二个判断，就现状来看，中国政府处于无限责任与有限能力的冲突中，这尤其体现在地方政府层面。由于计划体制的残存以及责任分担机制

---

① Rick Stapenhurst, Mitchell O'Brien, Accountability in Governance. siteresources. worldbank. org/PUBLICSECTORANDGOVERNANCE/Resources/AccountabilityGovernance. pdf.

② Przeworski, A. , Stokes, S. , & Manin, B. （eds. ）, *Democracy, Accountability and Representation*, New York： Cambridge University Press, 1999.

的缺失，各级政府承担着大量的责任，远远超出了它们的能力。更重要的是，在某些责任追究上采取"一把手"责任制，用职务调动和升迁作为检验责任的基本机制，使得政治责任无限扩大，并妨碍了政府法律责任的履行。因此，对于承担着无限责任的具体责任部门或官员来说，当责任与能力有巨大的差距时，他们会寻找机会逃避责任。

二　社会经济发展与政府责任的变革

1978 年 12 月，在"文化大革命"刚刚结束两年之后，邓小平在十一届三中全会的准备会议上尖锐地指出，在各地企业事业单位、党和国家的各级机关中，"一个很大的问题就是无人负责"，所以急需建立严格的责任制。[①] 在党的工作重心转移到经济建设的新的历史时期，衡量责任履行与否，应该看是否实现了先进的管理方法，是否进行了技术革新，劳动生产率提高了多少，利润增长了多少，劳动者的个人收入和集体福利增加了多少。他明确表示，"这就是今后主要的政治。离开这个主要的内容，政治就变成了空头政治，就离开了党和人民的最大利益"。[②]

"文化大革命"结束后，政府的首要责任就是使长期失序的社会和经济尽快回到正常运转的轨道，并实现国家意志的统一。1978 年的宪法和 1979 年的《中华人民共和国地方各级人民代表大会和地方各级人民政府组织法》，对中央和地方各级政府所履行的职责给予了明确的界定。但是这两部法律还带有明显的"文化大革命"时期的痕迹，难以适应新的发展形式，因此在 1982 年分别进行了修订。

从中央到地方的各级政府所承担的职责也进一步充实完善。就中央政府而言，1978 年宪法规定的国务院的职权只有九项（第 32 条），1982 年宪法增加到 18 项（第 89 条）。在这 18 项中，除了把原来的九项职权进一步完善外，还把"保护国家利益，维护社会秩序，保障公民权利"这项职责进

[①] 《邓小平文选》第 2 卷，人民出版社，1994，第 150～151 页。
[②] 《邓小平文选》第 2 卷，人民出版社，1994，第 150 页。

一步细化。对于地方政府的职权，1982 年修改后的《中华人民共和国地方各级人民代表大会和地方各级人民政府组织法》做了更为明确的规定。一方面，将县级以上各级政府与乡镇政府的职权进行了区分；另一方面，对县级以上各级政府的职责进一步具体化。根据《组织法》第 57 条，县级以上各级地方政府行使的职权有十项。它们可以分为三大类。第一类是执行本级人民代表大会及常务委员会的决定，上级国家行政机关的决定、命令、交办的事项；第二类是政府内部管理，包括发布决定、命令，领导所属工作部门、下级政府的工作，对工作人员进行任免、培训、考核和奖惩。第三类是对本地区居民所承担的责任。

要完成宪法和组织法规定的这些职责，各级政府必须依靠具体的部门设置和职能设定。部门和职能反映了政府完成这些法定职责所依靠的组织机构及采取的方式、手段和方法。由于中国政府是集中结构，各级政府的部门设置和职能规定从上而下具有高度一致性，所以我们主要考察中央政府机构的设置和职能的调整。自 1982 年以来，中央政府机构经历了六次重大调整。分别为 1982 年第五届政府，1988 年第七届政府，1993 年第八届政府，1998 年第九届政府，2003 年第十届政府以及 2008 年第十一届政府。2003 年以来，建设责任政府被明确定为政府改革的目标。

中国政府责任建设是对不断加速的市场化、社会多元化、城市化和全球化的积极回应，并且取得了一定的成就。这集中表现为以下几点：

第一，随着经济的发展，特别是建设社会主义市场经济体制目标的明确，政府责任在内容上也逐渐清晰。1984 年，在引入市场，改革计划经济体制六年之后，中共中央做出了《中共中央关于经济体制改革的决定》。该决定提出，虽然领导和组织经济建设是国家机构的一项基本职能，但并不适应经济和社会发展的要求，要实行政企分开，各级政府原则上不再直接经营管理企业。[①] 1987 年十三大报告关于政治体制改革和政府体制改革的论述相当全面，具有很强的前瞻性，许多至今正在落实，甚至还没有实现。在经济管理方面，"政府的责任是按照法规政策为企业服务并进行监督"。

---

① 《中共中央关于经济体制改革的决定》，人民出版社，1984。

要合并裁减专业管理部门和综合部门内部的专业机构，使政府对企业由直接管理为主转变到间接管理为主。要从机构配置的科学性和整体性出发，适当加强决策咨询和调节、监督、审计、信息部门，转变综合部门的工作方式，提高政府对宏观经济活动的调节控制能力。这些论述在 1988 年的政府机构中得到了初步实现。

1992 年，建立市场经济体制作为改革目标被明确下来。1993 年中共中央做出的《关于建立社会主义市场经济体制若干问题的决定》把政府管理经济的职能按照市场经济的要求规定为：制定和执行宏观调控政策，搞好基础设施建设，创造良好的经济发展环境。同时，要培育市场体系、监督市场运行和维护平等竞争，调节社会分配和组织社会保障，控制人口增长，保护自然资源和生态环境，管理国有资产和监督国有资产经营，实现国家的经济和社会发展目标。至此，关于政府管理经济的职能的讨论基本结束。

2003 年中共中央做出的《关于完善社会主义市场经济体制若干问题的决定》针对政府对经济领域的过多干预，提出要"把政府经济管理职能转到主要为市场主体服务和创造良好发展环境上来"。[①]这可以被看作是公共服务型政府的最初提法。"经济调节、市场监管、社会管理和公共服务，是社会主义市场经济条件下政府的四项主要职能。"[②] 2004 年，建设"服务型政府"的目标被确定下来，并提出，各级政府要在继续抓好经济调节、市场监管的同时，更加注重社会管理和公共服务，把财力、物力等公共资源更多地向社会管理和公共服务倾斜，把领导精力更多地放在促进社会事业发展和建设和谐社会上。2008 年 3 月，《关于深化行政管理体制改革的意见》明确提出，到 2020 年实现政府职能向创造良好发展环境、提供优质公共服务、维护社会公平正义的根本转变。

第二，政府层级之间的责任划分逐步清晰，各个政府部门内部的责任机制建设日益完备。在集中体制下，一方面各级政府在责任上具有高度同构性，另一方面由于管辖范围和对象不同，承担的责任也有一定的不同。

---

① 《中共中央关于完善社会主义市场经济体制若干问题的决定》，人民出版社，2003。
② 2003 年 9 月 15 日，温家宝在国家行政学院省部级干部政府管理创新与电子政务专题研究班上的讲话。

因此，下级政府既要向上级政府负责，也要向本辖区的居民负责。改革开放以来，各级地方政府对后者承担的责任更加具体。1987年，党的十三大报告在谈到中央和地方关系时指出，要在保证全国政令统一的前提下，逐步划清中央和地方的职责，做到地方的事情地方管，中央的责任是提出大政方针和进行监督。1994年分税制改革后，中央与地方在财政支出责任的划分上更加清楚，地方政府几乎承担起当地社会经济发展和管理的全部责任，这既强化了地方政府的责任，也增加了工作的压力。

为了加强政府责任，各种形式的责任制度和机制也建立起来，并在法制化和制度化方面逐步完善。在责任机制建设方面，政治责任、行政责任以及社会责任都不同程度得到了发展。政治责任机制主要由党管干部制度和人民代表大会任免干部制度组成。行政责任主要依靠的是各种法律，其中包括1989年颁布的《行政诉讼法》、1999年的《行政复议法》、2004年的《行政许可法》、2006年实行的《公务员法》。社会责任机制的建设主要依靠的是公民参与和新闻媒体的监督。尽管公民和媒体监督受到一定的限制，但是在某些问题的解决上更具有力量，在很大程度上弥补了政治责任机制和行政责任机制的不足，提高了政府对社会要求的回应性，为回应性政府向责任政府转变提供了社会条件。

第三，随着市场体制的完善和社会力量的发展，政府有意识地把一些责任交还给和转移给企业与社会组织。经济领域的改革首先是从放权给企业开始的，接着进行了政企分开改革，经过20多年的努力，各种产权类型的企业已经成为市场的主体，基本实现了自主地位。政府在经济发展中的责任从参与者向规则的制定和维护者转变。相比而言，社会组织的发育和发展比较缓慢，但它们的出现和强大有效地分担了政府"无所不包"的责任，并且限制了政治力量的过度蔓延。社会组织的发展集中体现在两个方面：一是在城市和农村分别建立了基层群众性自治组织，实行民主选举、民主决策、民主管理和民主监督，实现居民的自我管理、自我教育、自我服务。二是公民社会组织不断发展。市场经济体制的建立和社会的分化为公民社会组织的发展提供了物质基础，而政治体制的改革则为其提供了必要的制度支持。公民社会组织的数量逐年增加。特别值得注意的是，不仅在各个领域中出现了不同规模、目标的民间组织，而且一些官方支持的群众性组织和社会团体也在加快自身的"公民社会化"，以适应社会的要求。

第四，随着参与全球化程度的加深和国力的增强，政府承担起越来越多的国际责任。在改革开放之初，维护世界和平、实现发展、反对霸权、加强与第三世界的团结是中国政府承担国际责任所坚持的基本原则。这显然深受冷战期间形成的国际环境以及中国所坚持的意识形态的影响。冷战结束后，特别是随着中国国家实力的提高，中国在维护世界和平，实现共同发展这个基本原则下，所承担的国际责任在内容、形式、方向以及程度等方面都发生了巨大的变化。2003年"非典"事件直接推动了中国在更多事务上采取开放与合作的态度。2005年9月，在联合国成立60周年的首脑会议上，胡锦涛提出要建设共同繁荣的和谐世界，成为负责任的国家。国际责任的加强不仅丰富了政府责任的内容，也推动了政府对内责任的实现。在党的十七大报告中，二者的关系得到了清晰说明。该报告提出，要在政治、经济、文化、安全、环保等多个方面加强合作，共同解决问题，应对挑战，分享发展，以实现共同繁荣。①

在国际责任方面，有四个变化特别值得重视。一是中国政府通过全方位外交和积极加入国际组织、签署国际条约，承担国际义务，承担起更为全面的国际责任。二是中国政府在某些领域积极发挥建设性作用，推动了相关问题的解决。这突出表现在中国参与一些热点问题的协商解决以及处理周边外交关系上。三是中国政府利用自己改革开放积累的优势和经验，承担起对发展中国家更大的援助责任。四是中国政府对本国企业和居民跨国活动集中的地区和领域给予更多的关注，并承担起必要的责任。政府要保护本国企业和居民在海外的安全，维护他们的利益。这要求政府不仅要为他们的跨国活动提供支持，更需要帮助他们解决面临的各种问题。2006年以来出现的"毒牙膏""有毒玩具"等事件体现了政府在这些方面责任的增加。

---

① 胡锦涛：《高举中国特色社会主义伟大旗帜　为夺取全面建设小康社会新胜利而奋斗——在中国共产党第十七次全国代表大会上的报告》，人民出版社，2007。

第五，政府责任的民主机制不断完善和强化。这主要表现在三个方面。第一个方面是作为政府权力的制度授予主体——人民代表大会发挥了更为积极而主动的作用；第二个方面是基层民主选举的推进；第三个方面是社会公众参与政府运行的程度逐步提升。

过去十多年来，地方人民代表大会及其常委会的法定权力逐步实效化，并且在某些方面取得了较大的进展。人民代表大会制度的实效性运行除了体现在民众和官员对人大权威性认同的加强外，更体现在一些具有创新意义的制度和程序为人大权力的实现提供了载体。[①] 基层民主选举虽然目前还停留在村民自治和城市居民自治层次，但是对于实现政府责任的民主化具有战略意义。具体来说：一是通过直接选举，国家把自治的权力归还给了村民和城市居民，从而在法理上划清了国家与社会的边界，国家不能简单地通过任命村委会和居委会的组成人员来直接行使自己的意志，国家权力的扩大被设置了界限。二是通过定期直接选举，人民的政治权利意识明确和增强了，民主授权关系明确化了。许多乡镇干部在谈到村民委员会选举时都强调，尽管选举依然存在着许多问题，并对他们的传统工作方式提出了挑战，但是选举是历史趋势，更重要的是，农民意识到了自己的政治权利和选择自由，并对基层干部提出了更高的要求。三是在村民委员会选举的启发和推动下，竞争性选举方式向更大范围和更高层次扩展。

社会公众是通过参与来加强对政府责任履行的督促和监督的。对于政府来说，一方面要开放更多公民参与的领域，另一方面要提供参与的渠道和途径。社会公众的参与能力随着信息技术的变革得到了实质的增强，他们更容易获得关于政府行为的信息，也能够通过多种渠道表达对政府的要求和不满。热线电话、网络互动（包括利用聊天工具、博客等新的网络信息发布手段）成为新型的参与方式。面对公民参与热情和能力的提高，党的十六大报告提出，要"扩大公民有序政治参与"。到 2007 年党的十七大时，进一步提出"从各个层次、各个领域扩大公民有序政治，最广泛地动

---

① 关于人大制度创新，请参考杨雪冬《地方人大监督权的三种研究范式》，《经济社会体制比较》2005 年第 2 期，第 89～99 页。

员和组织人民依法管理国家事务和社会事务、管理经济和文化事业"。

第六，行政问责制度不断完善。早在 1987 年，第十三次党代会报告中就提出要建立行政责任制。此后，制定了《行政诉讼法》《行政复议法》等法律。2003 年"非典"事件出现后，整个社会对行政问责更为关注。2003 年 5 月出台的《公共卫生突发条例》针对政府官员提出，不得（授意他人）虚报、瞒报、谎报事件实情。这被看作问责制建设的启动。随后，中共中央出台了《党政领导干部辞职暂行规定》，对官员辞职和问责的内涵、情形以及追究方式给予了更为详尽的规定。各地也在完善问责制方面进行了探索。重庆、长沙、南京等地相继出台了关于行政过错责任追究的专项规定。2004 年，温家宝在十届人大四次会议的《政府工作报告》中指出，要建立决策责任制，实行执法责任制和执法过错追究制。2006 年初，国务院正式把建立和推行行政问责制列入政府工作议事日程。温家宝在 2006 年的讲话中提出，要加快建立以行政首长为重点的行政问责制度，把行政问责与行政监察、审计监督结合起来，有责必问，有错必究，努力建设责任政府。[①]随着问责制的完善和加强，一些官员也受到了相应的惩处。

第七，政府内部的绩效评估机制逐渐建立起来。绩效评估机制借鉴了西方国家的经验，首先是在个别地方政府开始的，比如福建、广东、四川、山西等省的职能部门，厦门、南京、青岛、淮南、昆山等地方政府。经过近十年的发展，目前已经取得了四个方面的成果：一是对于地方政府进行总体性评估的指标体系在内容上更为平衡全面，增添了社会公平、节约能源、保护环境、地理生态和政府创新等方面的指标，适当降低了经济增长方面的权重。二是一些政府职能部门建立了适应本部门特色的评估体系和机制。三是评估机制的运行更具有开放性，有了更广泛的社会参与。四是评估结果的使用更为合理，放弃了急功近利、不分场合地推行一票否决、末位淘汰等不科学的做法，注重将评估结果与干部任用、奖惩和资源配置相衔接。[②]

---

① 温家宝：《加强政府建设 推进管理创新》，http://news. xinhuanet. com/politics/2006 - 09/07/content_5062506. htm。

② 关于绩效评估的进展，请参考迟福林主编《2007 中国改革评估报告》。

三 经济增长与地方政府责任的"泛经济化"

地方政府是政府责任的重要承担者。从改革一开始，邓小平就提出要下放权力，解决权力过于集中的体制弊病。[①] 在中央—地方关系上，首先就要使地方政府成为具有自身利益的主体。这种改变是从中央与地方的财政"分家"开始的。1980 年，在除三个直辖市之外的所有省和自治区实行财政"分灶吃饭"，1988 年又在当时的 37 个省级地方政府和"计划单列市"实行了"财政包干制"。这种被称为"行政性分权"的财政改革按照行政隶属关系把国有企业的利润和企业所得税规定为所属政府预算的固定收入。这项改革使地方政府有了自己可以控制的收入来源，成为独立的利益主体，激发了它们增加政府收入的积极性，在激励机制上推动了政府责任重点向经济建设的转变。

加快本地经济的发展、增加财政收入成为地方政府的首要任务。在实现这个目标的过程中，地方政府成为经济发展中活跃的角色，带有了"企业家"色彩。[②] 尽管各级政府在观念上更加务实，但是过度干预经济的行为在 20 世纪 80 年代也产生了消极的影响。一方面，各级地方政府为了增加收入，不断扩大基本建设规模，按照行政意图建设门类齐全的工业体系，造成了地区间经济结构趋同，经济效益的下降；另一方面，采取地区封锁、税费歧视、变相补贴等行政手段来保护本地企业免受外来企业的竞争，使得地方保护主义蔓延。[③] 各种形式的原材料"争夺战"是保护主义的典型代表。

除了要承担经济增长这个中心任务外，各级地方政府也承担起越来越多社会经济管理任务，更重要的是，这些转移的责任得到了法律或政策的明确支持。比较典型的是关于九年制义务教育的负责权。1985 年的《中共中央关于教育体制改革的决定》提出，义务教育由地方政府负责，分级

[①] 《邓小平文选》第 2 卷，人民出版社，1993，第 321 页。

[②] 关于对地方政府行为企业家化的各种讨论，请参考丘海雄、徐建牛《市场转型过程中地方政府角色研究述评》，《社会学研究》2004 年第 4 期，第 24 ~ 30 页。

[③] 吴敬琏：《当代中国经济改革：战略与实施》，上海远东出版社，1999，第 310 ~ 311 页。

投入。"乡财政收入应主要用于教育。"具体来说，新增加的责任主要有五个来源：①中央下放了部分管理权，比如计划管理权、不定期的固定资产投资权和城乡建设权。②中央提出的要求。中央的要求大致包括两类：一类是具体的现代化目标，比如义务教育、农业现代化、医疗等；[①] 另一类是临时性任务，根据不同年份出现的不同问题，对地方提出要求，比如防灾、预防传染病等。③上级职能部门把自己承担的责任和任务细化，下放给下级部门，并利用评选"先进"等形式来强化这些任务的完成。[②] ④上级下放企业的管理权，尤其是把一些亏损企业下放给下级政府管理，不仅增加了后者的经济管理职能，而且也使其负担起解决下岗职工等社会职能。⑤除了上级对下级的要求增多外，地方社会经济的快速发展也对当地政府提出了更多要求。比如解决城市化和工业化带来的问题。当地民众对政府的要求也在改变。他们不仅需要政府提供和其他地区一样的福利，比如快速的经济发展、良好的基础设施、稳定的社会安全、充分的就业，而且随着法律意识和民主意识的增强，会对政府行为提出质疑，甚至把政府告上法庭。

要完成各种新增加的责任，地方政府必须要有财政收入保障。显然，大部分地方政府没有足够的财政能力。一方面，当地的经济发展水平无法提供足够的税收来源；另一方面，中央财政的转移支付体系还不完备，社会自我管理能力不足。这样，一些原来由国家（中央政府）财政支持或集体（人民公社、生产大队）筹资、组织义务劳动完成的社会管理和服务责任就都集中在各级地方政府的身上。地方政府陷入了维持经济增长与完成社会管理服务的双重压力之下。这种压力在 20 世纪 90 年代初期明显化，

---

① 黄佩华：《费改税：中国预算外资金和政府间财政关系的改革》，《经济社会体制比较》2000 年第 6 期。

② 据农业部会同国家计委的调查统计，自 20 世纪 90 年代以来，由中央国家机关"红头文件"规定的要农民出钱出物的"达标"和名不叫"达标"却实质是"达标"的活动就有 43 项，加上地方党委政府下达的"达标"项目就多达七八十项。其中，包括教育、卫生、文化、体育、计划生育、广播电视、程控电话、国防教育、民兵训练、民政劳动保险、农村社会化服务体系、基层组织建设、交通基础设施、文明村镇建设、绿化工程、社会治安综合治理等。几乎涵盖了所有农村工作的领域。大到小康县验收，教育"双基"达标，卫生"初保"达标，计生服务达标，创文明卫生县、镇、村等，小到订报、灭鼠、改水、改厕等达标。

1994 年分税制改革后，也没有得到缓解，地方财政压力反而有所加重。①

在双重压力下，地方政府的唯一选择就是不惜代价地加快经济的增长，用各种手段来提高财政收入。地方政府承担的各项工作都紧密围绕着经济增长和税收增长这个中心，甚至要为其"让路"，政府责任的内容出现"泛经济化"倾向。这具体表现为以下四个方面。

第一，招商引资成为各级地方政府的中心工作。在各地，20 世纪 90 年代以来，国有企业经营效益不断下降，大量企业破产。国有企业已经不再是当地政府的主要财政来源，甚至成为财政和就业"负担"，地方政府必须寻求新的经济来源，招商引资是必然的选择。当然，这种选择也得到了中央政府的鼓励。②

为了吸引资本的到来，各个地方都采取了各种措施，加剧了地方政府之间的竞争。在初期，各地政府主要是通过改善基础设施，为投资者创造良好的硬件环境来吸引投资。随着各地基础设施建设的均等化，政策优惠、服务水平等投资软环境建设变得更加突出。地方政府通过减免税收、减少审批环节、承诺各种优惠性保护等方式，积极争取投资。2002 年，中国加入 WTO 后，尽管许多政策优惠权被取消了，但是如何给投资者提供更优质的服务成为各地政府竞争的主要领域。目前，无论对于发达地区还是发展中地区，获得新的投资依然是实现当地经济增长或者经济结构调整的主要途径，因此对投资的竞争更加激烈。许多地方提出要"全民招商"，建立"亲商"政府。值得注意的是，21 世纪以来，地方政府招商引资的目的不仅仅是实现工业化，还为了实现城市化，因此出现了"经营城市"运动。地方政府利用行政权力征收土地，改变土地的用途。土地出让获得的收入成为许多地方政府重要的收入来源。

外来投资在推动各级经济发展，特别是推动政府职能转变方面起到了积极作用。这尤其体现在政府审批改革和政府将企业管理中的一些方法引

---

① 在描绘中央和地方财政情况的时候，有这样几句话，"中央财政喜气洋洋，省级财政蒸蒸日上，市级财政勉勉强强，县级财政哭爹喊娘，乡级财政没爹没娘"。

② 邓小平在 1992 年的南方讲话中特别谈到要推动外向型经济的发展。他说，"搞外向型经济，就没有什么可以担心的"（《邓小平文选》第 3 卷，人民出版社，1993，第 375 页）。

入政府管理方面。政府干预经济的权力受到了明显约束，管理效率得到了提高。但是，由于对资本的过度倚重，地方政府的责任机制出现了扭曲，对资本的责任压倒了对上级和民众的责任。部分地方政府冒着违反上级政策、侵害当地民众利益的危险，对资本的要求大开绿灯，甚至放纵一些明显的违法行为。而部分地方官员为了个人利益，利用掌握的权力与某些投资者进行权钱交易，达成利益勾结关系，导致一些职能部门行为的倾斜，严重削弱了其公共身份。

第二，通过增加预算外收入来增强政府的财政能力。1984 年以来，中央政府颁布了一系列允许地方政府及其附属机构和事业部门收费的规定。于是，"预算外资金"急剧膨胀。与此同时，各级政府机构还任意扩大获取预算外收入的范围，截留或挤占上缴国家财政的收入，转入账外建立本单位名为直属企事业单位的"小金库"。[①] 1994 年的分税制改革，虽然划清了中央与省的收入，但省以下各级政府的收入并没有明确划分，预算外收入依然在地方政府收入中占据很大比例。预算外资金的膨胀是在国家财力紧张以及预算过程缺乏严格约束的情况下出现的，反映了经济建设速度过快以及预算管理滞后的客观现实。其影响是双重的。在积极方面，它为地方政府改善本地区环境提供了激励，从而避免了在其他转轨国家中出现的财力下降导致的公共基础设施退化和社会服务的下降。[②] 消极影响也同样是严重的，收费项目的泛滥冲击了正规的预算体系，软化了各级政府的预算约束，诱导各个部门更倾向于"费"而非"税"，强化了部门利益，为个人滥用权力提供了机会。

第三，把政府应该承担的一些公共服务市场化。中国政府公共支出的大部分是由省以下的各级政府承担的，后者尤其在教育、医疗卫生、社会福利和基础设施建设方面承担主要责任。[③] 教育和卫生保健的公共服务是县

---

① 杨之刚：《中国政府资金分析》，《经济社会体制比较》1998 年第 5 期。

② 黄佩华：《费改税：中国预算外资金和政府间财政关系的改革》，《经济社会体制比较》2000 年第 6 期。

③ 《中国公共支出面临的挑战——通往更有效和公平之路》，http://www.oecd.org/dataoecd/10/13/37081439.pdf。

级以及县级以下各级地方政府承担的，而社会保障之类的公共服务则归省级和地级政府负责。① 由于财力限制，地方政府无法完成这些责任，必须调整服务提供的方式以及对服务机构管理的方式。正在兴起的私人资本和市场机制就成为各级地方政府所依靠的对象。从一般意义上说，这种"市场化"趋势可以被看作当时国际范围内"新公共管理运动"的组成部分。但是由于市场体制的不完善和相关法律的不健全，市场化后许多地方公共服务并没有得到改善，反而成为居民难以承担的"商品"。

公共服务"市场化"有两种主要方式：一种是将政府财政全资支持的公共服务机构"私有化"，卖给私人或者让私人参股。这虽然彻底减轻了政府的财政负担，但公共服务机构的性质被彻底改变了，从服务机构转变成了营利组织。第二种是用承包的方式把公共服务机构转包给这些机构的管理者或者外部人员，这些机构直接就从服务机构变成了为地方政府"挣钱"的机构，不仅不需要财政支持，反而会给政府带来收入。这些承包机构为了能够完成承包合同，并获得盈利，必然会采取各种方式来提高服务费用。

尽管公共服务"市场化"在一定程度上缓解了地方政府的财政压力，调动了私人资本参与地方公共服务建设，并且在某些领域取得了良好的效果（比如基础设施建设方面），但是从总体上看，"市场化"侵蚀了公共服务组织的性质，从根本上说，并没有分担政府的责任，反而破坏了政府应该承担的责任。这正是进入 21 世纪后，"看病难""入学难"等民生问题成为社会关注的焦点的重要原因。②

第四，地方政府激励机制的"经济化"。在 1978 年开始的改革开放中，一个重要举措就是对地方的放权让利，而放权让利的实质是中央在承认地方作为一级利益主体的合法地位的同时，把一定范围的权利还给地方。这样，在原来的"忠诚/命令"式激励机制的基础上形成了地方政府运行的新

---

① 乔宝云、沙安文：《中国地方组织和地方财政》，载于乔宝云、沙安文主编《地方财政与地方政府治理：国际经验评述》，人民出版社，2006，第 15 页。

② 温家宝在 2006 年的政府工作报告中指出，涉及群众切身利益的不少问题还没有得到很好解决，看病难、看病贵和上学难、上学贵等问题突出；在土地征用、房屋拆迁、库区移民、企业改制、环境保护等方面，还存在一些违反法规和政策而损害群众利益的问题。

激励机制——"忠诚/政绩"式激励机制。

"忠诚/政绩"式激励机制的出现反映了中国整体制度目标的转变——经济工作代替了阶级斗争成了新的工作中心。这种新型的激励机制表现出三个突出特点：一是没有脱离原来的"忠诚"机制，保持了党对各级政府的控制，党的认同是对各级政府行为的最高肯定和合法性依据；二是"政绩优先"替代了"服从第一"，对地方各级政府的评价侧重于当地经济增长和社会发展，而经济增长又成为评价的核心指标；三是对各级政府的评价建立起一些定量化的指标，依照这些指标给予奖罚，而经济奖励成为各级政府最经常运用的手段。

在明确的激励目标的引导下，各级地方政府以及有关领导者把创造政绩放在第一重要的位置上，为在短时间内创造最大的政绩开动脑筋，形成了彼此间竞争的局面。虽然在"忠诚/政绩"激励机制的推动下，地方政府与个人的积极性和创造性得到了较充分的发挥，但是必须注意到，在创造政绩的过程中，由于目标和评价的过度"经济化"，也产生了许多问题。这些问题包括：①为了追求政绩的突出，不顾当地的实际条件，乱上项目，造成了资源的大量浪费，有的人乘机从中获益；②在本地发展上，短期行为过多，忽视了本地长远的、可持续的发展潜力；③一些领导好大喜功，为了突出政绩，人为夸大数据，"浮夸风"盛行。激励机制的"经济化"最终导致了地方政府及其官员动员行政力量来发展经济，虽然取得了一时的经济增长，但从整体上破坏了当地经济持续增长的潜力，影响了整个国家的经济均衡；④各级地方政府由于过度重视经济增长，忽视了当地其他方面的发展，造成了社会发展的不均衡。①

地方政府责任的"泛经济化"产生的影响是广泛的，但就政府责任来说，有三种影响尤其值得关注。

首先，地方政府承担的责任更为现实，与辖区居民的生产生活直接相

---

① 党的十七大后在广东省担任书记的汪洋在 2008 年 1 月参加广东省人代会广州团讨论的时候，特别指出，以"经济建设为中心"已经被各地强化为"唯经济建设为中心"，其严重性如同改革开放之处的"两个凡是"，必须继续解放思想（张英姿、陈红艳、吴璇、文安、陈琦钿：《汪洋参加广州团分组审议再论解放思想》，《新快报》2008 年 1 月 19 日）。

关，并且服务于他们。这样各级地方政府不仅要向上级负责，更要向当地居民负责。在许多方面，这两种指向的责任是重合的，因为实现地方社会经济的发展也是上级政府乃至中央政府所追求的。其次，地方政府所承担的经济发展责任压倒了社会管理和公共服务责任。这既是财政压力下地方政府的必然选择，也受现有的政府激励机制和政府自身利益的巩固所驱动。通过发展经济，地方政府可以提高财政收入，更好地完成自己承担的各种责任。另外，政府官员的利益也可以在经济发展中得到进一步的维护。最后，在各级地方政府之间，责任内容与完成责任的能力存在着比较严重的失衡。这种失衡与政府层级的向下移动成正比关系。换句话说，地方政府承担的责任超出了其完成责任的能力，地方层级越低，责任与能力的差距越大。显然，财政收入集中和转移支付不足是这种现象的财政根源，而集中体制下各级政府职能的同构化又加重了责任与能力的差距，因为上级部门是通过层层下达任务来完成自己的责任。所谓的"上面千根线，下面一根针"就是对这种职能同构性的形象描绘。

四 治理风险与政府责任实现机制的"泛政治化"

改革开放的进程也是中国社会全方位快速转型的过程。在这个过程中，政府治理面临越来越多的风险。社会经济发展以及制度改革过程中不断增加的风险迫使各级政府必须找到一种普遍性的责任实现机制。而责任实现机制的"泛政治化"就成为各级政府，尤其是上级政府督促下级政府履行责任，服从命令和要求的选择。

责任实现机制的"泛政治化"指的是上级政府，特别是中央政府和各级党委将某些重要任务明确为"政治任务"，要求下级政府以及职能部门全力完成，并相应给予政治上的激励和惩罚（主要是职位上的变化）。责任实现机制的"泛政治化"与政府责任内容的"泛经济化"并不矛盾。它强调的是上级政府督促下级政府完成重要责任的手段和措施；而后者强调的是地方各级政府所承担的责任是围绕经济建设展开的。在政府责任履行过程中，二者是密切相连的。一方面，之所以所有责任都围绕经济建设展开，

就是因为经济建设在改革开放之后被确定为政治路线，是最大的政治；① 另
一方面，上级政府用"政治化"的机制来推动完成的责任目的都是保证经
济建设的顺利进行。这样就形成了责任内容的"泛经济化"和责任实现机
制的"泛政治化"的有效结合。

江泽民在 1991 年的一次讲话中非常清楚地阐明了二者的关系。他说，
"现在以经济建设为中心，其他各项工作都要服从、服务和保证这个中心任
务的完成。经济建设要搞上去，必须要有正确的方向，必须要有安定团结
的环境，必须协调各方面的关系和调动各方面的积极性，必须及时而果断
地消除不安定因素。没有政治条件和政治保证，社会不稳定，经济就搞不
上去，古今中外概莫能外"。②

责任实现机制"泛政治化"的根本出发点是实现上级设定的具体任务。
这具体表现为：①通过把某些任务变成"政治任务"，提高了它们在各级政
府所承担的诸多责任中的地位，突出了它们的重要程度。②当这些任务转变
成"政治任务"后，有关负责的政府或职能部门就会调整资源和人员的分配
方案，把资源和人员向这些任务倾斜，以保障它们的实现。③当这些任务转
变为"政治任务"后，来自下级或职能部门的抵触或不执行行为会得到一
定程度的控制，以实现政令的统一。因为抵触或不执行会受到政治上的惩
罚，有关负责人的"政治前途"将受到影响。④对于确定"政治任务"的
上级政府，尤其是中央政府来说，这展现了它们对问题的高度重视，有利
于维护和改善它们在社会公众中的形象，提高合法性。

被升级为"政治任务"的政府责任是随着中央政府的发展战略调整和
面临的突出问题的变化而调整和丰富的。改革开放初期，发展经济因为成
为"主要政治"而第一个成为各级政府必须完成的"政治任务"。1992 年
邓小平南方讲话之后，发展市场经济成为整个国家制度建设的目标，这项

---

① 邓小平在改革开放之初将其称为"今后主要的政治"（"解放思想，实事求是，团结一致向
　前看"，《邓小平文选》第 2 卷，人民出版社，1983，第 150 页），江泽民 1996 年提出"社
　会主义现代化建设是当前我们最大的政治"（"讲政治"，《江泽民文选》第 1 卷，人民出版
　社，2006，第 515 页）。

② 《十三大以来重要文献选编》（下册），人民出版社，第 1708～1709 页。

任务的政治地位也得到了进一步巩固。

除了经济增长外，政府认为的其他重要任务也采取了这种责任实现机制。首先是社会稳定责任。当社会不稳定因素随着经济的发展而增多的时候，社会稳定也成为各级政府必须完成的"政治任务"。① 在实现社会稳定这个"政治任务"的基础上，不断增加出新的具体任务，比如社会治安、信访事件、物价变动、安全生产、食品安全、环境保护等，都是各级政府必须承担起来的具有"高度政治性"的责任。②

除了经济发展和社会稳定这两个根本"政治任务"外，还有其他一些被提到"政治高度"的任务，比如计划生育控制。中央政府和各级地方政府还会根据不同时期的工作重点，来增加新的"政治任务"。

当某项任务具有"政治性"后，那么就会采取特定的责任实现机制。这个机制包括两个主要部分：完成过程采取"一把手"工程方式；奖惩采取"一票否决"。③ 所谓"一把手"工程指的是各级政府或职能部门的行政首长（俗称"一把手"）要对上级确定的任务负首要责任，亲自参与和管理。"一把手"可以利用行政权力来调动资源和人力保证任务的完成。所谓"一票否决"指的是承担具体任务的单位和单位负责人在每年的各项评奖中，要根据该任务的完成情况来决定他/她全年工作的最终评价。一旦没有完成这项具有高度"政治性"的任务，就无法参加全年各个方面的先进评选。当然，并不是所有实行"一票否决"奖惩方式的任务都是"一把手"工程。目前，一个特别值得重视的现象是，现在有越来越的政府责任在考评的时候实行"一票否决"，如文物保护、安全生产、卫生考核、广告违

---

① 1994 年的中央政府工作报告明确提出，"认真搞好社会治安综合治理。这是人民群众的强烈愿望，也是各级政府的重要职责"。

② 在《关于构建社会主义和谐社会若干重大问题的决定》中，列举了一些影响社会和谐的主要问题："城乡、区域、经济社会发展很不平衡，人口资源环境压力加大；就业、社会保障、收入分配、教育、医疗、住房、安全生产、社会治安等方面关系群众切身利益的问题比较突出；体制机制尚不完善，民主法制还不健全；一些社会成员诚信缺失、道德失范，一些领导干部的素质、能力和作风与新形势新任务的要求还不适应；一些领域的腐败现象仍然比较严重；敌对势力的渗透破坏活动危及国家安全和社会稳定。"

③ 据说"一票否决制"是借用的联合国安理会的表决方式。在联合国安理会，只要五个常任理事国有一个投了反对票，决议就无法通过，即所谓一票否决。

法、节能减排。"一票否决"不仅用于政府内部，还运用于政府对企业、事业单位的评价。比如有的地方就规定，在环保方面，凡未达要求的企业将取消市级各类先进评选，企业负责人也不得评劳模之类的荣誉称号。在"一把手"责任和"一票否决"机制推动下，各级地方政府及政府部门在某些"政治性"任务上承担了"无限责任"。

尽管许多地方官员对于"一票否决"的奖惩方式抱有一定的不满，学者也将其作为"压力型"体制的典型特征，并分析了其产生的危害[1]，但是经过近30年的改革，这种督促责任完成的手段和方式并没有消失，反而有强化的趋势，成为各级地方政府以及政府职能部门贯彻命令，完成任务最"有效"的手段和方式，甚至被当作是实现执行力的一项制度。[2] 因此，有必要认真分析政府责任实现机制的"泛政治化"产生的原因和产生的多重影响。

政府责任实现机制的"泛政治化"是现有体制面对不断增加的责任的必然选择。有三个主要原因推动了其发展。

首先，资源配置的集中体制为责任机制的"泛政治化"提供了制度环境。尽管下放权力和发展市场体制在很大程度上改变了原来高度集中的资源配置体制，但是中国在政府体制上依然采取的是集中制。一方面，在政府各个层级之间的关系上，下级要服从上级，地方要服从中央。包括中央政府在内的上级政府控制下级发展所需要的许多资源。除了资金外，更重要的是对下级行为的批准和认可权，即合法性的赋予权。另一方面，在政府各个职能部门内部，实行的是党委领导下的首长负责，行政首长具有掌握部门资源的实际权力。因此，使他们对某些任务给予重视，并且亲力亲为必然会带动部门资源的调整。

其次，党管干部原则为某些责任升级为"政治责任"提供了转化机制。党管干部的原则要求各级官员首先要服从党的领导，执行党的命令。该原则在实行中采取的也是集中管理的方式，管理干部的权限是向上集中的。

---

① 荣敬本、崔之元等：《从压力型体制向民主合作体制的转变》，中央编译出版社，1998；杨雪冬：《市场发育，社会生长与公共权力构建：以县为分析单位》，河南人民出版社，2002。

② 评论员：《"一票否决"制度设计推进执行力的"良方"》，《江阴日报》2007年12月29日。

1984 年 7 月，中共中央组织部颁发了《关于修订中共中央管理干部职务名称表的通知》，改变下管两级的做法，规定干部管理权限是下管一级。这种改变使地方的干部人事管理权限得到加强，但中央仍然掌握了对省一级地方党政一把手的任命和推荐（省长一般由中央推荐，通过省一级人大选举，一般能获得通过），仍然掌握着对地方领导的控制权。同时，地方政府对于自己的直接下级干部有了更大的管理权。这不仅密切了直接上下级之间的关系，而且加强了上级对直接下级的控制。在现有体制下，党的领导首先是政治领导，因此，上级政府很容易借助党的组织体系来把某些重要任务提升为"政治性"工作，以对负责人职位的改变作为督促完成的手段。

最后，地方和部门利益的强化也迫使上级部门不断强化责任机制的"泛政治化"，以保证政令的推行。改革开放以来，在地方政府以及各职能部门工作积极性提高的同时，它们的自身利益也形成了，并且不断得到巩固，出现了"部门职权利益化"、"部门权力个人化"和"部门利益法定化"的倾向和现象。1999 年《中共中央、国务院关于地方政府机构改革的意见》就尖锐指出，"政府部门管理体制不适应社会主义市场经济的要求，部门职权利益化的倾向，造成一些部门、地区、行业之间的分割，加剧了部门、行业和地区的保护主义"。地方和部门利益的强化严重干扰了政令的统一，在某些领域非常突出。2005 年的中央政府工作报告提出要提高政府的执行力。2006 年，温家宝提出，要"提高行政效能，增强政府执行力和公信力"。他批评说，在一些地方和部门存在两个突出问题：一是政令不畅、执行不力。二是违法违规，失信于民。①

毫无疑问，在一种快速变化的环境中，责任实现机制的"泛政治化"突出了政府要承担的主要责任，推动了一些重要问题和难题的有效解决，保证了政府责任的基本实现。这是改革开放以来，各级政府能够及时地回应社会经济发展需要的重要原因。尤其是当改革遇到各种形式的抵制的时候，把要解决的问题提高到"政治高度"及时有效地消除了抵制，确保了

---

① 温家宝：《加强政府建设 推进管理创新》，http://news.xinhuanet.com/politics/2006 – 09/07/content_5062506.htm。

整个国家重要战略的推行以及这个大型国家转轨的有序进行。

但是，通过层层施加压力来推动政府责任的实现毕竟不能成为一个国家的政府实现责任的常态。更重要的是，这种"泛政治化"还带来多种负面影响，在实现下级对上级命令服从的同时，削弱了整个政府的公信力。以下五种负面影响最为突出。

第一，各地出现的不同形式的"政绩工程"。这些工程大部分属于"一把手工程"。其中虽然有的是为了完成上级提出的要求，但许多都是为了迎合上级某个领导的喜好。在建设或实施过程中，不考虑当地经济的承受能力，不计成本；不考虑实际效果，许多完成后废弃不用。过去十多年出现过的企业上马"一阵风"，农村种养"一刀切"和城镇建设"一挥手"，搞"沿河工程""路边工程"充分体现了这点。

第二，作为第一责任者的"一把手"的权力被放大。在集中体制下，"一把手"掌握着资源调配、人事任免等诸多权力，同时又是本单位的第一责任者。由于制度的不健全，"一把手"为了保证责任的完成，往往会过度动员行政权力来督促下属。更重要的是，在用人方面，也尽可能使用自己信任的人，并用"不讲政治"的理由来打击那些提出异议的人，从而很容易形成"庇护—附庸"特征的关系网，"一把手"的权力被放大了，因此也更容易腐败。

第三，行政行为的暴力化。职能部门具有天然的暴力倾向。而缺乏有效且有力的约束和监督，这种倾向就会转化为现实。行政行为的暴力化通常是在三种情况下产生的：第一种是上级交付的任务超出了执行者的能力，诱使后者借助强制性手段来执行。第二种是职能部门滥用自己的执法权力。现在许多部门都建立了自己的专门执法队伍，着装统一，以提高执法的权威性。这虽然有助于行政执法的力度，但也为一些人滥用权力提供了支持。第三种是完全个人化。一些人为了自己的利益，借助公共权力的权威性来达到自己的目的。典型的是一些领导所追求的"政绩工程"。在其背后，往往隐藏着双重的利益取向：政治上以政绩求得上级提拔，经济上以项目捞取一己实惠。一些地方政府在税费收缴、征用土地、城市拆迁中，动辄采取行政强制措施，暴力相向，甚至动用警力，罗织种种罪名抓捕人员。不论是何种原因，暴力行政行为的泛滥，已严重影响了社会稳定，给社会秩序和政府威信造成了不可估量的损失。有些甚至造成恶性事件。①

第四，政府责任实现机制的"泛政治化"挤压了其他责任机制的发展和完善，导致了责任体系的失衡。督促政府完成和加强责任的机制不仅有政治机制，还有法律机制、道德机制等，只有各种机制完善起来、运转起来，才能从根本上加强政府责任。然而，由于过度使用政治机制，政府主要责任的"泛政治化"，所以法律机制虽然不断完善，却没有完全得到运用；道德机制疲软无力。之所以如此，有两个原因。一是在追究政府官员失责时，首先采用的是政治机制，最有效的也是政治机制，即给予党内处分和改变其政治升迁。因此，许多政府在完成责任的时候，首先考虑的是否在政治上"正确"，而不是是否遵守了法律。二是许多政府为了完成上级交付的任务，不惜动用各种手段，其行动破坏了基本的道德规范。政府失去了遵守道德的楷模。更重要的是，这种以党管干部原则支撑的政治机制也影响了体现人民授权原则的人民代表大会制度的发展和强大。因为，从根本上说，对代议制的责任才是真正的"政治责任"。

第五，政府责任实现机制的"泛政治化"诱使一些政府部门和官员采取各种方式来逃避责任。在"泛政治化"的责任实现机制中，要使下级部门和官员完成任务依靠的是行政命令和政治觉悟。但是，行政命令的监督成本很高，政治觉悟又是一种"软约束"。因此，在层层施压的条件下，下级部门和官员必然会采取方式来逃避责任。常用的方式有两种。一种是利用信息的收集和整理权，来虚报数字应付上级部门的考核；② 另一种就是利用规则和文件的制定权来改变自己与责任对象的关系，尽量把自己要承担的责任推卸给责任对象。这样一方面实现了形式上的"依法行政"，另一方面也强化了自己掌握的权力。比较典型的行为就是利用部门立法来强化自

---

① 李均德、杨静：《"合法"的打砸抢谁敢惹？——聚焦暴力行政》，http://news. xinhuanet. com/focus/2003－11/20/content_1188178. htm。

② 荣敬本等：《压力型体制向民主合作制的转变》，中央编译出版社，1998。

己的权力。这样就形成了"有组织的不负责任"局面。[①]

五 结论：从回应性政府走向责任政府

经过近 30 年的改革，中国政府责任无论在内容、实现机制方面，还是在政府履责能力、责任完成质量等方面都取得了巨大进步，比较好地满足了社会经济发展的需要，具有较高的回应性。回应性的提高是走向责任政府的必要条件。

中国的政府责任体系具有以下几个基本特点：①政府责任的承担主体不仅有多层次性，还有多样性。从中央到乡镇各级政府是实现政府责任的基本主体，此外，包括党的组织、群众性组织、基层自治组织等具有公共管理权力和责任的组织也是政府责任的承担者，它们不仅支持着政府的行为，也在某些方面和领域中替代政府履行公共责任。②政府责任内容在调整的过程中，不断完善。社会主义市场经济的发展、社会结构的多元化以及中国加入全球化进程的步伐是决定政府责任内容调整的三个主要力量。在调整的过程中，政府所承担的首要责任逐渐从经济发展转向公共服务和维护社会公平正义，并且增添了国际维度。③政府责任的实现机制基本完备。选举、行政监督、司法监督、社会监督以及党内监督等制度不断发展完善，共同构成了政府责任的实现机制。④政府责任的实现具有动员性。一方面，从中央到地方各级政府所承担的责任具有高度一致性；另一方面，上级政府拥有足够的权威和资源来推动下级政府履行责任。因此，一旦某项责任受到上级重视，就会成为政治任务，得到所有政府部门的服从。

尽管中国政府承担起越来越多的责任，具有了高度回应性，但是从回应性政府走向责任政府还有一定的距离。目前，责任政府面临着四个主要挑战：首先，政府承担的责任在结构上不平衡，经济发展责任压倒了其他责任，为政府滥用行政权力以及过度干预市场经济的运行提供了条件。其

---

① 杨雪冬：《改革路径、风险状态与和谐社会治理》，《马克思主义与现实》2007 年第 1 期，第 17～24 页。

次，政府各层级之间在责任分工和责任能力建设方面存在着严重的不对称。政府层级越低，掌握的资源就越少，能力就越不足，但承担的责任越多。这种不对称不仅导致了上级政府或部门频繁运用"政治手段"来推动和督促下级的工作，保证政令的畅通，更为后者逃避"无限"责任提供了借口。再次，在政府责任体系建设中，以选举为基本机制的政府民主责任建设落后于以行政命令和政治命令为基本机制的政府行政责任和政治责任建设，从而使政府在实现责任时更重视对上级负责，忽视对社会公众负责。最后，各个部门在共同完成政府基本责任上缺乏制度化的协调机制，部门利益严重，相互推卸责任，影响了整体政府的建设。

2006 年，温家宝在一次讲话中，明确提出要建设责任政府。① 要使回应性政府转变为责任政府，应该按照理性化和民主化的方向推动政府改革。理性化指的是政府承担的责任更为合理，责任实现机制进一步完善，政府行动的效率和效果有了明显改善；民主化指的是政府的民主责任机制和社会责任机制要逐步加强。理性化与民主化是互为依靠的。缺乏民主化，回应性政府就无法从制度意义上转变为责任政府；没有理性化，政府就没有能力完成其应尽的责任。

第一，要进一步转变政府职能，调整政府责任内容，明确政府与市场、公民社会所承担的责任。第二，要加强民主责任机制建设。除了要继续推动基层选举和加强人民代表大会的作用外，还要创造更好的条件支持社会公众对政府运行的参与，使民主责任机制获得更为稳固的社会条件支持。第三，要通过财政体制改革等措施来改变政府责任与资源能力不对称的局面，使各级地方政府之间不仅有明确的责任划分，更要有合理的资源保障。第四，加强行政问责、司法监督以及舆论监督，提高政府责任实现机制的系统性和平衡性，建设整体政府。第五，要加强政府官员责任意识和履责能力的培养。各级官员是政府责任的具体实现者，要通过各种形式的培训提高他们的能力，加强其对社会负责的意识，从而保证政府责任的实现。

---

① 2006 年 9 月 4 日，温家宝在"加强政府自身建设，推进政府管理创新"电视电话会议上的讲话。

第十章

反思公共服务型政府[*]

　　2003 年 "非典"爆发后，加强政府的公共服务职能成为从中央到地方各级政府关注的重点。温家宝在多次讲话中，都提到要把建设服务型政府作为改革的目标，^① 在 2004 年 3 月的一次讲话中，他提出，"我们要把政府办成一个服务型的政府，为市场主体服务，为社会服务，最终是为人民服务。"而各地政府、各级部门也纷纷制定各种法规政策来落实服务型政府建设。在学术界，关于建设服务型政府的讨论也热烈起来。据有的学者所做的不完全统计，从 1994 年到 2004 年 11 月初，在中国期刊全文数据库以"服务行政""服务型政府"为关键词出现的相关文章有 170 余篇；在已有的人大复印资料全文光盘数据库中以"服务行政、服务型政府"为任意词出现的相关文章有 120 余篇。在这些文章中，近两年来的文章总数大约占半数以上。^② 社会各界对服务型政府的关注，一方面反映了政府改革已经成为

＊　本章主要内容曾以"公共权力、合法性与公共服务型政府建设"为题目，发表在《华中师范大学学报》2007 年第 2 期。

①　2004 年 2 月 21 日，温家宝在省部级主要领导干部"树立和落实科学发展观"专题研究班结业式上的讲话中提出，在社会主义市场经济条件下，政府的主要职能是经济调节、市场监管、社会管理和公共服务。这是他第一次提出要把建设服务型政府作为改革的目标。公共服务"就是提供公共产品和服务，包括加强城乡公共设施建设，发展社会就业、社会保障服务和教育、科技、文化、卫生、体育等公共事业，发布公共信息等，为社会公众生活和参与社会经济、政治、文化活动提供保障和创造条件，努力建设服务型政府"。

②　程倩：《服务行政：从概念到模式——考察当代中国"服务行政"理论的源头》，《南京社会科学》2005 年第 5 期。

"全面深化改革和提高对外开放水平的关键";① 另一方面也说明了政府改革作为中国改革开放的中心环节已经成为社会共识。②

公共服务作为政府的内在属性之一，在不同的社会经济历史条件下有不同的体现形式。我们目前所讨论的公共服务是在中国经历的两种转型的历史背景下提出的。一种是从计划体制向市场体制的转型；另一种是社会结构多元化的转型。这两种同步且相互推动的转型对政府公共服务改革的要求是多层次的：不仅要重新界定公共的含义，把多元化的利益群体包容进来，减少社会排斥，还要改变和丰富服务的内容、方式以及手段，提高服务的有效性和针对性，在新条件下解决新问题，满足新的公共需求。

本章共分为四个部分：首先，从理论上阐明公共服务是政府的内在属性之一；其次，从现代合法性角度来阐明，公共服务是现代政府获得合法性的物质支撑，因此公共服务的实现方式、手段是可以借鉴的；再次，分析公共服务型政府在中国的发展过程；最后是结论。

一　公共服务是政府的内在属性之一

政府履行服务功能是国家的社会职能属性的具体体现。尽管国家在本质上是阶级统治的工具，垄断了暴力使用权，并以之作为执行各种职能的支撑和保障，但是国家必须承担起社会管理职能，以维护经济的发展，保证社会的内部安定，并保障国家的和平。而服务功能就是社会管理职能在实践中的具体体现形式之一。社会职能指的是国家以"整个社会代表"的身份影响社会生活各个方面。马克思曾经指出，即使在"专制国家中"，政府的作用之一就是"执行由一切社会的性质产生的各种公共事务"。③ 社会职能具有历史继承性，一些手段和方法是不会随国家的更替而消失的。社会职能是国家维持政治统治的基础，政治统治到处都是以执行某种社会职能为基础，而且政治只有在执行了它的这种社会职能才能持续下去。

---

① 《中国共产党第十六届中央委员会第五次全体会议公报》，2005 年 10 月 11 日。
② 高尚全：《改革共识与建设服务型政府》，《经济社会体制比较》2005 年第 6 期。
③ 《马克思恩格斯全集》第 25 卷，人民出版社，第 432 页。

而在现实生活中，政府作为实现国家职能的直接主体总是以"公共权力"的身份出现的，通过构建意识形态、推行选举、建设公共工程等各种方式来证明自己是公共利益的代表，履行的是社会赋予的公共职能，以间接实现统治关系的稳定，缓和社会冲突，并"把冲突保持在'秩序'的范围以内"。① 提供各种类型的服务就是政府履行公共管理职能的重要形式。

尽管提供服务是政府具有的必要功能，服从于国家的本质属性，但在不同的社会历史自然条件下，服务的内容、形式以及实现程度仍存在差别，更重要的是，随着社会经济情况的复杂化，服务的范围和内容也在不断扩大，从而推动着整个政府结构以及规模的变化。马克思在批评英国殖民者在印度的统治时说，在那里自远古以来就存在三个政府部门：财政部门、战争部门和公共工程部门。公共工程部门解决的是当地的治水和灌溉用水问题。而不列颠人在接收了前两个部门，而完全忽略了公共工程部门，从而导致了当地农业的衰落。② 恩格斯在谈到公共权力设立后的变化时指出，在阶级对立还没有发展起来的社会，比如在当时的美国的某些地方，公共权力是极其微小的，几乎是若有若无的，而随着阶级关系的复杂化、领土的扩大、人口的增加，公共权力就日益加强了，③ 并渗透到社会的各个领域中。

当然，作为公共权力代表的政府并非总是能够有效发挥公共服务功能的。一方面，政府具有的阶级属性决定了它会为了某个阶级的利益而牺牲整个社会利益，从而使公共服务彻底沦为少数利益团体的服务，牺牲掉社会其他群体的利益；另一方面，政府在实现公共利益的过程中也会形成自身的利益。政府部门利益以及官员个人利益就是典型。这些利益会蚕食掉公共利益，把公共资源转为私用。这种情况在马克思、恩格斯那里被称为"公仆变主人"。恩格斯说，"以往国家的特征是什么呢？社会为了维护共同的利益，最初通过简单的分工建立了一些特殊的机关。但是，随着时间的推移，这些机关——为首的是国家政权——为了追求自己的特殊利益，

---

① 《马克思恩格斯选集》第 4 卷，人民出版社，1995，第 170 页。
② 《马克思恩格斯选集》第 1 卷，人民出版社，2012，第 763 页。
③ 《马克思恩格斯选集》第 4 卷，人民出版社，1995，第 171 页。

从社会的公仆变成了社会的主人。"①

要保证政府有效地履行公共服务功能，除了要根据各种社会经济条件的变化，不断地丰富和更新服务的内容和形式，以顺应和推动经济的发展，协调社会矛盾外，还要解决好公共权力与社会的关系，保证公共权力起码在形式上是来自社会的，能回应社会的要求，接受社会的监督。马克思在谈到巴黎公社的时候，强调其可贵之处在于，通过"议行合一"这种形式使履行公共管理职能的人员能够在决策之后及时行动，减少官僚主义，同时通过民主选举的方式，可以随时替换他们，从而使管理者成为"公社的勤务员"，不再能够凌驾在现实社会之上，从而实现了社会对公共权力的切实监督。② 当然，巴黎公社的精神远不止于此，它实际强调的核心是通过社会自治来取代官僚机构，从而消灭专门从事公共管理的群体，使公共管理变成最简单的事务，可以被普通人所掌握，因而可以随时更替，从而彻底保证了公共管理不堕落为某个特权阶层的"专利权"。政府履行的公共管理消亡于社会的自我管理，政府承担的公共服务被社会自我的服务所替代。

尽管公共服务具有阶级性和时代性，但是作为政府的内在属性，公共服务的内容、方式和手段还具有延续性和可借鉴性。尤其是随着各国联系的紧密、交流的增多，社会经济发展差距的缩小，公共管理所要解决的问题越来越具有相似性或相关性，这为各国政府相互学习提供了条件。这证明了马克思在《资本论》中所说的，"工业较发达的国家向工业较不发达的国家所显示的，只是后者未来的景象……一个国家应该而且可以向其他国家学习。"③

在现代社会，随着分工的深入、社会经济文化诸领域等的发展，协调和管理的需要在不断增加。虽然包括公民社会组织、市场、企业等在内的社会经济自我管理和调节机构和机制逐渐发展出来，并且参与到公共事务之中，分担了一些公共管理的任务，但是无法完全取代政府，承担起所有的公共服务职能。面对日益复杂化的社会经济关系，政府作为"公共权力"

---

① 《马克思恩格斯选集》第 3 卷，人民出版社，1995，第 12 页。
② 《马克思恩格斯选集》第 3 卷，人民出版社，1995，第 121 页。
③ 《马克思恩格斯选集》第 44 卷，人民出版社，2001，第 8～9 页。

代表的角色更明确了。因为提供的服务在内容上增加了，在形式上多样起来，所以"公共性"更强了。在这种情况下，要改善公共服务，实现政府协调社会关系的功能，就必须从两个方向入手：第一个方向是社会取向，即提高社会经济文化诸领域的自治能力，鼓励它们承担、参与和监督公共事务管理，在对公共权力保持必要的需求压力和必需的监督压力的同时，也能做好自身的必要服务。社会自治能力的提高可以降低由政府集中提供公共服务的成本，也能改善服务的质量，更重要的是，社会自治的发展总是和民主的深化紧密地联系在一起。社会公众对政府官员的选拔、监督以及公共决策的参与可以有效地约束政府利益的膨胀，减少官僚主义行为的产生。第二个方向是政府取向的，即通过提高政府自身的公共管理能力，及时有效地回应社会需求。政府提供的公共服务为社会经济生活的正常运行提供了基础条件，用和平的手段维持着基本的秩序。但是公共服务所需资源来自对社会的征税、人力和物力的动员。如果公共服务在内容和指向上过度倾向于消费，并且损害社会生产的发展，那么整个政府极其庞大的官僚机构就会成为社会机体上的"毒瘤"，不仅会造成公共资源的浪费，而且会滋长政府部门以及官员个人的利益，阻碍公共服务的提供。因此，加强政府的公共服务功能不仅要提高其公共管理的能力（包括解决问题的及时性、针对性和有效性），更要增强其管理的合理性，避免不必要的资源浪费。

从某种意义上说，第一种取向可以称为"公共服务的民主取向"，第二种取向可以称为"公共服务的行政取向"，因为前者的重点在于建设确保公共服务高质量提供的外部条件和社会基础，后者的重点是增强公共服务主要提供者的能力，调整服务中的各种要素。对于完善公共服务来说，这两种取向都是需要的，而且能够有机地结合在一起，相互促进。当然，在不同的历史条件下，公共服务改革侧重点不同，因此会造成某个取向的明显化。但从长期来看，实现高质量的公共服务不仅是一个管理效率问题，更是一个民主参与问题。只有社会公众能通过各种形式监督公共权力，才能减少其公共权力异化为私人权力的可能，维持公共服务改革的持续性，同时社会公众自我管理意识和能力的提高，也可以减轻政府的某些负担，提高管理的效率和效益。

二 现代化、合法性与新公共管理运动

按照韦伯的说法，任何一种支配系统都需要合法性的支持，合法性既包括支配关系的正当性，也包括以这种关系为基础所产生的秩序的正当性。简单地说，合法性就是支配系统存在的依据。"经验显示，从来没有任何支配关系自动将其延续的基础，限制于物质、情感和理性的动机上。每一个支配系统都企图培养及开发其'正当性'（合法性）。而由于正当性基础的不同，连带地也导致了不同的服从形态、不同的行政系统，以及不同的支配方式。"① 他基于自己所处时代的经验积累归纳了三种支配类型：以传统为基础的传统型支配，以个人魅力为基础的卡里斯玛型支配，以及以理性为基础的法制型支配。这三种类型的划分是以权力合法性的来源为基础的，但实际上区分的是权力来源与权力对象的关系，而不是权力的行使者——国家/政府这个政治实体与其统治对象的关系，只强调了统治这种单向的关系，忽视了支配还包括相互义务这种双向的权力关系。实际上，国家/政府所实现的支配还必须依靠其对统治对象承担一定义务，如果这些义务无法完成，也会伤害统治对象对权力主体的承认、认同和服从。当然，随着国家卷入社会经济生活程度的加深以及国家干预范围的扩大，承担义务作为合法性的来源才在现代日益明显起来。

波齐对西欧国家的研究表明，19 世纪以来，随着社会经济生活的变革，国家所要面对和解决的问题也大大增加了，其中最有重大意义的问题有宪法问题、外交政策问题、社会问题和经济管理问题。这些问题的出现一方面表明国家参与到更多的社会管理和运行事务之中，另一方面国家也开始参与经济生活之中，力图在资本积累和再生产中起到积极作用。②

波齐认为，随着现代社会的发展，韦伯所说的合法性的现代来源——法

---

① 《韦伯作平作品集》（Ⅱ），广西师范大学出版社，2004，第 299 页。
② 〔美〕贾恩弗兰科·波齐：《近代国家的发展》，沈汉译，商务印书馆，1997，第 112～113 页。

理合法性受到了越来越大的挑战。一方面，其某些制度化前提和基础，比如议会的中心地位、法律的最高地位等受到了行政权力的冲击，"行政国家"替代了"议会国家"；另一方面，"工业发展和社会复杂性的增加使得由国家制定并最终由国家颁布的'规章的网络'越来越广泛和越来越累赘，并包裹着社会生活的各个方面"。因此，"对国家来说找出一种借助合法性更新自己，并为自己生成一种新的合法化的程式便成为紧迫的事。"① 这样，在韦伯所说的三种合法化之外就出现了第四种合法性——"社会幸福主义"，即国家为了寻求统治合法性，给消费者提供不断增多的商品和公共设施。②

一些研究发展中国家政治的学者在研究中也发现，政府管理社会经济的能力是这些新兴国家获得合法性支持的重要来源。白鲁恂曾说，"统治的合法性一方面是政治系统的一种属性，其特别与政府结构的绩效有关，取决于系统能力的主要因素；另一方面，统治的合法性是人民所赋予，当掌权者重视平等的原则，不因肤色、种族、信仰、党派之不同而有不同的待遇时，最易取得人民的承认、接受和认同"。③ 亨廷顿在比较了各国发展差异后也支持，"当今世界各国之间最重要的政治分野，不在于它们的政府形式，而在于它们政府的有效程度"④。

福利国家的出现就是"第四种合法性"的典型。国家通过提供各种类型的公共品，来缓和市场对社会的冲击，保证生产过程的顺利完成；通过各种福利帮助困难群体，缓解社会内部的矛盾关系，保证社会秩序的相对稳定。哈贝马斯把福利国家的国家管理和干预范围的扩大视为国家合理性的表现。他认为，国家为了保证生产的持续，获得大众的忠心，把越来越多的预算用于公共费用，比如承担与生产直接相关的基础设施的建设（如交通系统、科技发展以及职业培训等），担负与生产间接相关的社会消费费用（如住宅建设、医疗、教育和社会保障等），尤其是失业的费用，以及私

① 〔美〕贾恩弗兰科·波齐：《近代国家的发展》，沈汉译，商务印书馆，1997，第129页。
② 〔美〕贾恩弗兰科·波齐：《近代国家的发展》，沈汉译，商务印书馆，1997，第130页。
③ L. Pye, "The Legitimacy Crisis," in L. Binder etal. (eds), *Crisis and Sequences in Political Development*, Princeton：Princeton University Press, 1971, p. 135.
④ 〔美〕亨廷顿：《变革社会中的政治秩序》，三联书店，1989，第1页。

人生产造成的环境恶化的外部费用。哈贝马斯认为,这些变化使国家同时承担两种任务,一种任务是征税和合理地使用税收,以保证经济的正常运行,这体现为国家的合理性;另一种任务是随着国家行为的扩展,要论证各种行动的合理性,以获得合法性。[①] 这样,合理性对于合法性既可能起到支持作用,也可能削弱合法性,尤其是当国家对社会经济生活的干预影响到整个统治系统的整合的时候,合法化危机就出现了,这就要求国家必须超越合理性,来寻求新的合法性来源。在哈贝马斯看来,合法性的持续获得来自社会文化系统的调整,以生产出新的认同,因为"不能随时用来满足行政系统要求的僵化的社会文化系统,是加剧合法化困境并导致合法化危机的唯一原因"。[②]

从某种意义来说,哈贝马斯对国家合理性与合法性的区分是对波齐提出的"第四种合法性"的进一步扩展,并且更加深刻地分析了国家对社会经济生活的过度干预所产生的消极后果,即对合法性的伤害。一方面,国家的干预本身就与西方社会的文化传统之间存在内在的紧张关系;另一方面,国家干预范围的扩大必然会增加失败的风险,加重财政负担,产生各种负面影响,从而影响国家与社会经济的关系,造成社会对国家的不信任,从而成为合法性削弱的重要原因。

20 世纪 80 年代出现的新公共管理运动就是对合法性危机的直接回应。当然,作为一场世界性的运动,其在各个国家兴起的具体原因并不相同。但是,从合法性角度来看,大体上可以区分出两种一般性原因:一种是由于内容、形式、手段等的不适当,国家提供的公共品质量和效率都无法满足社会的要求,并且影响了社会经济的正常运行。在西方国家,这体现为所谓的"福利病";另一种是由于财政薄弱,官员队伍软弱等,国家无法及时有效地提供社会经济发展所必需的公共品。就公共服务本身来说,这两种原因在表象上是一致的,即国家缺乏充足的财力来保证公共品的提供;

---

① 〔德〕尤尔根·哈贝马斯:《合法化危机》,刘北成、曹卫东译,上海人民出版社,2000,第 84 页。

② 〔德〕尤尔根·哈贝马斯:《合法化危机》,刘北成、曹卫东译,上海人民出版社,2000,第 97 页。

政府部门缺乏适应新情况的能力来提高公共服务的质量和效率；整个社会对公共服务产生了新的要求。这些表面上一致的原因推动了新公共管理运动在世界范围的扩展，也为各国在公共管理改革的手段和方法上相互学习提供了可能。

　　20 世纪 80 年代后期和 90 年代初期席卷发达国家和发展中国家的公共部门管理变革运动有诸多称呼："管理主义"、"新公共管理"、"以市场为基础的公共行政"、"后官僚制典范" 或 "企业型政府"。到 20 世纪 90 年代后期，人们越来越倾向于使用 "新公共管理" 的概念。① 对世界上最大的 123 个国家进行的一项调查表明，重要的政府改革正在全世界进行。在很大程度上，类似的改革也发生在各个不同的国家。凯特尔也认为，自 20 世纪 80 年代以来，公共管理改革运动如火如荼。这场运动从两个方面来看是国际性的。第一，它已经扩展到了蒙古、瑞典、新西兰和美国等一系列国家。第二，改革范围很广，政府已经利用管理改革来重塑国家的作用及其与国民间的关系。②

　　由于各国具体实践的差别，对于新公共管理有诸多定义，比如，经济合作与发展组织所做的界定是：①企业管理技术的采用；②服务及顾客导向的强化；③公共行政体系内的市场机制及竞争功能的引入。尽管表述不同，但各种定义的基本取向是一致的，即新公共管理是一种以采用商业管理的理论、方法及技术，引入市场竞争机制，提高公共管理水平及公共服务质量为特征的管理主义。③

　　霍姆斯和尚德认为新公共管理运动产生了一种相对于传统的韦伯式科层制而言的新的范式。它有以下特点：①它是一种更加富有战略性或结构导向型的决策方法（强调效率、结果和服务质量）；②分权式管理环境取代了高度集中的等级组织结构。这使资源分配和服务派送更加接近供应本身，由此可以得到更多相关的信息和来自客户及其他利益团体的反馈；③可以

---

① 〔澳〕欧文·E·休斯：《新公共管理的现状》，《中国人民大学学报》2002 年第 6 期。

② Kettl, Donald F., *The Global Public Management Revolution*, Washington DC：Brookings Institution Press, 2000.

③ 赵景来：《"新公共管理"若干问题研究综述》，《国家行政学院学报》2001 年第 5 期。

更为灵活地探索代替直接供应公共产品的方法，从而提供成本节约的政策结果；④关注权威与责任的对应，以此作为提高绩效的关键环节，这包括强调明确的绩效合同的机制；⑤在公共部门之间和内部创造一个竞争性的环境；⑥加强中央战略决策能力，使其能够迅速、灵活和低成本地驾驭政府对外部变化和多元利益做出反应；⑦通过要求提供有关结果和全面成本的报告来提高责任度和透明度；⑧宽泛的服务预算和管理制度支持和鼓励着这些变化的发生。①

对于新公共管理运动的效果，尤其是它能否提供了一种替代传统科层制的新的公共管理方式存在诸多争论。比如马奥尔认为，新公共管理运动虽然表面上倾向于使政府的服务提供更为商业化，但事实上产生了更多而不是更少的官僚政治化。管理主义改革带来了政治家对丧失政策执行控制权的担心，由此作为改革的一个结果，高级公共职位变得更富有政治色彩（同时也不安全），而不是更少。② 客观地说，在社会经济生活日益复杂，国家与社会的界限更加模糊的当代，任何一种改革都无法彻底地消除公共权力部门的本质缺陷，只不过是对其缺陷的弥补，对既有问题的缓和。

必须承认，新公共管理运动的出现对于我们更深入全面地理解公共服务的新情况下的变革是颇有启发意义的。首先，新公共管理运动是对重大现实问题的回应。一方面，公共服务带来的财政压力使得国家按照传统的方式无法独立承担公共服务的提供，必须寻求社会力量的合作；另一方面，经济全球化的发展加剧了国家之间的全面竞争，国家必须通过改善服务，提供优惠条件等诸多方式来留住国内资本，吸引国际资本。当然，信息技术的发展也为国家通过下放权力，控制全局提供了可能。其次，新公共管理运动把政府与公民的关系类比为"商家与顾客"的关系，强调了政府的服务属性。这虽然有忽视民主参与，简化国家—公民关系之嫌，但是在国家与社会边界模糊，国家的干预影响和渗透到社会经济生活各个层面的今天，

---

① Holmes, M. and Shand, D., Management Reform: Some Practitioner Perspectives on the Past Ten Years. *Governance*, 1995, pp. 551 – 578.

② 转引自克里斯托弗·胡德（Christopher Hood）著，吕恒立摘译，《公共管理改革中的三个悖论》，《国家行政学院学报》2002 年第 6 期。

改善服务已经成为政府寻求合法性的重要来源。再次，新公共管理运动从工商管理中借鉴了许多工具性做法，比如绩效管理、评估、重视结果等。这一方面说明了公共管理与私人管理之间具有相互学习的可能，打破了公共管理的神秘性，为日后的公共服务改革强调多主体参与提供了有力证据；另一方面也体现了以信息技术为代表的现代技术创新能够推动制度改革，因此技术创新与制度创新的互动关系在新公共管理中得到了充分体现。

新公共管理运动过于重视市场、效率所引发的问题受到了学者、国际组织以及各国政府的重视，由此出现了以治理理论为基础的新公共服务。[①]新公共服务强调的是公共服务的社会和民主导向，主张用民主和社会的标准来衡量公共服务质量。按照 Janet V. Denhardt 和 Robert B. Denhardt 的看法，新公共服务是在传统科层制、新公共管理之后出现的第三种公共服务改革模式。在新公共服务中，公共利益是至高无上的，而且是它是各种利益对话和"重叠"的结果。政府的作用是协调公民和其他群体之间的利益以创造出共享的价值。政府公务人员必须服从法律、共同体价值、政治规范、职业标准以及公民利益。

按照中国学者侯玉兰的归纳，新公共服务理论的主要观点包括：第一，公共服务的对象是公民而非顾客。因此，公务员不仅要回应"顾客"的需求，还要关注建设政府与公民之间、公民与公民之间的信任与合作关系。第二，公共服务追求的是公共利益。行政官员必须致力于建立集体的、共同的公共利益观念。第三，政府要超越企业家身份。第四，战略地思考、民主地行动：符合公共需要的政策和计划，通过集体努力和协作的过程，能够最有效地、最负责任地得到贯彻执行。第五，公共责任并不是单一的。公务员不应当仅关注市场，他们更应该关注宪法和法律，关注社会价值观、政治行为准则、职业标准和公民利益。第六，服务而非掌舵。公务员越来越重要的作用就在于帮助公民表达和实现他们的共同利益，而非试图在新的方向上控制或驾驭他们。第七，重视人而不只是生产率。公共组织及其所

---

① 关于治理理论的介绍请参考俞可平：《治理和善治引论》，俞可平主编《治理与善治》，社科文献出版社，2001；杨雪冬：《技术创新与地方治理改革》，《清华公共管理评论》第 1 辑，清华大学出版社，2004。

参与的网络，如果能在尊重所有人的基础上通过合作和共同领导的过程来运作，它们最终就更有可能获得成功。[①]

新公共服务所强调的内容在1999年开始举办的历届"全球政府创新论坛"发表的宣言中得到了体现。比如，2000年第二届论坛的主题是"二十一世纪的民主政府与治理"，2001年第三届的主题是"通过电子政府促进民主与发展"，2003年第五届的主题是"二十一世纪的政府创新与政府质量"。第五届论坛发表的宣言提出了政府改革的七个目标：回应性政府；服务型政府；专业化政府；电子政府；管制合理的政府；廉洁政府；分权和参与的政府。

从新公共管理向新公共服务的过渡说明了政府提供公共服务的行为不仅是一种行政行为，还是政治行为，不仅要强调效率和经济，还要关注民主、参与这些社会政治价值。因此，要完善公共服务，不仅要改革服务的程序、手段、方法这些技术层面的内容，还要进行制度层面的创新，为公共权力的有效行使提供制度支持，为技术层面的创新提供制度保障，从而实现公共服务改革的全面性、系统性和可持续性。

三　改革开放进程与公共服务型政府在中国的发展

"为人民服务"一直是中国各级政府工作的宗旨。按照毛泽东的说法，"我们共产党人区别于其他任何政党的又一个显著的标志，就是和最广大的人民群众取得最密切的联系。全心全意地为人民服务，一刻也不脱离群众；一切从人民的利益出发，而不是从个人或小集团的利益出发"。[②] 在计划经济时代，国家控制着各种资源，是所有公共服务的提供者。虽然由于经济发展水平的限制，国家提供的公共服务是有限的和低层次的，但是由于采取的方式较为平均，所以能够基本满足社会公众的基本需要。此外，利用强大的动员能力，国家集中人力、物力、财力在短时期兴建了一批大型公共工程，解决了一些地区面临的紧迫问题。当然，在这种平均主义和动员

---

① 侯玉兰：《新公共服务理论与建设服务型政府》，《国家行政学院学报》2005年第4期。
② 在1945年4月24日中国共产党第七次全国代表大会作的《论联合政府》报告。

色彩浓厚的公共服务方式背后是城乡差距的存在。对城乡差别的制度性承认和巩固，造成公共服务在城乡之间存在较大的差距。这种差距带来的负面影响一直制约着中国公共服务改革。

20 世纪 70 年代末期开始的改革开放源起自经济领域，但从一开始就涉及政府自身的改革。而政府改革一直侧重于如何更有效地为经济发展服务，采取的措施主要有两种：一是精简人员、机构，减少国家的财政负担；二是转变政府职能，使之适应市场经济的要求。与整个改革开放进程一样，政府改革一直是持续进行，并且在不同阶段确定了不同的目标；学习国外经验也是政府改革的一项主要内容。因此，在某种程度上说，从一开始，中国的政府改革就是世界范围内政府改革运动的组成部分，不仅吸收了许多国外做法（尤其是在改善投资环境，吸引外资方面），而且也创造出一些有中国特色的改革措施和方法。政府改革的持续推进基本上适应了经济增长的要求，为快速推进提供了有力的支持，并且说明了政府自身存在着不断改革的可能性。

实际上，在"为人民服务"这个宗旨的约束下，各级政府以及各个部门在改革过程中一直也在强调要改进服务，并且形成了一套完整的提高监督服务水平的政策措施。这集中体现在对窗口行业和部门实行的纠正行业不正之风（简称纠风）工作以及政府职能部门的服务承诺制上。1990 年 12 月 6 日，国务院办公厅下发了《关于设立国务院纠正行业不正之风办公室的通知》，决定在监察部设立国务院纠正行业不正之风办公室（简称国纠办），负责督促、检查、指导各地区、各部门的纠风工作，汇总分析有关情况，向国务院提出报告。国务院纠风办设立后，省、市、县三级纠风办相继建立。1994 年，山东省烟台市建委为解决行业服务态度差、服务质量低等问题，借鉴国外经验，率先推行服务承诺制。后来，烟台市市委市政府把社会服务承诺制推广到其他 14 个部门，取得了很好的效果。后来，这种做法在全国推广，1996 年被称为"社会承诺年"①

---

① 邵景均、鲍静：《社会服务承诺制向何处去——关于进一步推行承诺制的几点看法和建议》，《中国行政管理》1997 年第 3 期。

但是，从直观的效果来看，政府改革并不理想。这集中表现在三个方面，一是政府机构和人员的精减——膨胀循环怪圈并没有被打破；二是政府某些部门和个人的权力过度膨胀，已经严重制约了整个改革和发展的深入推进；三是一些掌握关键资源审批分配权力的部门的服务质量并没有得到本质上的改善，反而有恶化的倾向。这可以通过纠风工作的范围不断扩展，涉及部门的不断增多反映出来。有关年份的纠风工作重点见表10-1。这样的结果是多重因素造成的，但政府自身利益在改革过程中被明确化和凝固化是根本原因。囿于不同形式的自身利益（典型的表现为部门利益、官员个人利益以及部门、个人与社会某些团体结成的裙带性集团利益），政府难以对自身进行改革，那样意味着放弃和失去既有的利益和权力。而既有利益的巩固又妨碍了政府作为公共权力代表有效行使应尽的公共服务的职责。因此，在经济增长到一定阶段，各类社会经济问题频繁出现后，要使政府在行为取向上从重视经济效率的亲市场政府转向重视社会公正的亲社会政府，从通过分隔的方式强制维持社会秩序转到通过协调多元化的关系整合社会，从混杂在社会经济活动中与各种社会经济主体争夺利益的无限政府转到"凌驾"在社会经济关系之上为各种主体提供激励和制约环境的有限政府，所有这些转变遇到的最大障碍就是政府自身。

表 10-1 有关年份的纠风工作重点

年份	文件名称	纠风工作重点
1995	国务院办公厅转发国务院纠正行业不正之风办公室关于1995年纠风工作实施意见的通知（国办发〔1995〕31号）	①清理乱收费；②清理用公款出国；③清理党政机关工作人员利用职权无偿占用企业钱物；④治理公路"三乱"；⑤治理中小学乱收费现象；⑥做好减轻农民负担工作
1999	国务院办公厅转发国务院纠正行业不正之风办公室关于1999年纠风工作实施意见的通知（国办发〔1999〕32号）	①继续以减轻农民负担；②减轻企业负担；③以狠刹医药购销中的不正之风为重点；④巩固和扩大治理公路"三乱"；⑤巩固中小学乱收费的工作成果；⑥进一步搞好重点部门和行业的作风整顿工作。特别是公共服务行业、垄断经营性行业和执法监督部门
2002	国务院办公厅转发国务院纠正行业不正之风办公室关于2002年纠风工作实施意见的通知（国办发〔2002〕27号）	①推行药品集中招标采购，继续纠正医药购销中的不正之风；②继续抓好减轻农民负担；③继续开展治理公路"三乱"；④治理中小学校乱收费现象；⑤做好减轻企业负担工作；⑥加强政府部门和行业的

续表

年份	文件名称	纠风工作重点
		作风建设。2002 年，乡镇、街道（社区）参与民主评议的基层站（所）数量要达到 30% 以上
2005	国务院办公厅转发监察部国务院纠正行业不正之风办公室关于 2005 年纠风工作实施意见的通知（国办发〔2005〕13 号）	①纠正在征收征用土地中侵害农民利益问题；②纠正城镇房屋拆迁中侵害居民利益问题；③纠正企业违法排污问题；④纠正企业重组改制和关闭破产中侵害职工合法权益问题；⑤纠正拖欠农民工工资问题；⑥深入治理教育乱收费现象；⑦坚决纠正医药购销和医疗服务中的不正之风；⑧继续做好减轻农民负担工作；⑨认真开展治理整顿行政机关及其所属单位乱办班、乱收费、乱发证工作；⑩继续抓好治理公路"三乱"；⑪治理党政部门报刊散滥和利用职权发行；⑫整顿统一着装工作；⑬在 2005 年内省级和全国半数以上市（地）要在新闻媒体上开通"政风行风热线"

　　在推动上述多层次多维度政府转变的诸因素中，下列几个特别值得注意：①社会贫富差距的不断拉大。虽然对于中国的基尼系数有不同的算法，但是系数之高已经成为公认的事实。中国的贫富差距是多层次的，除了传统意义上的城乡和地区差距在持续扩大外，城市内部、乡村内部以及同一个地区内部的差距也在扩大。在市场体制下，对于社会公众来说，这些由经济发展导致的差距集中表现在公共品提供上的差别。如果政府不能提供必需的公共品，社会公众个体就无法应对市场波动的冲击，贫富差距就可能引发其他社会政治行为。②全球竞争的加剧。客观地说，中国政府在过去 20 多年里不仅积极地加入了全球竞争，并且很好地适应了竞争。加入WTO 之后，中国面临的竞争更加激烈。一方面，不能用差别原则来吸引外资，必须用国民待遇原则公平地对待国内外资本，并把重点转到推动国内资本对外投资方面；另一方面，全球竞争不仅是经济领域的竞争，还是制度意义上的全面竞争，政府必须通过开发和利用人力资源、协调政府与社会、市场的关系等多种方式和手段来提高制度竞争力。政府承担的社会经济职能必须得到进一步的完善。③改革进程的深化和扩展。虽然在理论上，中国的改革事业是全方位的，但是由于经济建设作为首要目标以及改革的渐进性，所以经济改革一直是改革的重点领域。经过多年的改革，以市场

体制为基础的经济体制改革已经基本完成，而其他领域的改革由于各种原因并没有得到相应的推进，因此成为经济体制改革进一步深化的制约，改革必须在更大范围内进行。而政府自身的改革必须走到前台。这不仅因为市场体制的完善必须要求政府退出以前占领的一些领域，并通过管制改革来重新调整其与市场的关系，还因为市场的扩展要求政府必须具备弥补市场失效的功能，并对市场推动的社会内部结构调整做出必要的回应，以协调好大量涌现的各种利益关系和矛盾。④重大公共问题或公共事件的出现。危机往往是重大改革的转折点。2003年出现的"非典"事件引发了对公共卫生安全的讨论和公共危机处理机制的建立。此后，医疗体制改革、教育体制改革、社会保障体制等重要的社会管理和社会服务体制改革也因为一些典型事件的发生而引起社会公众的广泛关注。一直没有得到充分重视的社会管理和服务体制改革开始进入绩效评估期，政府在其中应该发挥怎样的作用，政府与市场的关系如何成为社会管理和服务体制进一步改革的重点。

公共服务型政府的提出就是中国政府改革在既有的轨道上对新形势的回应。转变职能虽然一直是改革的重点，但是基本上都停留在解决政企分开问题上，公共服务并没有作为政府职能被单独提出来。1997年党的十五大报告在谈及政府职能转变的时候，开始把"服务"作为改革的目标。报告指出："根据精简、统一、效能的原则进行机构改革，建立办事高效，运转协调，行为规范的行政管理体系，提高为人民服务的水平。"2002年党的十六大报告，在转变政府职能的传统提法基础上提出了"深化行政管理体制改革"的目标，要"进一步转变政府职能，改进管理方式，推进电子政务，提高行政效率，降低行政成本形成行为规范、运转协调公正透明、廉洁高效的行政管理体制"。而2003年《中共中央关于完善社会主义市场经济体制若干问题的决定》则对政府职能转变提出了更为明确的目标，即"切实把政府经济管理职能转到为市场主体服务和创造良好的发展环境上来。"这可以看作是对公共服务型政府的最初提法。

在某种意义上，2003年出现的"非典"事件可以被看作是公共服务型政府改革目标确立的转折点。这个事件不仅反映出政府应对公共问题能力

的不足，更揭示了长期忽视公共品投入带来的潜在危险。2003 年 9 月 15
日，温家宝在国家行政学院省部级干部政府管理创新与电子政务专题研究
班上的讲话中指出，"非典疫情的发生和蔓延，给我们的一个重要启示，就
是要在继续加强经济调节和市场监管职能的同时，更加重视政府的社会管
理和公共服务职能"。"经济调节、市场监管、社会管理和公共服务，是社
会主义市场经济条件下政府的四项主要职能。"2004 年 2 月 21 日，温家宝
在省部级主要领导干部"树立和落实科学发展观"专题研究班结业式上的
讲话中，进一步明确了公共服务的内容："提供公共产品和服务，包括加强
城乡公共设施建设，发展社会就业、社会保障服务和教育、科技、文化、
卫生、体育等公共事业，发布公共信息等，为社会公众生活和参与社会经
济、政治、文化活动提供保障和创造条件，努力建设服务型政府"。在 2004
年的全国人代会上，温家宝在陕西代表团听取意见时再次指出，"社会服务
这项任务太重要了，管理就是服务，我们要把政府办成一个服务型的政府，
为市场主体服务，为社会服务，最终是为人民服务"。在这次大会的政府工
作报告中，"服务型政府"建设的五项具体内容被提了出来：管理方式、行
政效率、部门协调、群众参与、政务公开。至此，公共服务型政府在官方
文本中得到了系统阐发。

　　围绕着公共服务型政府改革目标的提出，学术界也开始全面研究这个
问题。这些研究有利于我们更准确地把握公共服务型政府的本质和内容，
避免在改革中陷入一些认识和实践误区。有学者对公共服务型政府的各种
定义进行了归纳，认为有四种定义。①从政府提供公共产品与公共服务的
职能出发，认为"服务型政府，就是提供私人和社会无力或不愿提供的、
却又与其公共利益相关的非排他性服务的政府"。②从政府角色和职能转变
出发，认为"服务型政府是指政府由原来的控制者改变为服务者，意味着
施政目标由机关和专家决定到由民众希望和合法期待来决定，政府以控制
管理为要务转变为以传输服务为要务，管理目标由经济领域转移到公共服
务领域"。③从与传统政府比较而言，认为"服务型政府主要是针对我国传
统计划经济条件下，政府大包大揽和以计划指令、行政管制为主要手段的
管制型政府模式而提出的一种新型的现代政府治理模式"。④从公民的需求

出发，认为服务型政府是"在公民本位、社会本位理念指导下，在整个社会民主秩序的框架下，通过法定程序，按照公民意志组建起来的以为公民服务为宗旨并承担服务责任的政府"。[①] 这些定义强调了服务型政府的各自侧面，反映了政府提供服务的基本内容，但是就公共服务型政府来说，只侧重于某个方面都容易忽视了公共服务型政府的本质，忽略公共服务的基本内容。

就公共服务型政府的本质来说，它必须是民主政府。只有通过民主授权的方式产生的政府才能保证政府提供的服务在指向上是公共的，并且对公共的需求做出及时的回应，不断完善所提供的服务。比较而言，法治政府、责任政府、效益政府、电子政府、透明政府、回应政府这些内容都是在民主政府基础上形成的公共服务的次级属性。没有民主政府做保障，这些属性就无法持久地存在下去，被政府所遵从。就公共服务本身来说，只有通过不断地扩展和深化民主，才能一方面对政府不断地产生压力和有效约束，规范其行为，避免用公共服务牺牲政治参与；另一方面通过提高社会的自组织能力，分担部分政府服务的职能，使公共服务从单纯地依靠政府转向政府与社会的共同分担。

必须看到，在中国，公共服务型政府建设，不仅要强调政府的服务取向，更要强调政府的"公共"性，这样才能明确服务的目标指向是社会整体，而非社会团体；是培养参与的公共精神，而非购买公众的顺从。同时，政府提供的公共服务不能被简单地等同于企业提供的服务，用市场导向—顾客导向的逻辑来解读政府公共服务的行为，把服务型政府建设简化为建立政务服务中心或超市，实现政府部门集中办公一条龙式的服务，提供各种便民措施，开展"上门服务""微笑服务"等。这样的结果只可能使服务型政府建设停留在表面文章，甚至走向"作秀"，因为政府为社会公众提供服务不仅要满足他们的物质需求，更要培养他们的公共精神；提供公共服务的不是某个或某几个部门的职责，而是整个政府的基本功能。公共服务既是服务的过程，也是授权和参与的过程；既是某个政府部门的具

---

① 孙秀艳：《我国建立服务型政府理论研究述评》，《中共福建省委党校学报》2004 年第 9 期，第 20～24 页。

体职责，也是整个政府协同完成的任务。只有在强大的社会的推动和监督下，政府才能时刻回应社会的要求，只有通过各个部门的合作，才能把政府的效力发挥到最大限度。

四　结论：目前公共服务型政府建设的重点

自公共服务型政府作为改革目标被正式提出以来，各级政府以及政府的各个部门都出台了各种措施来加以落实，并取得了一定的成效，但是作为其他领域改革的重要前提，政府管理体制改革还面临许多困难和障碍，如迟福林所说，"公共服务应该成为政府本身的理念，现在的问题不在于认识层面，而在于利益层面。"①

对于公共服务的具体内容和措施，本章不作为论述的重点，因为只就公共服务本身来谈服务，很容易陷入技术主义的误区，只把重点放在改革服务的程序、手段等技术层面上，有意或无意识地绕开制约改革深入的体制性障碍。客观地说，要改革和完善公共服务不仅需要技术细节上的调整，更需要制度层面上的创新，这样才能为公共服务的持续改善提供全方位的支持。

从制度角度而言，目前公共服务型政府建设的重点应该包括以下内容。

首先，完善和落实授权机制和责任机制，有效地激励和约束政府行为，提高政府的回应性。政府是公共权力的代表，权力来自人民的授予；其履行的公共服务职责，针对的目标也是社会公众。"权为民所用"的核心就是权力来自人民，并服务于人民。授权机制的落实有赖于民主机制的完善，而责任机制的落实则是基于责任的明确划分和有效的责任追究。其次，加强政府能力建设，使政府能够完成自己承担的职责。能力建设能够直接提高政府运行的效率、有效性和回应性。② 能力不足的政府无法完成其承担的

---

① 迟福林：《建设公共服务型政府》，《北方经济》2005 年第 4 期，第 23 页。
② Merilee S. Grindle, 1997, "The good government imperative: Human resources, organizations, and institutions," In Merilee S. Grindle, ed. *Getting Good Government: Capacity building in the public sectors of developing countries*, Cambridge, MA: Harvard University Press.

基本职能，更难以回应社会的要求。政府能力建设涉及多个层次和多个主体，忽视任何一个部分都会影响政府能力的有效发挥。各层级政府、各个政府部门、各级领导成员以及普通公务人员都需要提高自身的能力。必须强调的是，部门和机构的能力除了依靠完善有效的制度建设外，还需要强大而合理的人员结构支撑；而在人员培训中，不仅要重视现代管理技术的学习，更要强调公共精神和服务精神的培养。政府公务人员首先应该是社会道德的模范。再次，加强整体政府的建设，实现政令的贯通，降低政府系统运行的内部成本。整体政府包括纵向关系和横向关系两个层面的内容。在纵向上，各级政府之间要有明确合理的事权、财权划分，保证上级政府的政令能有效贯彻，下级政府有主动性和能力完成自己应尽的职能；在横向上，各个政府部门在权责明确划分的前提下，能够协调行动，共同处理日益增多的跨部门、跨领域问题，减少相互推诿、扯皮现象。最后，培养社会的良性发展，提高其自组织能力。为社会的健康发展提供有利的环境既是公共服务的基本目标之一，也是减轻政府负担的根本措施之一。只有让社会健康地发展起来并参与公共管理，政府才能逐步退出一些管不好也管不了的领域，同时社会组织能力的提高也能分担政府的部分职能，从而使政府能够把有限的资源用于最需要的公共服务领域。当然，社会的健康发展也能对政府产生有效的制约，从根本上实现民主授权原则。

第十一章

走向社会权利导向的社会管理体制[*]

现代社会管理是控制与服务有机结合的过程，这一过程不仅是对社会成员的控制，还是通过组织化的方式对个体社会权利的保障和实现。家庭、不同形式的社群、社会组织、国家等具体组织构成了社会管理的主体，实现了社会的组织化，也以不同方式实现了个体作为其成员的权利。然而，这些组织化实体在功能和覆盖范围上是有等级的，国家是其中功能最完备，覆盖范围最广的组织，是社会管理的核心主体。在现代社会，市场经济、主权国家、公民社会形成了社会管理的基本结构。社会管理在一般意义上说就是三者在实现社会控制，维护社会权利，解决社会问题过程中形成的互动关系。

中国的社会管理体制建设，是在市场化、工业化、城市化、全球化这样的多重社会转型背景下推进的。社会管理体制首要面对的是这些转型对社会个体、社会组织以及整个社会带来的冲击以及负面影响，要维护社会的团结与和谐，并为个人的平等发展提供制度化条件。维护社会权利自然是社会管理体制建设遵循的核心价值，而消除现有的阻碍社会权利公平实现的体制机制，建立有利于社会权利发展的制度环境，实现社会的再组织化应该成为中国社会建设的重点。

---

*　本章主要部分曾发表在《华中师范大学学报》2010 年第 1 期。

一　社会管理与社会治理

要实现秩序，就需要管理。社会秩序的形成也需要管理的存在。从广义上说，经济领域、政治领域、文化领域的管理都可以被称作"对社会的管理"。但是，如果把社会领域与经济领域、政治领域、文化领域等并列看待，作为社会系统中的子系统，那么就需要界定一下狭义的"社会管理"。①这里的社会领域指的是个人、家庭、种族以及各类社会组织（共同体）在经济领域、政治领域、文化领域之外所处的地位，所从事的活动以及在活动中形成的交往关系、交往空间和交往话语等的集合。在国家—公民社会—市场这个三分法的结构中，社会领域几乎是与公民社会重合的，但不是后者专属的领域。

根据国内学者的研究，目前国内谈论的"社会管理"在西方话语中并没有完全对应的概念。西方社会所说的社会管理并不必然是政府的社会管理，公共部门、私营部门，乃至第三部门都可以进行有效的社会管理。②在中国，对社会管理的理解带有强烈的"国家（或政府）中心论"色彩。显然，这种理解有其观念和制度方面的支撑。在观念上，社会被认为是"需要管理"和"可以管理"的；在制度上，国家改造了社会，并且正在创建新的公民社会。从制度生产过程来看，社会是后于国家成长出来的。国家设定了社会的地理边界，并且划定了社会活动的合法性边界。对于国家来说，社会管理就是把社会有效地组织起来，控制国家与社会以及社会内部的冲突。这种背景直接影响着中国学者对社会管理的定义。许多定义都直接或间接把社会管理等同于"政府的社会管理"。比如社会学者李培林就把社会管理定义为，"政府运用法律、法规、政策直接或间接地对社会发展不

---

① 周敦耀：《关于社会管理学的几个问题》，《广西大学学报》1995年第6期。

② 陈振明等：《政府社会管理职能的概念辨析——〈"政府社会管理"课题的研究报告〉之一》，《东南学术》2005年第4期。

同领域和各个环节进行组织、协调、服务、监督和控制的过程"。[1]

在社会主体多元化和社会自主管理的背景下，政府并非社会管理的唯一主体，尽管它是最具权威性和制度化的主体。除了政府之外，社会管理必然需要其他社会主体参与。因此，社会管理应该是政府或国家主导，多主体参与的。从这个意义上说，社会管理带有明显的"治理"色彩。如果要对政府主导的社会管理体制进行改革的话，那么实现其"治理化"就是改革的重点之一。

近年来，随着"治理"理论在中国的引入，[2] 对社会管理"治理化"的认识日益清晰，并且成为官方和学界的共识。所谓社会管理的"治理化"有两层含义。一是社会管理的主体除了政府或国家外，还包括各类社会组织以及公民个人；二是社会管理不仅包含政府利用行政法律等强制手段进行的管制、约束和规范，更包括政府与其他社会组织提供的公共服务以及社会的自我管理。时任民政部部长李学举在一篇文章中就把社会管理定义为，"主要是政府和社会组织为促进社会系统协调运转，对社会系统的组成部分、社会生活的不同领域以及社会发展的各个环节进行组织、协调、服务、监督和控制的过程。"[3] 这种认识也被写进了党的文件中。2006 年，《中共中央关于构建社会主义和谐社会若干重大问题的决定》提出了"党委领导、政府负责、社会协同、公众参与"的社会管理格局，并强调社会管理也是服务，要"在服务中实施管理，在管理中体现服务"。[4] 在国内一直倡导"治理"理念的何增科教授及其团队则用"民间组织"替代了官方所说的"社会组织"，把社会管理定义为"政府和民间组织运用多种资源和手段，对社会生活、社会事务、社会组织进行规范、协调、服务的过程，目的是满足社会成员生存和发展的基本需求，解决社会问题，提高社会生活

---

① 李培林：《社会建设与社会和谐》，载于李培林、李强、马戎主编《社会学与中国社会》，社会科学文献出版社，2008，第 893 页。

② 俞可平主编《治理与善治》，社会科学文献出版社，2000。

③ 李学举：《加强社会建设和管理，促进社会和谐与发展》，《求是》2005 年第 7 期，第 16 页。

④ 《十六大以来重要文献选编》（下），中央文献出版社，2008，第 662 页。

质量"。①

　　然而，多元参与只是社会管理"治理化"所依托的体制机制，而实现"社会权利"才是社会治理的价值归宿或最终目标。显然，现有的许多定义都忽视了这点，只强调了社会管理是多主体参与的过程，忽视了社会管理的目的是实现、维护和发展好公民的社会权利，即个体在社会中享有的基本的生存权和发展权。因此，在现代国家和市场经济背景下，社会管理有两个基本内容：一是实现和维护公民的社会权利；二是把多元化的社会有效地组织起来，实现国家与社会互动的结构化。但是，后者是以前者为前提的，前者的实现则以后者为条件。所谓的社会建设，就是社会权利的实践化与社会组织化、结构化的互动过程。

二　社会权利与社会治理

　　作为社会管理和社会建设的核心价值，社会权利是所有社会成员都应该享有的作为社会成员的基本权利资格。虽然这个概念是一个现代产物，但是在每个传统社会中都有对社会成员基本权利资格的规定。在中国，社会权利的思想可以追溯到儒家经典。比如孔子说，"人不独亲其亲、不独子其子，使老有所终、壮有所用、幼有所长，鳏、寡、孤、独、废疾者皆有所养"；孟子讲，"老吾老以及人之老，幼吾幼以及人之幼。"尽管每个社会对于社会成员的基本权利资格都有各自的规定，但是只要成为社会的成员，就要享受社会权利。

　　现代意义的社会权利，是由英国人马歇尔第一次系统论述的。② 他在《公民权与社会阶级》这篇由演讲汇总而成的文章中，根据英国的社会历史经验，讨论了公民权这个概念及其历史发展路径。在他看来，公民权包括

---

① 何增科主编：《社会管理与社会体制》，中国社会出版社，2008，第4页。
② 关于马歇尔的"公民权"思想的系统介绍，请参考陈鹏《公民权社会学的先声——读 T. H. 马歇尔〈公民权与社会阶级〉》，《社会学研究》2008年第4期。

三个基本维度，即民事权（civil rights）①、政治权（political rights）、社会权（social rights）。"民事因素由个人自由所必需的各种权利组成：包括人身自由，言论、思想和信仰自由，占有财产和签署有效契约的权利以及寻求正义的权利……与民事权最直接相关的机构是法院。政治的要素，我指的是作为政治权威机构的成员或此种机构成员的选举者参与行使政治权力的权利，与其相对应的机构是国会和地方政府的参议会。至于社会的要素，我指的是从享受少量的经济和安全的福利到充分分享社会遗产并按照社会通行标准享受文明生活的权利等一系列权利，与之最密切相关的机构是教育系统和社会服务。"②

马歇尔认为，在英国，公民权的三个要素并非同时出现的，而是经历了"浪潮式"的发展过程，民事权主要发展于 18 世纪，政治权对应于 19 世纪，社会权则对应于 20 世纪。比较而言，在三种权利中，社会权利出现的最晚，发展过程也最复杂。在 20 世纪之前，社会权是与公民权地位相分离的，社会权并没有成为公民权的组成部分，其直接表现是社会权原则被公开否定，如《济贫法》、斯宾汉姆兰体系等虽然提供了现代意义上的社会权利所包含的服务，但主要将其看作一种救济，并且享有这种救济要以放弃公民权为前提。直到 19 世纪末期，随着公共基础教育的发展，社会权获得复兴并重新嵌入到公民权结构中。德国《魏玛宪法》颁布后，马歇尔据此将社会权利归纳为四个方面：一是最基本的经济福利与安全；二是完全享有社会遗产；三是普遍标准的市民生活与文明条件；四是年金保险，保障健康生活。③

马歇尔对社会权利的考察和分析，虽然是建立在英国经验基础上的，并且与西欧各国的发展历史并不吻合（部分西方国家引入选举和福利计划的时间见表 11 - 1），但是对于我们理解社会权利的一般发展过程以及社会管理仍具有启发意义。

---

① 国内许多学者将其翻译成"公民权"，但这很容易与"公民资格"混淆在一起，笔者这里使用的是部分学者的译法。

② T. H. Marshall & Tom Bottomore, *Citizenship and Social Class*, London：Pluto Press. p. 8.

③ T. H. Marshall. Class, *Citizenship, and Social Development*, Garden City, NY：Anchor.

表 11 – 1　部分西方国家引入选举和福利计划的时间

单位：年

国家	成年男子普选	全民普选	工伤	健康	养老金	失业
奥地利	1907	1918	1887	1888	1927	1920
比利时	1919	1948	1971	1944	1924	1944
丹麦	1849	1915	1916	1933	1922	—
芬兰	1919（共产主义者除外）	1944	1895	1963	1922	—
法国	1848	1946	1946	1930	1937	1967
德国	1849（有财产限制）	1946	1884	1883	1889	1927
意大利	1919（有限制）	1946	1898	1928	1919	1919
荷兰	1917	1919	1901	1929	1913	1949
挪威	1898	1913	1894	1909	1936	1938
瑞典	1918	1918	1916	1953	1913	—
英国	1918（30 岁以上的全部男女公民）	1928	1946	1911	1925	1911

数据来源：张夏准：《富国陷阱：发达国家为何踢开梯子？》，肖炼等译，社会科学文献出版社，2007，第 121～122 页；〔美〕唐纳德·萨松：《欧洲社会主义百年史》（上），姜辉等译，社会科学文献出版社，2007，第 161 页。

第一，社会权利是社会成员分享社会发展成果和拥有文明生活条件的基本权利资格。但个体享受的社会权利，不同于个体的自由，是必须在社会中才能实现的权利。因此社会权利在本质上不是占有，而是分享；不仅是获得社会利益，还是对整个社会的责任。要保证一个社会的存续，就必须使社会的每个组成成员都享有基本的共同权利，这样才能使社会成员之间有相互交往与合作的基本制度条件，也能使全体社会成员对整个社会形成基本的共识。更重要的是，社会内部的分化越剧烈，就越需要这些基本的共同权利，以缓和可能出现的冲突与矛盾。

第二，社会权利是在一定的经济发展水平上形成的。马歇尔提及的公共教育、医疗保健以及充分就业是市场经济条件下的社会需要，而且也只有在现代经济发展水平下才能够得到实现，成为全体社会成员可以享受到的普遍权利。更为重要的是，社会权利的提出，是对市场力量的抗衡。这一点在考斯塔·艾斯平—安德森那里得到了充分论述。他对三种福利资本主义的分析就是从社会权利出发的，三种不同的模式表明了社会权利实现和保障的三种不同制度结构。在他看来，社会权利是"'非商品化'的容纳能力"。判断社会权利的标准是，它在多大程度上允许人们依靠纯粹市场力量之外的力量去改善其生活水准。在这个意义上，社会权利削弱了公民作为"商品"的地位。[①]

第三，社会权利的实现需要一定的制度条件。福利国家制度就是围绕社会权利的实现而形成的一套制度。尽管对于福利国家有着不同的定义，但一般的看法是，福利国家就是对于公民的一些基本的、最低限度的福利富有保障责任的国家。[②] 国家不仅赋予社会成员一定的权利，还要处理要与市场与家庭之间的关系。而正是在处理这些关系的过程中，社会权利不再只是个人的权利，而成为具有"社会意义"的权利，即社会权利是保证企业竞争力和最大限度地适应经济发展的过程的一种"生产性投资"。[③]

第四，与公民权的其他组成要素相比，社会权利的实现过程更为复杂。这有两个根本原因，一是社会权利的实现是通过社会福利、社会服务来体现的，所以必须具备一定的物质条件；二是社会权利的实现涉及社会各阶层关系的调整以及国家、家庭、企业、社会各类组织的功能调整，是社会利益和社会责任重新分配的过程。

第二次世界大战结束后，《世界人权宣言》以下简称《宣言》的发表使"社会权利"概念在世界范围内得到承认。《宣言》的第 22 条至第 27 条提及了社会权利的具体内容。《宣言》指出："每个人，作为社会的一员，有权享受社会保障，并有权享受他的个人尊严和人格的自由发展所必需的经济、社会和文化方面各种权利的实现"1966 年通过的联合国《经济、社会

---

① 〔丹〕考斯塔·艾斯平－安德森：《福利资本主义的三个世界》，郑秉文译，法律出版社，2003，第 4 页。

② 〔丹〕考斯塔·艾斯平－安德森：《福利资本主义的三个世界》，郑秉文译，法律出版社，2003，第 21 页。

③ 郑秉文：《福利资本主义模式的变迁与比较——政治经济学的视角》，载于考斯塔·艾斯平－安德森《福利资本主义的三个世界》，郑秉文译，法律出版社，2003，第 318 页。

和文化国际公约》则涉及工作权、社会安全、免于饥饿、受教育以及参加文化生活的权利等。另外，1961 年的《欧洲社会宪章》则承认人民享有工作权、公平待遇权、受教育权、健康权和接受社会救助等社会权利。①

从 1990 年开始，联合国开始发布《人类发展报告》。报告所倡导的价值以及制定的"人类发展指数"大大推动了社会权利理念的普及，特别是其在各国政策制度中的实现。联合国所倡导的"人类发展"理念是：人类尊严、全民人权、自由、平等、公平和社会正义是所有社会的基本价值，人类发展的目标是扩大人的选择能力和自由权利，并最终让所有人过上有尊严的生活。② 联合国设计的评价各国发展成就的"人类发展指数"包括预期寿命、成人识字率和人均 GDP 三项具体指标，分别反映了人的长寿水平、受教育水平和经济发展水平，代表了人类的三种能力：健康长寿的能力；获得文化、技术和分享社会文明的能力；摆脱贫困和不断提高生活水平的能力。③ 在联合国的倡导下，2000 年，各国还签署了《千年发展公约》，确定了具体的新千年发展目标，在联合国千年发展的八个目标中，有五个是社会发展目标。社会发展首先在提醒人们，发展的目的是人类和人类福祉，而不是物质或 GDP 数字。2002 年的约翰内斯堡世界峰会对于可持续发展做出了更加明确的概括：可持续发展包含"经济的，环境的和社会的三个组成部分"（有人将其称为三个支柱理论），会议认为这三个部分最好融为一体。但是，发展的目标既不是环境，也不是经济，而是社会，所以作为第三支柱的社会应当包括社会体制以及生活质量。

随着对公民权研究的深入，社会权利的内容也更加具体化。有学者将公民权划分为法律权利、政治权利、社会权利和参与权利。④ 社会权利包括：①促进能力的权利，如医疗卫生保健、养老金、康复治疗、家庭咨询服务；②机会权利，如学前教育、初等和中等教育、高等教育、教育咨询

① 徐振东：《社会基本权理论体系的建构》，《法律科学》2006 年第 3 期。

② 联合国开发计划署：《人类发展报告 2003——千年发展目标：消除人类贫困的全球公约》。

③ 中国发展研究基金会：《中国人类发展报告 2005——追求公平的人类发展》，中国对外翻译出版公司，2005，第 3 页。

④ 〔英〕恩靳·F. 伊辛、布雷恩·S. 特纳主编《公民权研究手册》，王小章译，浙江人民出版社，2007。

服务；③再分配和补偿的权利，如战伤抚恤、工伤抚恤、低收入者权利、失业补偿、侵权补偿。参与权利包括：①劳动力市场干预权利，比如劳动力市场信息获取权、就业安置、就业机会创造、免于就业歧视、就业保障；②建议、决定权利，比如劳资联席会、协调会、集体谈判权、共同决策权（人力资源决策）；③资本监控权利，如工薪者基金、中央银行调控、地方投资决策、反托拉斯和资本逃逸法、共同决策权（战略决策）。显然，从广义上说，这里谈到的参与权利也属于社会权利的范畴。

这些研究说明了，社会权利内容的界定以及权利的实现途径是由具体的社会历史文化制度条件决定的，每个国家都应该选择适合本国国情的社会权利实现制度。这点得到了《世界人权宣言》的肯定。正如米什拉所说，"一个国家有其经济、政治和社会的历史。在任何既定的时刻，国家也有一套制度来规范生产和分配，管理冲突，制定社会决策和维护社会价值观"。①

社会权利的实现是普及资格和增强能力的双重过程。普及资格就是使社会全体成员都能分享到社会发展的成果，增强能力则体现为社会权利的最终实现必须依靠个人和社会组织能力的提高。没有社会主体性的建设，就不可能有真正意义上的社会权利实现。因此，均权和赋权是社会权利实现过程中一个硬币的两面。赋权已经得到了国际社会的广泛认同，并且有助于用"社会本位"的新的发展范式来替代长期形成的"经济主义"的发展范式。后者把社会权利的实现简单等同于经济的增长和福利的提供，② 忽视了人的发展的全面性和人的主体能动性才是社会权利的核心。

马克思在谈到人的发展的时候，早就说过"社会的每一个成员都能完全自由地发展和发挥他的全部才能和力量，并且不会因此而危及这个社会的基本条件"③，只有这样，也必须这样，才能够使得"个人的独创的和自由的发展不再是一句空话"④。诺贝尔经济学奖获得者阿玛蒂亚·森从能力

---

① 〔加〕R. 米什拉：《资本主义社会的福利国家》，郑秉文译，法律出版社，2003，第 10 页。
② 〔美〕约瑟夫·斯蒂格利茨：《转向一种新的发展范式》，《经济社会体制比较》2005 年第 1 期。
③ 《马克思恩格斯全集》第 42 卷，人民出版社，1979，第 373 页。
④ 《马克思恩格斯全集》第 3 卷，人民出版社，1960，第 516 页。

角度对发展理论的研究，深化了当代对社会权利包含的"赋权"内容的认识。在他看来，社会的发展与能力的提高密切相关，而能力的提高依赖于自由的实现。发展应该使我们生活得更充实，拥有更多的自由。而个人的可行能力严重依赖于经济、社会和政治的安排。经济条件、政治自由、社会机会、透明性保证以及防护性保障这些工具性权利与自由的实现有着高度的相关性。"扩展我们有理由珍视的那些自由，不仅能使我们生活得丰富和不受局限，而且能使我们成为更加社会化的人。"[1]

　　基于上面的论述，笔者提出，应该从社会权利和社会治理两个方面来理解我们当前正在建设和完善中的社会管理体制。社会管理就是以实现和维护社会权利为目标，发挥多元治理主体的作用，提供、调整和增进社会福利，推动个人发展和社会有序和谐的过程。社会权利是社会管理的根本目标，社会治理是社会管理实现的基本机制（社会管理基本结构见图11-1）。

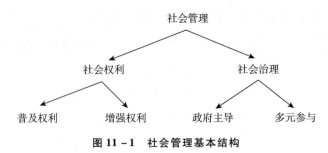

图11-1　社会管理基本结构

　　社会治理的理想类型详见图11-2，在类型Ⅰ中，社会权利和社会治理水平都很高，表明社会管理既能提供公民发展所需要的服务，也能为社会的参与和合作提供制度化平台；在类型Ⅱ中，社会权利水平低，社会治理水平高，表明该社会的社会管理虽然有多主体参与，但是困于经济发展程度和制度完善水平，还不能为公民普遍获得的社会权利提供有力的物质支撑和制度保障；在类型Ⅲ中，社会治理水平低，社会权利水平高，表明该社会的社会权利主要来自国家或政府的垄断性提供，社会参与相对不足；在类型Ⅳ中，社会治理和社会权利水平都很低。整个社会缺乏有效的秩序，

───────────────

[1]　〔印〕阿玛蒂亚·森：《以自由看待发展》，任赜、于真翻译，中国人民大学出版社，2002，第10页。

公民的社会权利也无法得到保障。

图 11 - 2 社会治理的理想类型

通过对这四种理性类型的比较，我们可以归纳影响社会管理水平的三个主要因素：①有效的国家管理。国家是社会管理的主导，它为社会管理和社会权利实现提供的最重要的公共品就是稳定的秩序，其次是有关社会分配和社会福利的制度。没有有效的国家管理就没有有效的社会管理；②合作的社会主体或社会的组织化水平。社会管理在本质上是多元化的，需要多样的社会主体参与。多主体的参与能够分担国家的负担，并且制约国家权力的过度扩张。更重要的是，越来越多的证据表明，如果没有合作，多元参与也会破坏社会管理的有序进行，无法达成有效的社会治理。因此，一个多元而合作的社会有利于提升社会管理水平；③一定的经济发展水平。社会权利的实现是需要物质条件的，因为诸多社会权利在表现形式上就是社会福利的提供，这必须依靠经济的发展。无论是市场经济还是计划经济都能创造出一定的经济发展水平。但是当今，市场经济作为一种经济运行基本机制已经在世界范围内得到普及，因此，市场化水平和经济发展水平对于社会管理来说同样重要。从这三个因素来看，所谓的社会管理体制实际上就是国家、社会与市场三种互动关系在制度机制层面上的具体体现。社会管理调节着这三者的关系，也反映着三者之间的关系。

从国家—社会—市场这个关系角度理解社会管理已经得到许多人的认可。根据这个分析框架，我们可以进一步把社会管理做如下界定。

首先，社会管理是由政府主导的管理。在现代国家这个宏观制度背景下，社会管理尽管具有一定的独特性，但并不意味着它已经脱离了政府管理范畴，成为独立的社会自我管理过程。在地理边界上，每个单独的社会都是与民族国家重合的。作为有边界的系统，近代以来，随着民族国家的形成，"社会学家的'社会'，至少在现代性的时代就是指民族国家，但这通常是隐含的等同，而不是外显的理论化等式。"① 阿伦特也认为，社会的出现是早晚的事情，它代表了西方政治经济组织的转型，并且在民族国家中形成了自己的形态。② 国家通过地理边界、民族主义以及一系列的管理手段，把个体组成的社会凝聚在一起，从而形成了国家规模的社会，国家也依靠其对暴力的垄断成为社会管理的最终决定者。

其次，社会管理也是有社会参与的管理。国家进行的社会管理并非纯粹强制性的，而是一种"反思性监控"，即国家依靠社会的方法来管理社会。用福柯的话说，就是国家的"治理术"。③ 在他看来，治理术是对人口管理的一整套知识和复杂的治理机器、机构和程序。现代性的发展不仅是"社会的国家化"，更是"国家的治理化"，即不断发展的公民社会不是简单地屈从于日益增强的国家管理，而是通过自身影响国家，使国家通过社会管理来延续自己。对于国家来说，"社会管理是对法治的弥补和支撑。法律与管理不是分离和矛盾的，而是相互限制、相互依存的。就保全国家和市民社会来说，它们是同一活动的不同形式。通过它们，国家建构、调整、编排和隔离市民社会的机体，无论是人的身体还是非人的机体"。④ 社会管理提高了政府管理的"精细化"程度，并且使其"去暴力化"。

最后，社会管理是对市场扩张行为的对抗。波兰尼对市场经济发展的历史考察说明，市场经济的发展，必然需要国家站出来，来保护社会，从而形成了与市场扩张同步进行的"社会保护运动"。在他看来，自我调节的市场与社会的保护性反应的双重运动不仅是 19 世纪的根本标志，而且是 20 世纪民主的工业社会经济的首要制度动力。用波拉尼的话说，"19 世纪的社

---

① 〔英〕安东尼·吉登斯：《现代性与自我认同》，赵旭东等译，三联书店，1998，第 16 页。

② 〔美〕汉娜·阿伦特：《文化与公共性》，三联书店，1998，第 62 页。

③ Foucault, Michel Governmentality, in Graham Burchell, Colin Gordon, & Peter Miller (eds.), "The Foucault Effect: Studies in Governmentality," *Hemel Hempstead: Harvester Wheatsheaf*, pp. 87 – 104.

④ 〔英〕马克·尼奥克里尔斯：《管理市民社会》，陈小文译，商务印书馆，2008，第 213 页。

会历史就是一种双重运动的结果……一方面市场扩展到全球的所有角落，市场中的商品的数量以令人无法置信的比例增长，另一方面一个政策措施因被整合进强有力的制度之中，后者的目的是限制市场对于劳动力、土地和货币的行动……社会保护自己免遭自我调节的市场制度内在具有的灭顶之灾——这是这个时代历史的一个全面特征。"[1] 社会管理就是社会保护的重要组成部分。对福利国家体制的研究也表明，"非商品化"是社会权利的核心内容。它意味着劳动者作为社会成员的权利是不可交易的，个人的社会福利独立于其收入并且不受其购买力的影响。从这个意义上说，社会权利就是对公民个体作为"劳动力商品"这种身份或地位的反动、限制或削弱。[2] 目前，市场化的第三波浪潮正在席卷全球，身体、土地、环境等自然物业在商品化，劳工权利和社会权利受到了威胁，国家对社会的保卫在削弱，因此，社会也要强大起来，来对抗来自经济和国家的双重威胁。[3] 在这个意义上，国家主导的社会管理也要向社会主导的社会管理转变。

按照社会权利和社会治理这两个标准，我们比较容易把社会管理与政府管理、企业管理、公民社会组织管理清晰地区分开来。这是三种不同管理主体所承担的管理，有不同管理手段，并且有不同的价值取向。企业管理要采取经济手段应对市场风险，收益最大化、成本最小化是其基本价值；政府管理有更为宽泛的内容，但管理主体是作为公共权力代表的政府，其采用的手段多样，包括行政法律经济等，遵循的原则是稳定和安全；社会管理在很大程度上也是政府管理的内容，但是与其他形式的政府管理相比，手段上更少一些强制性，更强调社会的自主性和参与性，价值目标更侧重于对社会利益和个人权利的维护。公民社会是由大量的组织组成的，这些组织是根据自愿原则形成的，在法律和内部约定的条件进行自我管理。但是诸多的公民社会组织也要服从政府的管理，更重要的是，它们参与着政府主导的社会管理，并在其中扮演着重要角色。

与这三种管理相比，社会管理有三个突出特点。第一，社会管理的主

---

[1]　Karl Polanyi, *The great transformation*, Boston：Beacon press, 1957, p. 76.

[2]　郑秉文：《社会权利：现代福利国家模式的起源与诠释》，《山东大学学报》2005 年第 2 期。

[3]　〔美〕麦克·布洛维：《公共社会学》，沈原等译，社会科学文献出版社，2007。

体是多元的。政府虽然在其中发挥着主导作用,但是无法替代社会组织以及公民个人的作用;第二,社会管理是以服务为主要内容的,因此管理的手段更侧重于协调和参与;第三,社会管理是以维护和增强社会权利为价值取向的,强调公平,并不谋求效益的最大化和政府的全部包办替代(见表 11-2)。

表 11-2   社会管理与其他三种类型管理的比较

管理类型	管理主体	管理目标或价值	主要的管理手段
政府管理	各级公共权力机关	稳定、安全	以暴力垄断为基础的强制与非强制手段并存
企业管理	市场主体	利润最大化	经济激励、强制性手段
公民社会组织管理	社会主体	公益和自愿	参与、合作
社会管理	多元主体,政府主导	社会公正	福利提供、参与

社会管理的"治理化"特征,使得其与政府管理、企业管理、公民社会组织管理三种类型的管理存在着交叉和相互学习借鉴的关系。所谓的交叉,指的是政府、企业、公民社会组织都是社会管理的主体,承担着社会管理的职能。即便是企业这种功能单一的组织,也随着其社会责任意识的增强,更积极地参与到社会管理之中。作为社会管理的重要内容,社会服务的生产和提供也在从企业、公民社会组织那里学习,以提高服务的质量和效率。近年来公共服务的市场化改革,以及把公共服务转包给公民社会组织就体现了这点。

由于价值取向的差异,社会管理与其他三类管理,特别是政府管理和企业管理存在一定的矛盾。与可以使用强制手段的政府管理相比,社会管理是一种"柔性管理",更侧重于通过提供社会服务来协调各类社会关系,把个人、社会组织于国家的意志有机地结合在一起;与追求经济效益单一目的的企业管理相比,社会管理具有鲜明的"社会性",要考虑到全社会的全面利益以及个人权利。然而,社会管理也能够给政府管理和企业管理提供有力的支持。对于政府来说,管理社会是其职能之一,社会管理的有效实现,可以减少或避免政府对强制手段的使用,因此,社会管理在本质上是政府管理的延伸。对于企业来说，有效的社会管理可以为企业提供高质量的劳动者和良好的社会环境，减少企业的社会性支持。对于公民社会组织来说，社会管理将为其发挥作用提供更大的空间。

三　中国的社会变革与权利导向的社会管理体制建设

在中国，从"和谐社会"目标提出以来，社会管理体制改革被明确提上日程，社会建设成为与经济建设、政治建设、文化建设并列的改革内容，形成了"四位一体"的社会主义建设格局。"最大限度激发社会创造活力，最大限度增加和谐因素，最大限度减少不和谐因素社会"成为完善和改革社会管理体制的基本原则。[①]

中国有着丰富的社会管理思想资源和制度资源。在传统社会，皇权、绅权相互补充，国家和宗族相互支持，从而形成了针对农业社会的完整而有效的社会管理体制。毛泽东在《湖南农民运动考察报告》中对这种体制进行了形象的描述。他说："中国的男子，普通要受三种有系统的权力的支配，即：（一）由一国、一省、一县以至一乡的国家系统（政权）；（二）由宗祠、支祠以至家长的家族系统（族权）；（三）由阎罗天子、城隍庙王以至土地菩萨的阴间系统以及由玉皇上帝以至各种神怪的神仙系统——总称之为鬼神系统（神权）。至于女子，除受上述三种权力的支配以外，还受男子的支配（夫权）。这四种权力——政权、族权、神权、夫权，代表了全部封建宗法的思想和制度，是束缚中国人民特别是农民的四条极大的绳索。"[②] 毛泽东的论述虽然具有强烈的批判性，但是揭露了传统社会管理的基本组成要素。

近代以来，传统社会管理体制随着王朝体制的结束、现代化进程的加速而逐步瓦解，整个社会陷入动荡失序状态。中华人民共和国成立以后，

---

① 《十七大以来重要文献选编》（上），中央文献出版社，2009，第31页。
② 《毛泽东选集》第1卷，人民出版社，1991，第31页。

利用政党、国家和计划经济将整个社会重新组织起来，并建立起了完备的社会管理体制。这个体制的基本特征就是用以政党为代表的政治力量组织和统领社会，用各类单位管理个人，用阶级识别划分社会，用城乡分割限制流动，用计划的方式提供最基本的权利保障。整个社会的管理呈现出高度组织化、低水平社会权利保障的状态。由于城乡分割、单位分割、阶级区别，低水平社会权利保障又带有鲜明的"不均等性"。显然，这种社会管理体制是与高度集中的政治体制、计划经济体制相契合的，既是它们的派生物，又是对它们的支持和补充。

改革开放以来，随着市场化、工业化、城市化、全球化进程的加快，中国社会开始了全方位、深层次的变革。这些变革主要体现在以下几个方面。

第一，从整体社会向多元社会转变。改革开放前的社会是通过政治力量的全面渗透和控制而整合在一起的。政治力量的强制性和垄断性本质造成了社会结构的单一化和社会角色的模式化。政治力量一方面通过严密的单位体制规定了社会成员的分工，把它们统一在计划经济之中；另一方面通过严格的阶级标准把社会成员进行了区分，并以人民/敌人两分法把绝大部分人口统合在政权之中。这样，社会的每个成员都被政治力量规定了特定的功能，并且无法自我改变。改革开放以后，随着市场力量的发展以及政治力量的退让，社会多元化特征日益明显。这集中体现在两个方面。一方面是社会活动主体的大量增加。在经济领域体现为非国有法人以及在非国有经济单位中就业人口的迅速增加，在社会领域体现为各种新兴社会组织的出现。另一方面是社会活动主体的主体意识的增强。对自身权益的关注是主体意识增强的动力。主体意识的增强也推动着多元主体行为的自主性。

第二，从统一控制型社会向自主决策型社会转变。改革开放前的社会是通过政治力量的全面渗透和控制而整合在一起的。政治力量的强制性和垄断性本质造成了社会结构的单一化和社会角色的模式化。政治力量一方面通过严密的单位体制规定了社会成员的分工，把它们统一在计划经济之中；另一方面通过严格的阶级标准对社会成员进行了区分，并以人民/敌人两分法把绝大部分人口统合在政权之中。改革开放以后，随着市场力量的发展以及政治力量的退让，社会多元化特征日益明显。这集中体现在两个方面。一方面是社会活动主体的大量增加。在经济领域体现为非国有法人以及在非国有经济单位中就业人口的迅速增加，在社会领域体现为各种新兴社会组织的出现。另一方面是社会活动主体的主体意识的增强。对自身权益的关注是主体意识增强的动力。主体意识的增强也推动着多元主体行为的自主性的提升。随着社会自主决策能力的提高，整个社会服从统一决策的过程也更加复杂，成本更高，需要建立新的协调机制来整合多元化的决策主体。这无疑是对整个社会达成共识，提高集体行动能力的挑战。

第三，从分割的蜂窝社会向流动的网络社会转变。改革开放前的整体社会也是内部严密分割、对外相对封闭的社会。内部的分割主要是通过户籍制度和阶级划分实现的，体现为城乡分割和身份固定化；对外封闭则是对当时国际格局的直接回应，中国对于西方世界基本上是封闭的，对于东方阵营也强调独立自主。内部分割和对外封闭大大限制了整个社会的流动性，强化了制度的僵化。改革开放战略的实行是对内部分割、对外封闭的彻底否定，不仅在思想观念上消除了对流动与开放的恐惧感，而且通过各种制度创新和改革，不断消除着社会内外部流动与交流的障碍，使得资源、人员、资本、信息等现代社会生产生活的基本要素都获得了流动的机会，为经济发展提供了有力的支持，更重要的是增强了社会的活力，推动了社会结构的变革。在社会流动性和开放性增强的过程中，社会内部各种主体之间以及他们与外部社会各主体之间的联系也日益紧密，无形中成为相互影响的利益相关者。某个主体的消极行为或者受到的消极影响都可能通过各种各样的联系蔓延到更多的主体身上，阶层、国界等制度性边界无法阻挡他们的流动与扩散。

第四，从生产的社会向消费的社会转变。以计划经济的方式优先发展重工业，赶超西方发达国家一直是改革开放前中国经济发展的战略，因此产业分布、资源配置、积累方式以及消费方式等都是为集中发展生产，优先发展某些产业服务的。这不仅造成了整个经济结构的失衡，而且阻碍了生产发展对满足人民群众物质生活需要，提高生活水平的直接贡献。整个社会虽然生产增长，但消费匮乏。改革开放以后，满足人民群众物质生活需要成为经济发展的首要目标。人民群众的收入不断增长，消费能力不断增强，消费需要不断增长。在市场机制的推动下，生产领域更加顺应社会不断变化的需求。人民消费而非国家赶超成为社会经济增长的首要推动力，生产的社会转变为消费的社会，并且消费导向逐渐压倒了生产取向。在这样的社会中，一方面，各种产品消费的大众化和普及化增强了对资源的索取和利用，有可能恶化人与自然的关系；另一方面，消费的个性化、精致化和流行化等变化也体现了消费者主体性的发展。他们不仅关注日常消费中的自身利益，也通过消费建立着自我的认同以及相互关系。

第五，从国家财富的社会向个人财富的社会转变。国家、集体和个人一直被承认为社会的三大基本财富所有者。但是在计划经济体制下，由于高度强调公有制的纯粹性以及收入过度平均化，个人没有掌握一定数量的财产，因而也无法成为实质上具有独立性的财富主体。整个社会的绝大部分财富是由国家所有的，而国家权力的无限性，又使得所有社会财富实际都是由国家控制的，是可以被剥夺的。改革开放以后，整个社会的财富结构发生了巨大的变化，一方面国家控制的财富比例不断下降，民营企业和个人逐渐成为社会财富的重要所有者；另一方面个人财富得到了以所有权为核心的制度的保障，个人成为名副其实的财富拥有者。这些变化的发生不仅限制了国家权力调控、影响社会活动的范围、强度和方式，更重要的是为社会主体意识的强化提供了物质支撑，因为他们拥有了更多的财富，也更关心危及自己利益的各种风险。同时这也对大范围社会集体行动的达成提出了新的挑战，即如何协调数量众多的、有着自我财富的社会主体之间的合作。

第六，从经济不断增长型社会向社会可持续发展型社会转变。与前五个转变不同，这种转变不是改革开放前后状态的变化，而是改革开放之后发展取向的变化。对于中国这个发展中大国来说，实现经济的持续增长一直是国家与社会共同的目标，因为只有经济的持续增长才能为解决各种紧迫问题提供物质保障，也能使经济增长的收益扩散到更多社会公众的身上。到目前为止，这依然是一个社会性共识。但是片面强调经济增长产生的各种负面后果也随着改革开放的深入日益明显。生态环境对经济发展的支撑能力以及社会对收入差距拉大的容忍能力直接挑战现有的经济增长模式。发展经济的目标必须从单纯追求经济高速增长转变为实现社会可持续发展，即经济发展不仅要实现人与自然生态的和谐共存，更要推动社会内部以及人类代际的和谐共存。伴随着这种转变，生态风险与社会风险将得到越来越多人的重视。

第七，从低风险社会向高风险社会转变。改革开放的过程也是风险不断增多的过程。首先，市场经济的发展，创造出了市场风险这个现代风险生产机制。在市场中，无论是生产者还是消费者都面临着风险，并且利用风险来追求利益。经济的高速增长不断强化着人类活动对自然生态环境的影响力度，衍生出各种类型的技术风险与生态风险。一方面，经济的高速发展是以自然资源的大量投入为代价的，因此造成了许多重要自然资源的短缺；另一方面，经济的高速发展也增加了污染物的生产和排放，从而破坏了生态环境。当经济增长成为各个地方政府的首要目标的时候，以管制不足为形式的制度风险就和已经产生的生态风险形成了恶性循环，进一步助推了后者的发展。其次，制度的改革与重建不断产生着制度风险。随着国家权力的收缩，市场和公民这两个现代制度被创造出来，成为制度风险的新来源，与此同时，国家管理和调控社会经济的各项制度由于受制于改革的不到位、重建的不彻底，难以应对各种新出现的问题，从而成为制度风险的主要来源。最后，开放的扩大和深化使中国彻底地加入全球化进程中，不仅使风险有了国际来源，也使本国的风险能够扩散到国界之外，从而使风险具有了国际性和全球性。这无疑加剧了风险来源的复杂化，扩大了风险的影响范围。

在社会快速全面变革和转型过程中，旧的社会管理体制的缺陷日益体现出来，成为制约社会发展与和谐社会建设的因素。这些缺陷主要体现在五个方面。

第一，在主体上重政府的管理，轻社会的管理。政府在社会管理中处于主导地位，是民族国家时代的通例。但是，在中国，具有强烈"全能主义"色彩的政府不仅主导着社会管理，还替代了社会自身的管理。① 这一方面表现为，各类社会组织过度"行政化"，缺乏自主性；另一方面体现为，新兴的社会组织的发展壮大受到政府的高度控制，难以承担起应该承担的责任。因此，面对各种社会新问题的不断涌现，政府承担的责任和职能过重，而日益多元化的社会发挥作用的空间有限。负担过重的政府，自然就难以有效地完成社会管理的任务。这导致了政府的"社会管理和公共服务仍比较薄弱"。②

第二，在目标上重控制，轻权利。毫无疑问，社会管理要实现一种良好的秩序。但是秩序既可以通过强制控制实现，也可以通过社会个体和组织的自觉服从实现。现有社会管理无论在手段还是在方法上都依然残留着阶级斗争的色彩，使得政府在管理社会的过程中重控制，轻权利，容易滥用强制手段。因此，个人权利自然不能得到足够的重视，甚至会受到行政力量的伤害。针对政府管理中重控制、管制，轻权利的问题，中央提出了建设"服务型政府"的目标。2009 年发布的《国家人权行动计划（2009—2010 年）》明确要求促进和保障政治、经济、社会、文化等各个领域中的人权。各级政府以及政府各部门将依照"各司其职、分工负责"的原则，将本行动计划纳入本地区和本部门的工作职责积极认真地予以落实。

第三，在状态上重静态稳定，轻动态稳定。俞可平先生曾经对静态稳定与动态稳定的关系进行了精确论述。在他看来，传统的稳定是一种静态的稳定，主要特点是把稳定理解为现状的静止不动，并通过抑制的手段维持现存的秩序。在市场经济和民主政治条件下，应该追求动态稳定，即把稳定理解为过程中的平衡，并通过不断调整来维持新的平衡。在他看来，动态稳定的实质是根据多数公民的意愿和现实发展的需要，不断地打破现状，用新的平衡代替旧的平衡。要实现动态稳定，一方面要求各级政府在心理上能够承受和适应变化；另一方面，也更重要的是，要学会通过体制

---

① 李强：《试分析国家政策影响社会分层结构的具体机制》，《社会》2008 年第 3 期。
② 《十七大以来重要文献选编》（上），中央文献出版社，2009，第 268 页。

机制建设，用"疏导"的方法来解决问题。①

　　第四，在机制上重组织设立，轻网络化运行。在政府的主导下，中国的社会管理非常重视机构建设，几乎每个任务都会设立相应的组织。但是这些机构的设立都是行政体制的复制，实行垂直化管理，深受部门和地区管理边界的限制，处于分割状态。这与已经网络化、多元化、扁平化的社会难以全面地对接起来。更为重要的是，这些依靠行政力量设立的组织，在运行上也带有强烈的动员色彩，虽然解决危机的功能突出，但不能很好地完成对社会的常态化管理。基层社会尤其如此，大量官方的基层组织主要担负的是行政命令延伸的任务，由于过度行政化而失去了"草根性"，很不适应变化着的社会，特别是不断涌现的新兴社会组织。

　　第五，在手段上重刚性，轻柔性。社会管理是以社会为对象的，也是以社会成员为主体的，因此社会管理的基本手段应该是协调，而不是强制。但是，近年来，随着各种利益关系的复杂化，利益矛盾和冲突发生的机会也在增多。与此相应的是，我们的管理手段却在简单化。一些地方或者为了快速解决问题，不惜动用警力，或者为了掩盖问题，使用各种手段限制行为人。这些手段进一步激化了社会矛盾，因此，许多地方群体性事件演化为冲突。因此，在科学发展观学习过程中，时任公安部部长孟建柱特别提到，公安人员在工作中，"必须讲究政策、讲究策略、讲究方法，坚持'三个慎用'（慎用警力、慎用武器警械、慎用强制措施），坚决防止因用警不当、定位不准、处置不妥而激化矛盾，坚决防止发生流血伤亡事件"。②

　　社会建设和社会管理体制存在的问题已经得到了决策者的重视。2006年，中央专门做出了《关于构建社会主义和谐社会若干重大问题的决定》，确定了"党委领导、政府负责、社会协同、公众参与"的社会管理格局，要求创新社会管理体制，整合社会管理资源，提高社会管理水平，实现管理与服务的有机统一，在服务中实施管理，在管理中体现服务。2008年，

　　① 《动态稳定与和谐社会——访中共中央编译局副局长俞可平教授》，《中国特色社会主义研究》2006年第3期。

　　② 孟建柱：《深入学习实践科学发展观　做党的忠诚卫士和人民群众的贴心人》，《求是》2008年第21期。

在党的十七大上，胡锦涛总结过去五年工作时也谈到与社会管理体制有关的一些重要问题，并提出要推进以改善民生为重点的社会建设。

中国的社会建设和社会管理体制改革是在自己特有的国情背景下进行的。对于社会的整体发展来说，它们承担着三个基本功能。首先，要为市场经济的运行提供稳定的社会秩序，并保障人力资源的竞争性。市场非但不能解决一些社会问题，反而会引发新的社会问题。这必须依靠国家和社会自身来解决。但是市场经济是有国界的，不同的市场经济之间存在着激烈的竞争关系，人力资源的竞争是其中的关键。社会建设和社会管理是以保障和扩展社会权利为出发点的，个人的全面发展是其根本目标。其次，要为实现社会主义的理想，解决"两大差别"提供制度保障。社会主义的目标之一就是要解决工农差别、城乡差别，实现社会的协调发展。这也是中国特色社会主义的目标。更为重要的是，对于中国来说，完成这个目标的挑战更为严峻。加强以民生为重点的社会建设，完善将管理与服务有机统一的社会管理体制，将有利于公共资源的公平使用，普及公民的基本社会权利，缩小两大差别，推动协调发展。最后，要为国家与新兴的多元社会之间形成良性互动关系提供制度条件。在社会管理体制改革中，重视"社会协同、公众参与"就体现了社会管理向社会治理转变的趋势。在社会日益多元，自组织能力不断提高，参与要求日益强烈的条件下，没有社会参与的社会管理难以有效运行，更无法解决诸多的新问题。因此，国家在主导社会管理的同时，要为社会提供更大的空间，并且通过制度建设、资源调整、机制改革等方式构建出一种新型的社会治理框架，使国家与社会形成制度化的互动关系。

社会建设和社会管理体制改革提出以来，国内学者对它们进行了比较全面的讨论，① 一些具体的改革措施也已经出台。社会权利和社会治理作为社会管理的两个基本要素正在得到实践。在今后的改革过程中，应该进一步丰富和完善这两个要素的具体内容，使它们能够得到切实而全面的实现。

---

① 国内学者的主要观点，请参考何增科《中国社会管理体制改革与社会工作发展》，载于何增科主编《社会管理与社会体制》，中国社会出版社，2008。

因此，在今后的制度建设、机制完善、资源调配、人员培养等方面，应该坚持四个基本原则。

第一，要坚持社会权利的普及化。社会权利是每个社会成员都应该享有的基本权利，随着社会经济的发展，其内容也在不断丰富。不仅要实现社会权利基本内容的普及化，还要使每个社会成员享受到更多的社会权利。社会权利的普及化，意味着要消除地区、城乡、阶层、单位等制度性障碍，实现公共服务和公共品的均等化。更重要的是，社会权利的普及化，也是个体社会责任感增强的过程。没有责任的权利是不完整的。对于社会权利来说，尤其如此。如果没有了社会的存在，个体的社会权利就失去了行使的空间。

第二，要赋权给社会个体和社会组织。无论是社会建设，还是社会管理，都是以实现个人的全面发展为根本目标的。因此，不仅要实现社会权利的普及化，还要赋权给它们，让它们能够组织起来，自主决策、自主发展。在组织化过程中，个人对于社会的责任意识才能得到具体的实践。这样，才能使社会建设和社会管理真正回归到"社会"这个真正主体手中。

第三，要构建社会治理的新框架。多元的社会必然需要多主体参与的社会治理。要为各类主体发挥作用提供制度化的渠道和平台，使其能够在共同的规则下运行，从而实现社会的和谐有序。

第四，要提高政府的管理能力。政府是社会管理的主导力量，这是相当长时期内的现实。无论是社会权利的普及，权利的赋予，还是社会治理框架的建立，都是由政府作为权威的制度主体推动的。但是提高政府的能力，不是要求政府承担所有责任，而是要转变和丰富政府的职能，提高政府解决问题的能力，学会在多元社会中协调各类关系，引导各种力量，保持"公共权力"代表者的地位，避免被社会强势集团特别是经济力量所挟持，从而推动多元社会形成基本共识，达成有效集体行动。

第十二章

制度移植与本土实践[*]

制度移植是现代制度建构的一种重要方式，对于后发国家来说更是如此，因为其包括核心制度在内的诸多正式制度都是习得的。诚如马克思在《资本论》中所说："工业较发达的国家向工业较不发达的国家所显示的，只是后者未来的景象……一个国家应该而且可以向其他国家学习。"[①] 然而，对于制度采纳者来说，移植的制度是外生的，必然遇到与本土环境以及既有的内生制度如何"耦合"的问题。如果这个问题不能被有效地解决，这些制度就无法被有效地实践，难以成为规范相关行为者活动的规则及其认同的价值。移植的制度充其量也只会停留在各种法律文本上，无法成为"活"的制度。

本章首先尝试着建立一个制度移植的分析框架，然后应用它来检讨"听证"这个正在被广泛采纳的立法制度移植个案，接着梳理立法听证的发展脉络，分析其实施过程中遇到的问题和取得的经验，最后对如何实现有效的制度移植提出建议。

一 制度移植与制度学习：一个分析框架

尽管新制度主义强调制度是"内生的"，其形态和运行是由其产生和存

---

  * 本章主要内容曾发表在《华中师范大学学报》2005 年第 6 期。

  ① 《马克思恩格斯全集》第 23 卷，人民出版社，1972，第 8 页。

续的环境所决定的，但并不意味着制度是不可以移植的。现代制度在全球范围的建立就是一个制度跨地域、跨文化的移植过程。所谓的制度移植指的是某个制度或一组制度从其原生地转移到其他环境并被实践的过程。一般来说，制度移植有两种类型。一种是自主型，另一种是强制型。二者的根本区别在于制度的采纳者是主动地还是被迫地接受了外来的制度。一般来说，在自主型移植中，采纳者与原生地构成了基本的关系，而在强制型移植中，会存在除前两者之外的第三方，并且制度移植是由后者安排并借助某种力量强迫采纳者接受的。当然，在很多情况下，第三方往往来自制度的原生地。在殖民统治下，殖民地的诸多制度安排都是通过强制移植完成的。

自主/强制这种二分法是从制度采纳者与制度的关系着眼的，它揭示了采纳者在制度移植过程中立场与态度的意义，并有助于从历史的角度对制度移植进行总体性分类。但是，随着全球化进程的深入，民族国家之间、各种文化之间交往日益频繁，联系日益密切，已经很难用自主/强制尺度来区分诸多制度移植了，更多的制度移植实际上是不同的治理主体相互学习的结果。同时，由于社会交往的加深和参与的扩大，制度移植已经不再由单个治理主体或管辖权威单独决定，而成为制度采纳者、制度规范和影响的对象等众多利益相关者博弈的过程。因此，制度移植不应该被简单地视为一种制度"照搬"或模仿，而是一个通过不断的社会交往与相互学习逐步"内化"的过程，是从一套通过法律文字表述的规则逐渐转化为利益相关者可以分享的知识、认同以及愿意服从的价值的过程。这样，移植的制度才能真正地"活起来"，并产生相应的功效。在这个意义上说，制度移植就是一种具有制度化目的的制度学习。

制度移植过程涉及两个层面的学习。第一个层面的学习是制度采纳者向制度原创者的学习，它决定了一套外来的制度能否在法律上得到确认；第二个层面的学习是共同体中的相关利益主体围绕制度而进行的相互学习以及对制度的了解，它决定了这套外来的制度能否实现合法化并被遵守。一般来说，这两个层面上的学习在时间上有先后顺序：先是第一个层面的学习，然后是第二个层面的学习。这样，制度移植就是一个自上而下的过程。但在交往扩大的情况下，这个顺序并非固定的，在很多情况下，两个层面的学习是同步的，甚至第二个层面上的某些成员是先学习到的。这样，从治理层次上讲，制度移植就不仅是一个自上而下的过程，还可能是自下而上或上下互动的过程。

制度移植并非制度的"照搬"，而是制度根据环境不同和变化进行自我调适的过程，是"试错"的过程。即使照搬过来，制度也有可能产生变异，与原初形态有所不同。在许多发展中国家以及一些从事发展援助的国际组织中间，关于制度移植往往存在这样的偏见：一项移植来的制度无法运转起来被归因为采纳者没有学到原创者的精髓，因此需要"全盘照搬"。这种认识只看到了制度的建构性，忽视了制度的实践性；只看到了正式制度是外来的，忽视了制度运行是"内生化"的结果。在这些需要进行全面制度建设的国家，改革的蓝图不能建立在其他国家成功的经验上，必须以本国的实际情况为出发点。

制度移植过程通常包括以下几个环节。①理论化。一项制度的理论化程度越高，越能够被移植到更多的环境下。理论化既是对制度合理性的证明，也是对制度移植过程的指导。②法律化。移植的制度都是正式的制度，需要通过法律文件获得效力。把一项制度用法律规定下来是制度移植的象征性仪式，但并非移植过程的结束，因为这样的制度只是字面上的，还没有"活起来"。③实践化。制度必须被实践才能发挥其激励—约束功能。实践必须是普遍的，应该为所有相关主体所接受。实践过程往往是对移植来的制度进行调适的过程，是制度从规范形式到多样形态的过程，更是实践者掌握"意会知识"的过程。同时，同一种制度可能会在不同的环境下衍生出多种表现形态。④理念化。当制度成为利益相关者的共同信念的时候，就实现了自我维系，并具有了真正的权威。理念化使制度成为个体和群体行为的准则，并大大减少了制度执行和监督的成本。

由于各国制度、文化以及被移植制度自身特点的差别，具体的制度移植路径和过程也有所差别。在中国，制度移植过程有以下几个特点。①制度移植与意识形态联系密切。"理论化"侧重于取得意识形态的支持。之所以要移植制度，是因为它们是"先进的"、符合执政党倡导的价值理念的。而到

"理念化"环节，也明显需要意识形态的支持和宣传，以证明社会观念是符合意识形态要求的。但意识形态的过度强势反而拉大了社会公众对制度理念的认同。②制度移植的路径多采用局部"试点"，然后总结经验，大范围推广的做法。通过中央权威号召或要求各地之间相互学习，减少制度移植过程中的出现的不必要问题。③中央直接推动的制度移植更具有普遍效力。在"法律化"过程中，中央颁布的法律文件往往更有权威性，更能被接受。而在实践阶段，中央部门的"表率"作用常常是推动制度被广泛实践的动力。④制度移植不会产生均态效果。由于国家的规模大、多样性强，所以同一制度的实践在时间上、方式上以及强度频率等方面有很大的不同，造成了同一个制度在不同地方遭遇不同的命运。有的已经被广泛应用，有的可能还停留在文本上；有的已经取得了应有的效果，有的产生了一定的副作用。⑤制度移植过程的开放性和透明度正在逐步提高，参与主体也不断增加。除掌握制度移植许可权的治理者外，有更多的相关利益主体也参与进来。而对于那些技术层面上的制度，其移植过程更为公开，所受意识形态的约束更少。

　　衡量制度移植的成功与否，有两个标准。①被移植的制度是否能和现有的制度环境产生必要的"耦合"。正如青木昌彦所说，制度虽然是人为的，但并非任意设计或随意执行的产物。"只有相互一致和相互支持的制度安排才是富有生命力和可维系的。否则，精心设计的制度很可能高度不稳定。"②被移植的制度是否能被所有相关利益者（不仅包括治理对象，还包括治理者）普遍遵守，甚至成为某种程度的共识或价值观。制度实施的普遍化与作为价值的抽象化是密切联系的，只有被抽象化为价值才能被所有利益相关者内化进他们的行动中，也才能够保持制度的生命力与活力。Mantzavinos 等人借助认知科学成果指出，从内部来看，制度不过是对反复出现的社会交往问题所采取的"共同的心智模式或解决之道"。正是由于制度能够反映到行为者的心灵中，所以才能对行为产生意义。易言之，行为主体的主体性（对制度的接受和遵守程度）是制度成功的关键。巴西一位部长佩雷拉讲得更为精妙：制度至多只能用来借鉴，但绝不能照搬。

就立法听证这个新兴制度来说，在移植的过程中具有四个突出特点。首先，它处于立法技术和程序意义层面上。有立法权的各级人民代表大会及其常委会是直接的采纳者和操作者。其次，它并非强制实行的制度，而是可供选择使用的。再次，它的采纳和发展与中央倡导的决策科学化、民主化精神密切相关，得到了后者的有力支持。最后，一些典型事件的发生以及媒体的宣传，使听证获得了社会公众的广泛承认，并被寄予了很高的期望。这些特点决定了立法听证的移植路径和发展的轨迹，并产生了相应的问题，制约了这个外来的制度的"内化"过程。

二 立法听证：一个观点的引进

听证制度的法律依据，可追溯到英国1215年的大宪章中有关公民的"法律保护权"的观念和制度，但只适用于司法领域。后来，这种制度从英国传到美国，美国又把它移植到立法和行政中，作为促进立法和行政民主化以及有关当局获取信息的主要方法。第二次世界大战后，立法听证制度又传到日本和拉丁美洲一些受到美国影响较大的国家。在立法过程中举行听证是符合政治民主化、透明化发展趋势的。听证有利于实现两个目标，一是提高立法质量。通过听证，立法者可以听取更全面的社会呼声，在法律制定中注意各方利益的均衡，减少不必要的失误。二是减少法律的执行成本。陈述、旁听以及观看听证过程是政治参与的重要形式之一。通过听证，社会公众——作为法律实施的对象——能更清晰地了解到立法过程，理解立法目的，有助于他们对法律的服从和遵守。因此，听证既是科学决策的重要手段，也是民主决策的重要形式。

自20世纪80年代以来，如何提高决策的科学化、民主化水平就一直是中国政治、行政改革的重点之一。邓小平在《党和国家领导制度的改革》这篇对中国政治改革具有指导性的文献中提出，"重点是切实改革并完善党和国家的制度，从制度上保证党和国家政治生活的民主化、经济管理的民主化、整个社会生活的民主化"。① 进入 20 世纪 90 年代以后，建立和完善决策科学化、民主化的机制和制度在党的重要文件以及历届国务院政府工作报告中被反复强调。1997 年，党的第十五次代表大会的工作报告明确提出建设"社会主义法治国家"，"加强立法工作，提高立法质量"。官方意识形态的这种变化无疑推动了一系列新的制度、机制的建立。而学习和借鉴国外先进的制度是建立这些新制度、新机制的重要途径。立法听证就是在这种大的制度改革背景下，作为一种提高立法和决策质量的手段或程序被引进中国的。

1993 年，深圳在全国率先实行价格审议制度，这是中国听证制度的雏形。1996 年《中华人民共和国行政处罚法》通过，在第五章第三节专门规定了"听证程序"。行政处罚对象如果对处罚不满，可以要求听证。这是听证在中国法律中第一次被确立。1998 年 5 月 1 日正式实施的《中华人民共和国价格法》要求"制定关系群众切身利益的公用事业价格、公益性服务、自然垄断经营的商品价格等政府指导价、政府定价，应当建立听证会制度"，从而把听证程序引入了行政决策领域。1999 年 9 月 9 日，广东省人大常委会举行了《广东省建设工程招投标管理条例》听证会，这是听证首次在立法领域中的应用。

随着听证被写入一些法律并在某些领域中得到实践，听证也开始进入立法法起草者的视野。全国人大常委会从 1993 年下半年开始着手起草立法法。在起草和征求意见的过程中，包括听证在内的一些民主立法的手段和程序被有关人士提了出来，并最终写入了 2000 年通过的《中华人民共和国立法法》中，可以用于法律和行政法规等的制定过程。其中第三十四条规定："列入常务委员会会议议程的法律案，法律委员会、有关的专门委员会和常务委员会工作机构应当听取各方面的意见。听取意见可以采取座谈会、论证会、听证会等多种形式。"第五十八条规定："行政法规在起草过程中，应当广泛听取有关机关、组织和公民的意见。听取意见可以采取座谈会、论证会、听证会等多种形式。"

① 《邓小平文卷》第 2 卷，人民出版社，1994，第 336 页。

　　在《中华人民共和国立法法》通过之后，大部分省份和一些有立法权的市先后举行了各种听证会。2001 年 10 月，深圳市人大通过了《深圳市人民代表大会常务委员会听证条例》，这是第一个地方性的听证条例。此后，上海、浙江、安徽、江西、河南、四川、郑州、广州等地的人大常委会也制定了本地的立法听证条例。但是全国性的条例一直没有制定，在 2003 年和 2005 年的全国人大会议上，都有代表提出要尽快制定"听证法"。①

　　各地在制定不同法律效力的听证规则或条例的同时，也开始对新出台的法律举行听证。根据全国人大法工委的不完全调查，截至 2001 年 10 月底，先后有 20 个省、市举行立法听证活动 27 次，共听证了 28 个法规、规章草案。2004 年底对北京、上海、天津、重庆、辽宁、山东、山西、河北、江苏、浙江、江西、湖北、广东、海南、甘肃、青海以及广州、沈阳、西安、贵阳等 19 个地方的调查显示，2001 年 11 月以来，越来越多的地方人大常委会在地方性法规制定过程中运用了听证会的方式，且听证会的次数呈逐年增长的趋势，2002 年 4 次，2003 年 7 次，2004 年 10 次。

　　包括立法听证在内的听证活动的举行完全符合中国政府改革所强调的民主、公开原则，因此得到了执政党的充分肯定，被写入党的文件中，并得到大力推广。2002 年，中国共产党第十六次代表大会的报告提出，要改革和完善决策机制，"建立与群众利益密切相关"的"社会听证制度"。2004 年，《中共中央关于加强党的执政能力建设的决定》再次强调要实行"听证"等制度，扩大群众的参与度，提高决策的科学化和民主化水平。听证作为一种引进的制度在十年多的时间中得到了全面确认。

三　立法听证规则与制度的文本化

　　用成文的法律把一项制度确定下来是移植来的制度获得合法性承认的基本方式，依法治国的过程更是如此。有效的法律主要是以文本的形式存在的。2000 年生效的《中华人民共和国立法法》虽然提到"听证"是一种

---

① 2003 年重庆代表金烈、2005 年湖南代表王填都曾经提出了"制定立法听证法"的提案。

听取各种立法意见的方式，但是并没有把它规定为一个必须履行的程序。同时，就如何进行听证，《中华人民共和国立法法》也语焉不详。制定听证规则，规范听证程序的任务就落到了有立法权的各地人大常委会身上。

全国人大常委会，尤其是其法制工作委员会在推动听证规则制定上起到积极的作用，虽然全国人大常委会至今还没有在立法过程中采取过"听证"。法制工作委员会依靠其了解国外立法情况的信息优势以及对地方人大工作的影响力，主要通过三种方式来直接鼓励和帮助地方人大制定立法听证规则。①举行有国外立法专家参加的研讨会来介绍国外经验和做法；②举行工作交流会等为地方人大相互交流学习提供平台和机会；③起草《立法听证规则（示范稿）》为各地人大提供蓝本。

除了这三种直接方式外，全国人大所具有的权威性也使得"听证"开始被各地人大所接受。在中国的政治运行中，上级通过法律、政策提出的任何新的观点、意见都有在下级得到实践的可能。而且，在高扬创新旗帜的意识形态背景下，听证这样一个技术性制度实行起来并不会带来太多的风险。地方人大也乐意尝试。这正是 2000 年后许多地方都把举行听证列入年度工作计划的根本原因。

一些国际非政府组织，如福特基金会等也加入推动听证发展的行列中。在它们的支持和帮助下，在 2000 年以后，不同规模的国际研讨会得以举行，一些国内学者也把关注点转移到听证制度研究上，并且产生了一定数量的研究成果。立法机关之外的力量的参与加快了听证知识的传播和普及，有利于听证程序的规范化。

对于地方人大来说，尽管没有全国人大制定的听证规则作参照，但是为了更好地举行听证，提高听证的效果，也在积极探索着制定具有操作性的听证规则，以规范听证过程。当然，各地听证规则的形式和法律效力不同。多数地方的听证规则是通过主任会议通过的，有的是一次性的，只适用于当次听证活动。少数地方则制定了地方性法规。虽然没有充分的证据说明听证的质量与听证规则的形式有直接的联系，但是，作为正式制度实施的蓝图，听证规则文本肯定反映了制度采纳者对听证的理解，而且文本的质量与听证活动的规范化密切相关。

本章将比较四种听证规则文本，以了解不同的制度采纳者是如何理解和诠释听证这个移植来的制度的。这四种听证规则文本分别为：北京大学人大与议会研究中心 2001 年 12 月起草的"立法听证示范规则"（简称示范规则）、深圳市人大常委会 2001 年 10 月通过的立法听证规则（简称深圳规则）、贵阳市人大常委会 2003 年 8 月通过的立法听证规则（简称贵阳规则）以及甘肃省人大常委会 2004 年 6 月通过的立法听证规则（简称甘肃规则）。选择它们，主要有三个原因。①"立法听证示范规则"的主要起草者来自全国人大。他们对于听证具有较深入的研究。条例起草完成后曾经发给各地人大的法工委作为参考，具有较大范围的影响力。②深圳市人大常委会制定的立法听证规则是中国第一部关于听证的地方性法规，虽然它规范的是广义的听证，但是对于立法听证也有约束作用。③选择贵阳市和甘肃省的立法听证规则是因为包括笔者在内的一些学者直接或间接参与了这两个规则的制定，比较了解规则起草者的思路。

我们可以从以下几个方面来比较四种听证规则对于听证这个新兴立法程序的理解。

第一，立法目的。四种规则都开宗明义地指出，规范立法听证活动、提高立法质量是制定规则的根本目的。有的还提出这有利于实现立法的科学化、民主化要求。这显然符合中央提倡的决策科学化、民主化要求。除"甘肃规则"外，其他三种规则都强调规则制定要符合本国或本地的实践。而"示范规则"为了突出听证的移植特点，特别指出，是"借鉴国外先进做法"来制定规则的。客观地说，任何一种移植来的制度都应该根据本国或本地的实际情况进行调整，但对于听证来说，过度强调其外来性并不利于其推广普及。理由有二：一是立法机关在立法过程中听取各个方面的意见是其天职，听证符合代议制民主的内在要求；二是听证是一种技术性制度，具有明显的程序民主特征，与既有的制度框架不会产生太大的冲突和不适应性。在讨论"甘肃规则"的时候，当地的立法者以及一些学者都指出，在建设法治国家的时候，不能过于强调本地实际，这样会妨碍一些新制度的建立。即使不强调本地实际，制度的设计者也是按照他们的认知水平来移植制度的。①

第二，"听证"定义。对一种制度形态定义的准确与否直接关系到制度操作者和制度适用对象对该制度的理解。在四种规则中，"贵阳规则"没有给出定义。立法者的解释是，整个规则的各个环节已经充分说明了立法听证是什么了，所以不需要界定。"深圳规则"和"甘肃规则"有同义反复的嫌疑，因为在定义中出现了"听证会"的字眼。比较而言，"示范规则"的界定更为清楚，认为"立法听证会（以下简称听证会）是指法律、法规案的起草和审议机构举行向社会公开的会议，听取与立法有关的信息和公众意见，为法律、法规的制定提供依据和参考"。向社会公开是听证最大的特点，也是其区别于座谈会、论证会的根本之处。

第三，听证的举办者和启动者。听证的举办者并不一定与启动者一致，但启动者的要求必须得到有关举办者的同意才能举行听证。四种规则都清楚地指出了听证的举办者，但并非都列出了所有的有权利要求启动听证的主体。除"甘肃规则"只规定法制工作委员会（并非所有专门委员会）和常委会的工作机构是听证的举办者外，其他三种规则都规定常委会的所有专门委员会和常委会的工作机构是听证的举办者，同时也是听证的启动者。至于"常委会"是否可以作为听证的举办者四种规则存在差异。除"甘肃规则"外，其他三个规则都明确把常委会列为听证的举办者。甘肃省立法者的意见是，常委会无法作为听证举办主体举行听证会，必须通过其专门委员会和工作机构举行，因为它是一个议事机关而非工作组织。至于听证的启动，除了人大常委会掌握着应有的权力外，法律涉及的主体也应该有请求的权利，因为它们的利益有所涉及。关于启动者，只有"深圳规则"和"甘肃规则"做了规定。前者规定，"国家机关、社会团体、企业事业单位以及其他组织和个人"提出举行听证的请求；后者认为"公民、法人和其他组织"可以提出举行听证会建议，但都需要获得有关机构的批准。

第四，听证的主题。听证主题的选择直接关系到听证是否有助于解决法律制定过程中的难点以及听证本身能否得到社会的关注并有利于公众参

①　在地方立法听证的推广与完善国际研讨会上的讨论。

与。四种规则都用列举的方式规定了听证主题选择的原则。"贵阳规则"有三条原则,其他三种规则列举了五条原则。比较而言,四种规则都认为听证主题的选择应该遵守两个基本原则。①社会普遍关注;②涉及特定群体利益。按照第一个原则选择的听证主题对于所立法律具有宣传作用,同时也有助于更多公众的参与。依据第二个原则选择的听证主题所针对的是特定群体。它们之间共同利益明显,并且容易产生集体行动,因此它们会更主动地影响立法工作。此外,除"贵阳规则"之外的三种规则都强调了重大分歧原则和人大自主选择听证主题的原则。虽然这种规定不过是把人大行使听证权的范围显性化,但是为听证提供了更大的适用空间和更多的选择。

第五,陈述人的选择。四种规则都认为三类群体的代表应该作为陈述人参加听证。他们是与听证事项有利害关系的群体代表、有关专家以及有关组织的代表。但是如何选择这些陈述人,四种规则的说法并不统一。"贵阳规则"和"深圳规则"只是提出应该兼顾各方,但没有考虑到报名人数超出应陈述人数的情况,为听证举办者保留了过大的自由裁量范围。其他两种规则提出了按照"报名时间先后"来选择陈述人的原则,这个规定无疑为听证举办者在选择陈述人时行使自由裁量权提供了法律依据。

第六,陈述人发言的顺序。在四种规则中,"贵阳规则"和"示范规则"规定得最为完善,尤其是"贵阳规则"规定了发言中的"辩论"环节,这无疑更符合举行听证的精神。在听证中举行辩论有利于分清特定问题并提高听证质量。虽然在有些人看来,在听证规则中严格规定发言的顺序会导致听证过程的不灵活,但是对于立法者来说,要在听证有限的时间内获得更全面、更准确的信息,必须严格发言顺序,避免过程的拖沓。严格的程序是程序民主的基本要求,也有利于规范听证过程,对于陈述人和听证人来说也是在听证会上有效、平等地行使自己的发言权的保障。

第七,听证报告的效力。听证是否对立法者做出决定产生影响通过两个渠道体现出来。一是参加听证的立法者是否认真听取了听证中提出的各种观点,即听证的气氛和陈述人的发言、辩论是否影响甚至改变了他们对某些问题的看法。但是,要评估听证对单个立法者的影响是很难的,因为在中国的人大决策体制下，常委会是集体行使权力的，而且常委会的表决程序和方式无法反映出立法者个体的取向和决定。因此，听证影响是通过第二个渠道，即听证报告的效力体现出来的。四种规则都没有规定听证报告必须作为法律修订的依据，都认为听证报告是立法的依据。但是，它们对于如何处理听证报告，规定有所不同。只有"示范规则"和"甘肃规则"明确提出，应该在审议法律的过程中，对听证会提出的意见采纳情况给予说明。只有"示范规则"提出听证报告应该向社会公开，而其他三种规则或者没有规定，或者只规定听证报告向陈述人公开。

对于立法听证的发展来说，制定听证规则有三个主要作用。①它表明了许多地方立法者接受了听证这个外来的制度。②依据规则可以对听证活动的组织和举行进行规范，并把它与《中华人民共和国立法法》中与之并列的"座谈会""论证会"等了解社会意见的形式区别开来，使之具有明确的法律地位。公开性、程序性以及参与的广泛性是听证区别于后两者的三个基本特点。③规则的制定为公众参与立法过程、表达利益要求和观点提供了法律依据。

然而，对于一项移植来的制度来说，用法律文本确定下来只是完成了第一步，只有在实践中加以应用，产生效果，满足立法者以及公众的要求才能成为一种"活"的制度。

四　本土实践与制度调适

2000年以来，各地人大陆续举行了一些听证活动（以下简称听证），特别是对一些社会公众非常关注的法律法规的听证，比如2004年北京市人大对《北京市实施〈中华人民共和国道路交通安全法〉办法（征求意见稿）》举行的听证，使得听证逐渐成为社会关注的热点。许多媒体也把听证作为新闻焦点进行了大量而且深入的报道。随着听证次数的增加以及社会关注度的提高，如何提高听证质量，实现听证目的，加快听证与现有立法制度的"耦合"，成为完善这项移植来的制度的重点。

从各地举行听证的立法内容来看，可以依据法规涉及的利益范围和所针对问题的技术含量进行划分。利益层次可以分为普遍利益和具体利益两种，技术含量可以大致分为技术性问题和非技术性问题。这样，听证内容分为四类：①涉及普遍利益的技术性法规；②涉及普遍利益的非技术性法规；③涉及具体利益的技术性法规；④涉及具体利益的非技术性法规。根据笔者对收集到的 35 个经过立法听证的地方性法规的分析，发现了两个突出特点。一是涉及具体利益的法规稍多于涉及普遍利益的法规。前者 19 个，后者 16 个。二是针对非技术性问题的法规多于针对技术性问题的法规。非技术性法规 26 个，技术性法规 9 个。虽然这些数据不具有代表性，但是各地人大近年来举行的听证大部分都是围绕着适合更多社会公众参与的法规以及相关议题举行的。这显然有利于向社会宣传听证这种新的制度形式。

各地人大为了尽快适应听证这种新的制度，提高社会公众对听证的熟悉程度，采取了各种措施。其中主要有以下几点。①在每年的立法计划中，根据所要制定或修改的法律法规的情况，尽量安排一次或若干次听证。有的地方人大还提出，今后制定新的法律法规都要采取听证形式。②对于每次听证都精心准备。尽管法制工作委员会通常是听证的组织者，但实际上每次听证基本上都动员人大常委会各个部门的力量，以保障听证各个环节严密，取得好的效果。③积极发挥新闻媒体的作用。一方面，通过媒体发布消息，提高公众的参与度；另一方面，利用媒体宣传听证过程，公布听证法案，提高立法过程的公开化水平。必须强调的是，媒体的宣传对于听证的推广和听证知识的普及发挥了重要作用。而网络这种新兴媒体对听证的介入则扩大了听证过程的空间，使听证会场之外的公众也可以就听证主题发表意见，有利于收集更全面的意见、建议。④利用各种机会相互学习。除了参加由全国人大法工委以及一些研究机构举行的研讨会外，还利用相互之间的工作往来、各地人大常委会创办的杂志来了解彼此的做法，借鉴好的经验。

一项制度只有运行起来，所遇到的问题才会凸显出来。尽管听证是一个技术性很强的制度，与既有的制度环境没有根本性的不适合或矛盾，但依然在实践过程中遇到了一些问题，主要有以下几个。

第一，一些地方的听证举行带有明显的临时性和随意性特征，甚至类似某种政治运动，其组织工作的投入、引起的重视程度完全由当地立法机关的领导人决定。这使一种本来可以日常化、程序化的简单程序变成了复杂的政治过程。① 一旦领导人兴趣转移，听证就被搁置一边，无法成为立法过程中的日常化工作。

第二，听证事项的选择有避重就轻的嫌疑。一些地方人大由于担心听证陈述人或旁听者言论行为过于激烈，听证会场出现失控，所以在听证事项选择上过于小心翼翼，甚至避开那些社会关注但争议很大的立法事项。这样，尽管举行了听证，但不过是履行了某种程序，没有在重要事项的讨论中获得应有的信息。这种做法也妨碍了公众的参与，因为利益相关者无法从这些议题中获得自己需要的东西。

第三，听证的参与不足和缺乏全面性。在参与不足方面，公众或者对听证事项不感兴趣，不愿意参与听证；或者认为自己的意见无法影响立法者，因此放弃了参与的权利；或者听证消息的发布有限，很多公众不知晓听证的举行，因此参与的人数有限。至于参与缺乏全面性，则由于听证组织者在选择听证陈述人时主观色彩过强，只选择那些持支持意见的陈述人，或者组织者过于考虑听证的时间，担心陈述人数过多无法按规定时间结束听证。更有意思的现象是，一些地方人大举行的听证要通过电视进行直播。由于电视台所给时间的有限或固定，所以完全按照电视台的时间安排组织听证。这固然宣传了听证，但也把听证当作了形式，失去了听证的意义。

第四，举行的听证在功能上多局限于对所听证法案的确认，而不是对其的完善甚至改正。除了上面提到的选题原因外，听证过程缺乏辩论性也是导致听证功能偏重于确认的重要原因。很多地方的听证组织者虽然都承

---

① 从上海历次听证会的举办可以看到听证组织的复杂化。"每次举行前，都由工作机构将立法听证会涉及的各个环节的工作进行分解并具体落实到人。这些具体的会务工作，从会场布置、会议文件起草、现场笔录等到细小琐碎的签到、引座等，大小共有 20 个环节。通常，在听证会举行前，分管领导还要进行工作动员，强调开好立法听证会的意义，增强每个工作人员的责任感。在听证会召开前，还安排听证参加人报到后先集中，由分管领导与他们亲切对话，并请常委会领导接见听证参加人；与信访办公室联系，请他们负责会议期间的信访事宜。正是有了良好的组织工作，才确保了听证会的顺利举行。"（吴勤民：《上海市地方立法听证的实践与思考》，立法听证理论研讨会会议论文，重庆，2004 年 12 月 2~3 日）

认，应该在听证过程中允许陈述人就有关议题进行辩论，但实际的听证主持人都以时间不允许、陈述人缺乏必要的辩论能力等理由取消辩论阶段，使整个听证不过是陈述人宣读书面意见的一次会议而已。自然，这样的听证与座谈会、专家论证会没有本质的区别，最多不过是两种会议形式的"二合一"而已。

第五，听证的组织者和形式单一。就组织者而言，根据笔者的了解，到目前为止，各地的人大常委会只有法工委举行过听证。当然，这种情况与法工委承担着主要立法职责有直接的关系。但是，一项法律的制定过程并不只有法工委一个部门参与，有关政府部门、常委会中的其他工作委员会都在立法过程的不同阶段参与了工作，也需要听取更广泛的意见来提高法律草案起草的质量。而只有法工委组织和举行听证也决定了举行听证只放在法案提交常委会审议阶段。法案在进入这个阶段的时候，基本上已经固定下来，不需要进行大的修改了。另外，各地的法制工作委员会的工作人员有限，工作繁忙。一个听证会通常要花费他们一个多月的时间。因此，许多地方的听证会无法定期举行。有的地方即使举行了也会出现一些漏洞。

听证形式的单一除了体现为只应用于立法过程固定的某个阶段外，还体现为要听证的法律法规基本上只听证一次，总是大规模的，并且只在立法者工作所在地举行听证。这也许是出于节约听证成本考虑，却不利于充分听取各个方面意见。

第六，听证结果的处理。立法者只有严肃地对待听证中获得的各种意见和信息，把它们作为修改和完善法案的依据，或者作为批准或否决法案的理由，才能真正地提高立法质量，实现决策科学化、民主化的目标。从各地的实践来看，听证结束后，都做了比较详细的记录，陈述人的发言基本上都有书面材料和对听证记录的签名。法工委都对听证记录做了整理，并印发给相关机构和个人。在常委会审议法律法规的时候，听证记录也用作参考。但是，听证究竟在多大程度上、在哪些方面影响了立法并没有明确说明，公开性也不够。对于一个新兴制度来说，如果公众缺乏足够的信息来了解该制度的直接效果，那无疑会削弱他们对这个制度的兴趣以及信任。缺乏公众信任的制度是没有生命力的。

　　这些问题的存在制约了听证这个新兴制度效力的发挥，削弱了立法者以及社会公众对其的认同。虽然它已经被写入了党的文件中，获得了意识形态上的合法性，被写入了中央和地方的法律中，获得了法律上的合法性，但是立法者和社会公众似乎都不满意听证现有的效果。对于一些立法者以及听证的实际操作者来说，经历了几次听证后，当初的热情正在被疑惑和怀疑取代，甚至陷入了某些认识误区。比如，有人认为听证组织时间长、成本高、效果差，地方人大缺乏足够的财力、人力，无法经常举行；有人认为举行听证并不会提高立法的质量，因为公众难以对所听证的法律提出有价值的意见，听证还不如座谈会、论证会的效果好；还有人把听证效果不佳归因于客观条件不成熟（公众素质低、领导觉悟差）。对于公众来说，他们对于听证这种民主立法的程序寄予了很高的期望，而媒体的一些宣传进一步推动了这种期望的提高。而一旦发现听证无法达到自己的期望时，他们就马上陷入失望，甚至产生不满。

　　通过几年的实践，各地人大已经认识到目前听证存在的问题，并且提出了一些解决问题的方法。它们包括以下几点。

　　第一，提高人大工作人员尤其是听证组织者的素质和能力，增强他们对听证这个新制度的理解和认识。近些年，包括全国人大在内的各级人大通过研讨会、培训班等多种形式交流工作经验，加深对听证的理解。

　　第二，借助新的技术手段来提高听证质量。比如通过网络、电视直播听证过程，扩大听证的知晓范围，通过网络征集听证意见和听证陈述人。聘请专门的速记人员进行听证记录，不仅保证了听证的质量，而且提高了工作效率。[①] 这些先进的通信手段大大丰富了听证获取的信息量，并且有利于降低工作人员的工作强度，弥补听证组织部门人手不足的缺陷。

　　第三，针对现有听证规模大、组织时间长的问题，提出应该对不同听证主题区别对待，采取不同形式的听证。有人提出，在推行现有这种听证形式的同时，可以采取程序简单、形式灵活的简易听证。比如可以通过报

---

① 2004 年 8 月，河北省人大常委会在制定《河北省奖励和保护见义勇为人员条例（草案）》时首次采用了国内比较先进的速记方法，由速记公司为听证会记录工作提供服务，保证每位听证陈述人发言结束后很快就能看到自己的发言记录，并予以修改和签字确认。

纸、电视、网络、书面等途径举行报纸听证、网上听证，发表对法规草案的意见；举行听证会的时间可以定期，也可以不定期，只要有一定数量的公民、法人或者其他组织，或者立法机关、立法工作机构及其立法人员提出举行立法听证会，可以随时组织听证；参与的人数也可以不加限制，只要愿意参加就可以表达自己的意见。

第四，主张增加听证次数和扩大听证组织者范围。既应该增加每年立法工作中听证次数，也要有选择地增加同一个法案制定过程中听证的次数，这不仅有利于收集到更丰富的立法信息，而且有助于提高听证组织者对听证的熟悉程度和组织能力。听证次数的增加也必然要求有除法工委之外的其他专门委员会加入组织听证的行列，就它们负责起草的法律举行听证。这样，在提高法律草案质量的同时，实际上减轻了法工委的工作负担。

总之，各地举行听证过程中存在的问题以及提出的解决措施和建议说明了立法听证这个借鉴而来的制度已经超越了理论化和法律化阶段（尽管依然有人主张全国人大应该制定听证法来推动和规范听证在全国范围的施行），进入了实践化和理念化阶段。各地在举行立法听证的同时，还在探索把听证应用到立法之外的领域，比如对特定问题举行监督型听证。听证实践活动的增多推动了理念化的进程，而更多研究成果的产生以及媒体宣传的增加反过来推动了实践的深入。立法听证这种新移植来的制度正在获得更强的生命力。

五　结论：让移植的制度"活"起来

在现代社会，正式制度都是外部施加的。对于发展中国家来说，从外部引进的制度更是构成了其现代制度的基本框架。这些制度不能仅停留在法律或政策文本上，必须运转起来才能逐步融入既有的制度环境，必须发挥作用才能得到所约束对象的承认和认同。这样，引进的制度就能从文本走进实践，成为社会理念的有机组成部分，成为有可持续性的"活"的制度，避免"南橘北枳"的结果。这个过程是一个各利益相关者学习规则、适应规则、认同规则以及规则采纳者根据实际情况进行调适的过程。

从听证在中国的引入和发展情况来看，它从文本转变为"活"的制度的过程是比较顺利的，尽管这个过程还没有彻底完成。之所以这样，主要得益于五个有利条件的支持：①听证是一个技术层面上的制度，规则简单明了，容易学习，不会引起过多的争议；②它所体现的民主立法精神符合官方意识形态倡导的决策科学化、民主化方向，得到了制度采纳者的支持；③作为一种扩大公众参与的渠道，听证符合社会公众利益，尤其为日益多元化的社会利益提供了公开表达意见的平台；④新闻媒体的关注，扩大了听证的社会知晓度，也传播了听证知识；⑤各地人大在实践听证过程中采取的开放态度和秉持的学习精神，加快了这些制度操作者对这项新制度的熟悉和掌握。

在现有的基础上，听证要获得进一步发展，应该把重点放在鼓励人大各专门委员会在法律起草过程中多举行听证，实现听证"日常化"上。只有在实践中学习才能使制度移植过程成为各个利益相关者共同学习的过程，才能使强制执行的规则升华为自愿遵从的共同理念。

第三部分

顶层与基层

第十三章

治理的制度基础[*]

一　治理的概念

作为 20 世纪 90 年代在社会科学领域中流行起来的概念，"治理"具有与同时代其他概念（比如"全球化""市民社会"等）类似的特征：宽泛而富有弹性。它可以被不同立场、不同语境接受，作为谈论的焦点，甚至包装旧思想的新装。无论是左翼还是右翼理论家都已经把治理理论的发展视为一个重大的课题。这也许在一定程度上反映了后冷战时代社会科学发展的一个重要趋势：出现了更多交叉点和话语平台，有利于不同角色之间的交流和共识的达成。但是在这种趋势的背后潜藏着一种巨大的危险，集中体现在两个方面：一是概念滥用，失去了严格的学理性和科学性，不利于研究的系统化；二是解释的简单化，用一种模式来裁减不同制度下的治理形态，忽视了"治理"本身的多样性要求。二者的存在都不利于理论的进一步提升和实践的有效操作。

"治理"概念开始使用的时间说法不一。有的学者追溯到 16 世纪，更多的是追溯到 18 世纪。但真正广泛使用则是 20 世纪后十年的事情。但究竟从哪里开始使用依然存在认识差异。有的认为"治理"首先是在北欧诸国

＊　本章主要内容曾发表于《天津社会科学》2002 年第 2 期。

出现的，指的是"合作主义"的政治结构。但更多的学者似乎更倾向于非洲。因为世界银行在1989年发表的报告《南撒哈拉非洲：从危机走向可持续增长》中初步提出了与治理有关的一些观点，并且把它作为分析和解释这一地区经济获得成功的核心概念和原因。1992年的《治理与发展》报告则更加系统地阐述了关于治理的看法。在世界银行的推动下，"治理"概念的使用范围和频率都有显著增加。

使用的广泛和频繁既是"治理"概念模糊化的原因，也体现了模糊化的吸引力。在目前的研究中，"治理"有多种定义。比如英国学者罗茨归纳了六种定义，斯托克归纳了五种。而在衡量"治理"的标准上，更有上百种之多。即便是一直努力推广这个观念的世界银行也是在两个层次上使用这个概念。一是"技术领域"，强调治理就是建立"发展的法律框架"和"培养能力"，其中包括实现法治、改进政府管理、提高政府效率等。二是支持和培养市民社会的发展，志愿性组织、非政府组织、各种社团等都是要发展的对象。而对市民社会的推动涉及提高责任心、合法性、透明度以及参与水平，实际上就是归权于社会。

罗斯认为，在现有的研究中，"治理"的各种定义可以大致被梳理成两类用法。一种是规范意义上的。治理既可以是好的，也可以是坏的。好的体现为使国家作用最小化，鼓励非国家的管制机制出现，缩小政府规模，改变政治在社会经济事务中的作用。比如"新公共管理""善治"等说法都意味着更小的政府，政府的作用是掌舵而不是划船。另一种是描述意义上的。这指的是一系列政治行为者互动的模型或方式，强调公、私、志愿组织之间的交换和互动。比如"行为者网络""自我管制机制""信任""习惯和惯例""礼物关系""非正式义务"等被用来描绘复杂的互动关系的实际运行。

在笔者看来，"治理"的规范定义把重点集中在国家和政府身上，关注的是政治权力的使用方式和效果。这构成了"治理"的狭义定义。而这种狭义用法主要限于政治科学和行政学研究领域。此外，现在一些组织提出的"善治"或"治理"指标实际上也是围绕狭义定义制定的。而描述定义关注的对象非常广泛，超出了政治领域，涉及的是政治权力与社会权力、经济权力的互动关系，所以在社会科学的诸多领域中都有应用。这构成了

"治理"的广义定义。

从历史角度来看，狭义的"治理"定义一直存在。如何有效地运用政治权力，实现政治权力的根本服务目标是不同国家形态必然面对的任务。广义的"治理"定义是一个现代现象，至少从系统性角度来看是近代以来的产物。因为近代以来市场和市民社会逐渐发展起来，不仅成为相关领域的活动主体，而且扩大了这些领域的范围和影响力，对政治权力的全面控制能力提出了挑战并产生替代的可能。这也使得公共目标实现途径和方法更加复杂多样。即便如此，广义的"治理"定义中也不能完全把国家或政府排除出去，它们依然在这个复杂系统中扮演着重要甚至关键角色。因此，从这个意义来说，两种形式的"治理"在实践层面上是不能分开的。

实践上的不可分性不是不需要学理清晰化的借口。虽然这两类定义都反映了"治理"背后的"社会中心论"价值取向和系统论方法，但二者在审视国家和政治权力采取的立场和侧重点还是有所区别的。指导规范定义的主要是"国家/社会"二分法，虽然也强调社会本身的自组织能力，但是社会是作为参照系存在的，侧重点在国家或政府身上。在保持社会政治秩序的基础上更有效地使用政治权力实现公共目标是该定义的基本目的。而指导描述定义的是"国家/社会/市场"三分法，采取的是纯粹的"多元论"立场。国家只是整个复杂系统中的一元，私人企业、非营利性组织等与国家处于对等的地位。而通过这些"元"之间的互动关系形成有效的网络来提供各种公共服务则是该定义的基本目的。因此，在某种程度上，狭义的"治理"定义还带着"国家主义"的尾巴。

遗憾的是，现有研究似乎非常厌恶"国家主义"的尾巴，把"治理"放在国家"彻底中立"或者"完全不起作用"的背景下来讨论，对市民社会和市场的作用过度夸大。这种倾向在"华盛顿共识"的推动下已经成为"治理"研究中的主流。不同社会的治理目标都被整齐地划为"西方"的标准。似乎只要吸取西方治理成功的经验，就能取得同样的结果。对于发展中国家来说，这是非常有害的。正如莱福特维奇批评的那样，"治理"和"善治"这些概念没有什么新鲜的，不过是现代化理论和西方自由主义的翻版，而从标准上看是韦伯式的。在实现过程中，"善治"还需要特别的政治来确定和维持。因此，决定各国经济发展绩效的是政治和国家，而不是治理和民主。

在笔者看来，这个"国家主义"尾巴实际上并不会限制"治理"概念的有效应用，反而有助于认识"治理"在不同环境下采取的不同表现形式，尤其是其依靠的历史文化、社会传统以及制度基础。因为"治理既是政治文化的产物，也是制度结构的结果"。避开具体条件来谈论"治理"很容易陷入20世纪中叶"行为主义"的误区：用虚伪的科学标准来掩盖政治权力、社会权力以及经济权力使用中的不公平、社会冲突，甚至"剥削"；在政治生活中走向另一种形式的"决定论"（市场的，市民社会的）和线性思维模式。同时，公共管理机构的任务从服务整个社会转为向各利益部门以及顾客提供物品和服务，带来加剧公民间和地区间不平等的危险。

二 "治理"对发展中国家和转型国家的参考价值

对于发展中国家和转型国家来说，清楚地认识并承认"治理"的"国家主义"尾巴非常重要。这样讲有两个主要原因。

第一，有利于区别以西方国家为代表的先进"治理"社会之间的差别，避免在学习上的盲从。"治理"概念的出现代表了过去十多年以来西方社会学家和政治学家研究的取向。他们并不着眼于国家的霸权式作用，关注的是现代统治体制所依靠的多种关系、多种网络（既有国家的也有非国家的，既有正式的也有非正式的），以及如何超越传统的认识定式，实现各方的协调。但是西方内部并不是整齐划一的，而是由不同社会组成的。由于具体情况的不同，对"治理"的诠释和实践也存在差异。

以英国和法国为例，可以说明这种差别的重要性。在过去20年中英国行政改革分为四个阶段：第一阶段是从1979年到1982年，撒切尔政府采取减少公共开支措施；第二阶段是从1982年到1987年，改革的重点是公共服务机构的效率和运行效果；第三阶段是1987年到1997年，改革措施比前一个阶段更深刻，强调改革管理文化，主要措施是采取市场机制，加强组织分权以及对作为顾客的公众的快速回应；1997年布莱尔执政是第四阶段，提出了"第三条道路"、"利权人基础"和社会包容等思想。法国的改革是从 1989 年社会党政府成立开始的，首先采取的是"公共服务革新"，后来右派政府分别采取了"行政管理现代化"和"国家改革"。"公共服务革新"包含两个内容：加强公务员制度中的人力资源管理，把中央的部的行政管理权下放到相应的地方部门；重新思考公共服务与经济、公民社会之间的关系，具体表现为把政策评估引入政府，提供公共服务部门对使用者的回应。1995 年的朱佩政府提倡"改革国家"，目标是在中央的部与其地方部门之间建立契约关系，中央的职能局限在制定政策、分配资源、调控和评估方面。同时加强地区行省对地方各部门的协调能力，把权力还给选举产生的地方政府。改革中央的部、其地方机构以及选举产生的地方政府之间的关系。

英国和法国的行政改革虽然都被冠以"治理"的名称，但差别明显。这体现在两个方面：一是"治理"是英国改革的教条或意识形态，在法国则是改革的手段；二是英国的改革带有明显的商业型管理主义色彩，因此强调"公共选择"或"经济理性"的方法，把公共品的使用者视为消费者。而在法国不是这样的。因此，有学者认为法国的改革更接近"新公共管理"的"新国家主义"版本而不是新自由主义版本。

当然，除了英国、法国外，我们还可以看到其他西方国家之间的差别。实际上，在治理研究中，已经有学者提出，并没有统一的治理理论，只有不同的研究方法。"全球主义"和"多元主义"就是两大流派。全球主义强调的是各国改革内容和方法的一致性，采取的研究路向是制定几个普适性标准，然后用其来衡量各国的改革成就；多元主义强调的是各国由于具体情况的不同，要采取不同的方法，针对不同的重点。显然，对发展中国家和转型国家来说，在认识层面上采取"多元主义"似乎更加重要。

第二，有利于清醒地认识本国急需解决的问题和长期的目标。对于许多发展中国家以及转型国家来说，急需解决的问题是构建现代社会政治秩序，然后才是发展多元、健康的市民社会和市场。虽然二者之间没有必然的时序联系，但是可以肯定地说，现代民主法治是市民社会和市场健康发展以及与国家形成有效互动的必要制度保障，也是防止它们被强势集团控制的制度约束。因此，不能像某些西方学者强调的那样，在这些社会中倡导"没有政府的治理"，而应该充分发挥国家作为公共权力代表的核心作用，在有效地培育市民社会和市场的同时，逐步建立起现代社会政治秩序。

对于绝大多数发展中社会来说，国家构建和民族构建都并不充分。在国家构建方面，一方面，这些社会缺乏长期的国家管理社会经济的传统（像东亚国家那样）；另一方面，殖民时代留下的政治机器本身无法与社会形成有效的和相互增强的合作机制，难以实现社会动员和社会经济管理。而在国家垄断暴力地位不确定的情况下，多民族的关系很难找到一个中间调节主体或者控制主体，因此民族之间的矛盾很容易激化，走向极端。虽然发展中社会从实现独立以来，一直致力于国家构建和民族构建，但是由于受全球政治意识形态背景的影响，曾经有两种认识上的误区，一种是 20 世纪 50 年代模仿苏联模式，强调国家对社会经济的全面控制，与世界体系脱离。这方面的实践虽然在确立国家控制能力方面发挥了作用，但是削弱了社会的活力。另一种是 20 世纪 70 年代受新自由主义误导，不强调国家的作用，只追求归权于市场，不强调国家和社会的内部完善，只推崇尽快地开放，不重视国内合理的管制体系建设。这直接导致了国家地位的弱化，以及国内秩序的失控。"治理"理论的出现虽然在一定程度上有纠正新自由主义这种偏颇的目的，但是在缺乏强大健康的市民社会和完善的市场的情况下，很难实现所谓的国家与后两者的有效互动，或者说这种互动是没有足够的主体依据的，因此加强国家构建，充分发挥国家管理社会经济的职能，对于发展中国家来说，也许更加迫切和至关重要。正如马恩所说，众多发展中国家面临的是现代性危机，而非后现代性危机。面对这种危机，虽然它们采取的对策不应当是重演西欧、北美以及日本的历史，但是一些根本性的历史任务必须完成，这样才能更好地发挥市民社会和市场的作用。

至于 20 世纪 80 年代末期出现的转型国家，也困扰于社会政治秩序构建，以至于有人把俄罗斯称为"强盗资本主义"。对于俄罗斯来说，"现在最紧迫的事就是要恢复国家的正常职能：税收、保障安全、让人们遵守法律。没有国家，就没有市场。市场经济需要规则，需要强有力的结构，需要稳定，需要组织"。但是国家在转型中的地位不仅关键，而且微妙。因为这些社会"一方面，需要一个强有力的政府来贯彻法律、强化秩序；而另一方面，又需要限制政府的权力以照顾到私有权"。在这些社会转型之前，国家全面控制着社会经济生活，具有强大的自主和行动能力，但是没有给社会尤其是私有产权留下一定的空间。这些国家在向市场经济转型的时候，肩负着重建社会空间，改变产权结构的重大任务。更为重要的是，国家的合法性基础发生了彻底的改变。无产阶级的国家变成了有产阶级的国家，国家的职能和意识形态必须进行重建。而在短时期内要改变社会政治文化非常困难。如果国家无法增加转型的成就并且实现利益的较公正分配，那么国家的合法性基础就会被削弱，从而国家的行动能力也失去了坚实的基础，整个社会的转型也有可能失去重要的制度支持和约束，使公共权力的行使失去必要的"中立性"。

总之，对于发展中国家和转型国家来说，"治理"作为一种改革的思路具有重要的参考价值，尤其是对市民社会和市场作用的充分肯定至少开阔了这些国家公众和管理者的思路，有利于正确对待发展中出现的新问题，并构建合理的公共权力行使框架。但是，在缺乏作为制度基础的现代社会政治秩序的情况下，如果过分地夸大"治理"的效用，把本来作为长期前景的"治理"状态简单为眼前的目标，则可能破坏正在进行的现代制度建设。我们至少可以清楚地预见三个与公共管理有关的问题：首先是本来就职能划分不明确的政府机构对责任的推诿和对利益的争夺；其次是在市民社会和市场运行中出现某个强势集团，利用自己的资源基础左右公共权力的使用；最后是在公共权力的运行过程中，效率压倒了公平，从而牺牲某些弱势群体。

毫无疑问，"治理"理论预示了国家职能转化乃至消亡的基本趋势。但是每一个社会有自己的历史文化传统和制度基础，既无法摆脱发展的"路径依赖"，也不能超越某些阶段。必须在开放的背景下扎扎实实地进行制度调整和创新。也许赫伯特·西蒙说得更加系统全面：在当今世界公共管理改革中，单纯地强调市场、私人部门的作用并用它们代替政府机构，无法从根本上解决这个复杂的社会系统面临的根本问题——协调。因此，国家以及政府机构依然有存在的理由。

第十四章

现代合法性及其实现路径[*]

合法性是任何权力存在与维持都需要的,[①] 但是政治权力的合法性有其独特性,因为它是对暴力垄断和使用的"文明化"证明。现代国家建立后,政治权力全面渗透到社会经济生活各个领域,影响着个人生活的空间以及身体,其合法性的获得与维持涉及多种因素,因此合法性的获得与维持也会遇到多样的挑战。要理解现代合法性,必须从现代国家出发,即在现代国家背景下讨论政治权力是如何实现"文明化"的:成为公共权威,获得承认与服从,并得到维持与再生。在现代国家背景下,由于政治权力的来源问题已经在"人民主权"原则下解决,所以考察合法性的重点不再是权力的来源问题,而是权力的维持和再生产问题。

本章将以现代国家为背景,围绕现代合法性,分析其过程、实现机制以及面临的基本挑战等问题,力图更为清晰地对现实中的合法性及其实现做出理论化的总结。

一 现代国家与合法性

任何形式的政治权力的产生、维持与再生产都需要取得合法性,后者

---

[*] 本章主要内容曾发表于《中国人民大学学报》2007 年第 3 期。

[①] "任何一种统治都试图唤醒和培养人们对其合法性的信念,一切权力都要求为自身辩护。"〔德〕尤尔根·哈贝马斯:《合法性危机》,刘北成、曹卫东译,上海人民出版社,2000,第 127 页。

使权力转化为权威，通过权力对象对权力的承认和认同，减少了权力运行的成本，并使权力与权力对象的关系保持在一定的和谐状态，在时间与空间维度上延伸了权力的存在。

关于合法性有多种定义，大多纠缠于合法性中的"法"应该如何理解。一种观点把"法"简单地理解为"法律"，合法性就成为"合乎法律"。对于有着多种来源的政治权力来说，这种只强调合法性的文本来源的理解过于机械化，至多能解释已经存在的政治权力的维持问题以及在一个国体形态下不同政体的更替或统治集团内部权力支撑关系的变更问题。另一种观点对"法"的理解是广义而宽泛的，认为"法"指的是权力存在的正当性或适当性依据，包括法律、惯例、习惯等。政治权力的"合法性"就是指政治权力存在、维持和再生产有正当理由。这种理解更贴近合法性的本质，但也充分体现出了合法性概念的模糊性，因为被统治者或权力对象服从和承认权力的理由是多样的，而且前者数量众多，难以辨别。① 更重要的是，由于无法对权力对象服从的理由有一个明确的统计和归纳，人们很容易就把合法性理解为"情感"方面的问题，是对统治者和权力的忠诚，是一种价值判断。而情感是难以通过客观标准来衡量的，这就使得合法性概念失去了客观分析的工具功能。罗德尼·巴克归纳的一个经常被引用的定义就反映了这样的倾向。他认为："准确地说，合法性就是对国家及其发布命令的权威的笃信，因此，遵守国家的命令不是完全出于恐惧或个人利益，而是因为这些命令在某种意义上被认为具有道德权威，权力对象（subjects）确信应该去服从它们。"②

这两种关于合法性的定义有一个共同的缺陷，即都把合法性看作是政治权力或政府权威的外在要素，是从外部赋予的。在某种意义上，马克斯·韦伯归纳的合法性三种理想类型（克里斯玛型、神授型、法理型）是这种认识缺陷的根本来源。这种认识实际上也反映了在政治权力合法性来源上的"两分法"，即"自上而下式"和"自下而上式"，前者认为政府合

① Rodney Barker, "Legitimacy: The Identity of the Accused," *Political Studies*, 42 (1).
② Rodney Barker, *Political Legitimacy and the State*, Oxford: Clarendon Press, 1990, pp. 23 – 24.

法性来自一种普遍或者或更高层次的力量，或者认为合法性来自公民的同意或允许。① 这种两分法虽然突出了合法性的来源，但是忽视了在政治权力的运行过程中，合法性也能够被创造出来，政治权力在这个过程中具有能动性，能够影响甚至塑造权力对象的态度、情感和信念，使后者相信该政治权力能够为他们提供满意的秩序，没有其他更好的替代者。②

要避免上面提到的问题，应该在分析权力对象的同时，把分析重点转到权力主体与权力对象的互动关系上，尤其要加强对权力主体的分析。这样做的基本理由有两个：一是合法性是权力主体与权力对象互动的结果，而且在合法性的形成过程中，权力主体具有主动性，一直积极谋求和创造着合法性，用各种措施和手段争取并维持着合法性；二是权力主体是制度化的综合体，具有系统性和组织性，从权力运行的能动过程角度理解合法性更具有可操作性。

此外，还必须注意到以韦伯的合法性理论为基础发展出来的各种理论流派都没有对现代国家给予足够的重视。这在很大程度上归因于，在韦伯所处的时代，现代国家作为一种制度综合体还没有充分发展起来，其运用政治权力的复杂性也相对较低。实际上，政治权力总是以具体组织形态体现的，而国家，尤其是现代民族国家是迄今为止政治权力最完善的、最有影响力和渗透力的组织形态。因此，在某种意义上，政治权力的合法性实际上就是国家的合法性。对于国家来说，合法性就是证明其垄断和使用暴力的理由；合法性程度的高低集中体现为国家权力获得、维持与再生产过程的"文明化"水平。这样判断，是因为国家在本质上是一种暴力工具，代表着某个阶级或集团的利益。但是国家的这种本质并非显性存在的，只有在社会内部对立明显和阶级冲突剧烈的时候，暴力性才能显现出来并付诸实践。因此，恩格斯把国家看作是一种从社会中产生但自居于社会之上

---

① Alan Hyde, "The Concept of Legitimization in the Sociology of Law," *Wisconsin Law Review*, 1983, p. 379.

② M. Steven Fish, "When More is Less: Superexecutive Power and Political Underdevelopmentin Russia," in Victoria E. Bonnell & George W. Breslauer (eds.), *Russia in the New Century: Stability or Disorder?* Boulder, Westview Press, 2001.

并且日益同社会相异化的力量，起到了缓和社会冲突并把冲突保持在"秩序"的范围之内的作用。① 在常态下，国家总是以"公共"权力的代表形象出现的，通过行使其社会经济职能来协调国家与社会的关系。这样，政治权力就从特殊利益的代表成为"普遍利益"的代表，从个人利益的代表成为"公共利益"的代表，从而使社会保持共同体的形式，尽管是虚幻的。② 国家身份的这种转化就是取得和维持合法性的过程。

在近代，随着资本力量的壮大、市场体系的完善以及社会结构的分化，才出现了现代民族国家这种对于整个西欧甚至整个文明世界来说的"典型的正常的国家形式"，③ 并使国家作为一种制度综合体发展到最为复杂而精致的程度，实现了恩格斯所归纳的国家三要素（按照地域划分居民、公共权力的设立以及征税、发行债券）的有机结合。一系列现代意义上的行政、司法、军事等制度建立起来，既赋予了国家新的形式，也扩展了国家权力渗透的范围和深度，使国家与社会的联系更加复杂多样。④

必须看到的是，虽然社会、经济分别通过市民社会、市场、企业占据了自己的独立领域，发展出自身严密的、具有自运行能力的规则，并且对国家结构、权力运行等具有制约乃至决定性影响，但是国家与它们的关系并没有被割裂开来，而是日益密切，相互影响。尤其重要的是，国家权力在这些关系中并非被动的、应变的，而是积极的，并且力争主导地位。争取和维持合法性就是国家这种能动性的体现。

二 现代合法性实现的过程

卢梭在《社会契约论》中说："即使最强者也绝不会强得足以永远做主

① 《马克思恩格斯选集》第4卷，人民出版社，1995，第170页。
② 《马克思恩格斯选集》第1卷，人民出版社，1995，第38页。
③ 《列宁选集》第2卷，人民出版社，1995，第371页。
④ 沃勒斯坦认为国王利用四种机制巩固了自己的统治：官僚化、垄断军队和暴力、创立"君权神授"的合法性以及利用民族实现的臣民均匀化。〔美〕伊曼纽尔·沃勒斯坦：《现代世界体系》（第1卷），尤来寅等译，高等教育出版社，1998，第176页。

人，除非他把自己的强力转化为权利，把服从转化为义务。"① 据说，这是关于合法性的最早表述，但它揭示了在现代民族国家背景下合法性实现的本质。在通过人民主权原则从根本上解决了合法性来源的问题后，要探讨的应该是维持合法性的机制。萨尔通过对各种合法性理论的比较分析后指出，在当今时代，理解合法性的复杂性实际上已经大大降低了，因为在以"人民主权"为基本原则的现代国家中，合法性已经被简化为：权力要成为权威，就必须来自"民主同意"，并且服务于"共同的善"或者"公共利益"。②

现代国家为我们思考合法性划清了一条明确的制度分界线，即我们所说的合法性不是作为普遍的制度形态的国家的合法性，而是在国家背景下不同政权存在与延续的合法性。因此，我们研究的不是国家存在的理由，而是不同的统治集团或执政者获得、使用以及保持国家权力的合法性。而用来使用和保持国家权力的方式、手段又是维持合法性的核心。

现代国家权力的合法性是在处理三个层次关系的过程中实现的。第一个层次是国家与公民的关系。这是合法性实现过程中的最基本关系，因为合法性高低从根本上反映的是公民对于国家权力的承认和自愿服从的程度。然而，公民是以个体以及团体的形态活动的，其对于国家权力的承认和服从因此也呈现出多元的状态。如何使多元化的认同转变为基本的共识性认同，从而使国家权力的合法性保持最低限度，即不被推翻，进而向更高程度发展，即对国家权力的掌握能持续存在下去，对于国家权力的掌握者来说，这是非常严峻的挑战。投票和遵守法律是公民表达对国家权力态度的两种基本方式。投赞成票清楚地表达了公民对执政者做出的选择，但是遵守法律并不完全等同于承认执政者的统治，因为公民也可以借助法律来反抗乃至推翻执政者。在现代社会，法律高于执政者。这恰恰说明了国家自身存在的合法性是不需要证明的，需要证明的是执政者的合法性。国家与公民的关系不仅是一种服从关系，更是一种信任关系，因为宪政的发展划

① 〔法〕卢梭：《社会契约论》，何兆武译，商务印书馆，2003，第9页。

② John H. Schaa, "Legitimacy in the Modern State," in William Connolly (ed.), *Legitimacy and the State*, Oxford: Basil Blackwell Publisher, 1984, p. 111.

定了国家与公民权利的边界，既明确了公民个体的权利，也限制了国家权
力的无限扩张。在这种情况下，国家与公民的相互信任确保了服从的低成
本和可持续。

第二个层次是国家与经济的关系。它实质上也是国家与社会关系的组
成部分，只是在现代社会更加突出了。在大多数情况下，这种关系体现为
国家与市场的关系，因为大部分国家的经济是以市场为基础的。以市场为
根本性资源配置机制的经济固然有其独立性，但是从现代社会出现以来，
市场与国家的发展就呈现出相互塑造的状态，而国家对市场以及整个经济
生活的管理和调节逐渐成为国家的重要职能，并充分体现了恩格斯所说的，
"政治统治到处都是以执行某种社会职能为基础，而且政治只有在它执行了
它的这种社会职能才能持续下去"。[①] 更重要的是，国家权力的运行对经济
生活的运行产生了巨大的乃至决定性的影响。对于国家权力的合法性来说，
经济生活的正常运行及其发展为其提供着物质基础。这集中体现在两个方
面：一方面，国家通过征税、发行债券等方式从经济活动中汲取维持公共
机构运行所需的资源；另一方面，国家通过对从经济活动中汲取的资源进
行再分配，来为居民提供各种福利，并适当地调节经济收入的差距，以缓
和社会矛盾和冲突。在现代社会，随着国家权力对经济生活的涉入以及干
预程度的不断加深，正确处理国家与经济的关系成为维持前者合法性的重
要手段，并且由于国家提供的各项服务的增加，国家与公民的关系也与国
家与市场的关系紧密地联系在一起，对于国家合法性的承认不仅来自政治
自由和政治权利的有效保障，更来自国家能够为社会公众提供良好的社会
经济管理和服务。

波齐对西欧国家的研究表明，19 世纪以来，随着社会经济生活的变革，
国家要面对和解决的问题也大大增多了，国家开始参与到经济生活之中，
力图在资本积累和再生产中起到积极作用。[②] 波齐认为，随着现代社会的发
展，韦伯所说的合法性的现代来源——法理合法性受到了越来越大的挑战。

---

① 《马克思恩格斯选集》第 3 卷，人民出版社，1995，第 522 页。
② 〔美〕贾恩弗兰科·波齐：《近代国家的发展》，沈汉译，商务印书馆，1997，第 112 ~
113 页。

因此，"对国家来说找出一种借助合法性更新自己，并为自己生成一种新的合法化的程式便成为紧迫的事"。①这样，在韦伯所说的三种合法化之外就出现了第四种合法性——"社会幸福主义"，即国家为了寻求统治合法性，给消费者提供不断增多的商品和公共设施。②

一些研究发展中国家政治的学者在研究中也发现，政府管理社会经济的能力是新兴国家获得合法性支持的重要来源。白鲁恂曾说："统治的合法性一方面为政治系统的一种属性，其特别与政府结构的绩效有关，取决系统能力的主要因素；另一方面，统治的合法性为人民所赋予，当掌权者重视平等的原则，不因肤色、种族、信仰、党派之不同而有不同的待遇时，最易取得人民的承认、接受和认同。"③ 亨廷顿在比较了各国发展差异后也指出，"当今世界各国之间最重要的政治分野，不在于它们的政府形式，而在于它们政府的有效程度"。④

福利国家的出现就是"第四种合法性"的典型。国家通过提供各种类型的公共品来缓和市场对社会的冲击，保证生产过程的顺利完成；通过各种福利帮助困难群体，缓解社会内部的矛盾关系，保证社会秩序的相对稳定。

国家权力实现合法性要处理的第三个层面的关系是国家与国际社会的关系。现代国家是以主权国家的形式出现的。在国际体系中，所谓的国家主权不过是其他国家在法律上对该国统治者拥有对本国统治的最高地位和权力的承认而已。对于执政者来说，这种来自别国的承认也是合法性的一个来源。应该看到，在多数讨论合法性的文献中，合法性的国际来源并没有受到足够的重视，甚至被有意回避。其中的根本原因是这些文献对于合法性的定义在地域上处于国家边界之内，在关系上只限于考察政治权力与权力对象（即本国居民）的关系。随着国际交往活动的日益密切，上述提

---

① 〔美〕贾恩弗兰科·波齐：《近代国家的发展》，沈汉译，商务印书馆，1997，第129页。
② 〔美〕贾恩弗兰科·波齐：《近代国家的发展》，沈汉译，商务印书馆，1997，第130页。
③ L. Pye, "The Legitimacy Crisis," in L. Binder et al. (eds.), *Crisis and Sequences in Political Development*, Princeton：Princeton University Press, 1971, p.135.
④ 〔美〕亨廷顿：《变革社会中的政治秩序》，王冠华等译，三联书店，1989，第1页。

到的两个层次的关系（国家与公民的关系、国家与经济的关系）也在不断国际化乃至全球化，这必然推动着合法性来源的扩展，国家与国际社会的关系自然就成为国家权力维持合法性必须处理的关系。

对于国家权力的合法性来说，国家与国际社会关系是通过两种方式发挥作用的。一种方式是国际社会（包括国家以及国际组织）对国家主权的承认，即在国际法上承认执政者统治的合法性；另一种是国际社会的变化对国家处理上述两个层次关系的影响。后一种方式随着国际交往的深入广泛而日益复杂化、表现形式多样化。

在考察国家合法性实现过程时，增加国家—国际社会关系这个维度，从根本上改变了在传统上理解国家权力的线性和平面方式，使我们看到的权力具有了立体性，国家权力合法性的实现机制也更加丰富。在全球化时代，任何一个执政者要想维持和增强合法性，不仅要满足国内民众的需要，还要争取国际社会的支持，尽管前者依然是根本性的。

三　现代合法性的实现机制

从政治权力的运用过程角度来看，我们可以对现代合法性的实现机制进行系统分析。这套机制涵盖了政治权力的产生、维持以及转换全过程，包括三个机制：合法性的生产机制、维持机制和转换机制。在以"主权在民"为原则建立起来的现代国家中，合法地掌握政治权力以及实现政治权力的转移是通过政治选举的方式实现的，因此合法性的生产机制和转换机制是同一机制，都是政治选举。但是，现代社会政治的合法性，形式上的根据是多数人的同意（即民主），实质上的根据是对人权的切实保障（价值）。[①]

然而，除了现代国家建立之后合法性的生产与转换常态（定期选举）外，我们必须考虑到在现代国家建立过程中合法性是怎样生产和转换的。现代国家是在推翻传统封建君主制的基础上建立起来的，革命是现代国家

---

① 谢维雁：《从宪法到宪政》，山东人民出版社，2004。

获得合法性的普遍机制。革命所遵循的理念是"主权在民",反对是"君权神授"原则,建立的国家形式是民主共和国。而在民主共和国中,随着政治选举成为政治权力掌握资格的合法性生产和转换的基本机制,革命产生合法性的功能也在逐渐退化,并且在宪法框架中被规定为获得合法性的"非法"手段,从而与合法性的生产、维持以及转换分离开来。在这种情况下,合法性转换的形式从国体/政体双重转换变成了政体的单一转换。而政党更替成为政治合法性转换的基本形式。

因此,在合法性的生产和转换机制确立的情况下,我们应该把分析的重点放在合法性的维持机制上。其原因有两个:一是合法性的维持机制是由多种因素组成的,具有较大的变动性;二是在维持合法性的过程中,政治权力的掌握者或者说执政者具有一定的能动性,可以通过制度、法律、政策等多种手段来提高权力运行的绩效,满足权力对象的需求,增强他们对权力的认同感和服从性。但是,必须明确的是,我们探讨合法性的维持机制,实际上是把国家合法性与执政合法性混合在一起的,并没有把它们区分开来(尽管在讨论合法性生产和转换机制的时候我们可以进行区分)。国家为执政者提供了活动的制度框架,为社会成员提供了认同的目标;执政者运用着国家提供的各种资源,在争取社会成员支持的同时,也在实现着国家形象的生动化和具体化。

对于政治权力的追求者来说,在通过政治选举或其他非正常手段(比如在危机时期、战争时期或者其他特殊情况下)获得了掌握和运用权力的资格后,通常从以下几个方面来维持权力的合法性。

第一,健全法制。法律上的确认和证明是维持合法性最基本的手段,这一方面是因为所谓"合法"首先是合乎法律的,另一方面是因为现代国家也是法治国家,以法律来贯彻和实现国家意志,规范和引导社会成员的行为,国家机器各个组成部分也是依据法律运行的。对于合法性来说,宪法作为根本性的法律在各类法律中无疑是最重要的。宪法是对现有统治形式、权力安排、权力运用方式等的合法性确认。违背和侵犯宪法也是对合法性的侵蚀与破坏。其他法律法规都是在宪法精神的指导下制定出来的,规范着具体的领域和问题。执政者是在两个层次上通过健全法制来维护合法性的。一个层次是根据社会经济的变化和国家与社会关系的调整来推动法律的制定、修改以及撤销，使法律体系保持动态的稳定，应对各种新问题新挑战的出现。另一个层次是遵守和履行法律，特别是宪法。对于执政者来说，这既是最高要求，也是维护合法性的底线。因为执政者掌握着国家权力，可以随时凌驾在法律之上。遵守宪法和法律是对自身行为的自我约束。同时，由于法律一经制定出来就成为国家意志，因此违反和侵犯法律就是对国家意志的触犯，是对国家合法性的挑战。此外，由于许多法律是在执政者推动下制定和完善的，所以侵犯和破坏法律，也是对自己意志的推翻，必然侵蚀社会成员的信任。在现代国家背景下，遵守宪法和法律实质上也实现了国家合法性与执政合法性的统一。

对于发展中国家来说，健全法制的过程并非只是维持合法性的过程，更是转换合法性维持机制的过程，因为在这些正在经历着现代化的国家，现代法制无论作为一种理念还是一种制度规范都是外来的，并不是原有的合法性维持体系的组成要素。在这些国家常常出现这样的现象：国家虽然制定了大量的法律，但是无论是国家机关还是社会成员并没有遵守它们，甚至还在沿用与法律明显违背的旧规则，使得法律成为"一纸空文"，失去了应有的权威。法律被"虚置"的同时，也动摇和侵蚀着执政合法性与国家合法性，毕竟法律是以国家意志的体现形式出现的。客观上说，法律的数量是在不断增加的，但是法治精神并没有随着法律数量的增加而增强，国家以及执政者的信誉度相对下降。这样，不断地健全法制逐渐退化成了对自身合法性的挑战。

第二，构建意识形态。合法性是需要论证的，而意识形态承担的正是这个职能。意识形态是获取和运用政治权力之所以具有合法性的系统化解释，是社会公众认同和服从政治权力的理由。但是，作为一种系统化的观念，意识形态是通过构建形成的，并且依靠国家权威的推动和灌输，成为社会成员的共同理念，约束和引导他们的行为和思想，从而使他们服从权威的行为有了理性的根据。在现代国家背景下，意识形态构建是围绕"主权在民"这个主题展开的，各种理论的提出不过是对该主题的不同形式的阐释，因为对于任何一个执政者来说，只有来源于人民授权或同意的权力才是合法的，只有能满足人民需求的统治才能维持和延续。

尽管意识形态体现为一种系统化的观念和理论，但是由于其反映的是国家和执政者的意志，并且有国家机器（物质的和精神的）的保障，所以也具有强制性和垄断性倾向，会通过各种方式干预社会成员的思想和行动。所谓的思想理论"禁区"或者"政治正确性"标准集中反映了这种强制性。然而，如果意识形态的强制性过重，尤其是借助物质力量来达到说服的目的，那么必然导致意识形态的僵硬化，使之从合法性的维护因素退化为破坏因素，国家的形象被意识形态妖魔化和扭曲化。而对于意识形态的不认同也加剧了对国家的不信任。

面对社会的多元化，特别是价值观念多元化以及信息交流的通畅化的挑战，有国家力量支持并且带有强制性倾向的意识形态必须不断进行调整，以避免僵硬化、官僚化，保持"公共意志"或"公共观念"的姿态。要做到这点，就需要在建构意识形态的过程中注意通过社会化、学术化和国际化来抑制强制性倾向，保持其作为观念力量的"柔性"，增强其对接受对象的渗透力。社会化指的是意识形态所包含的基本理念和价值以及表达的形式能够被社会成员所理解、认同和接受。在某种意义上说，社会化过程也是意识形态通俗化和大众化的过程。学术化指的是意识形态能够转化成学术理论或者成为学术理论背后的支撑。学术的精神是怀疑和多元，而意识形态的原则是说服和一统。二者有着内在的矛盾。但是意识形态作为一种有国家权力支持的观念力量依然能够保持适度的宽容，通过各种方式渗透到学术领域，使自己倡导的价值被接受。国际化是因国家对外交往的扩大以及国际舆论的形成而生的。毫无疑问，意识形态是面向国内民众的。但是伴随着国家交往的扩大，其他国家也有了展示本国意识形态的机会，国际舆论则把一些具有普遍性的价值理念综合在一起，这些都对单个国家的意识形态产生了示范和比较的压力，导致国内民众对本国意识形态怀疑、攻击甚至抵制。在国家交往的过程，国家意识形态也需要采取合适的形式来说服其他国家的公众，以获得国际社会对本国政府越来越多的国际行为以及具有国际影响的国内行为的理解和支持。

第三，提供经济福利。按照马克思主义经典作家的观点，任何国家都会执行社会经济管理职能的，并作为维持政治统治的基础。而在现代国家，尤其是随着市场成为经济运行的基本机制，国家的经济职能大大扩展了。它不仅需要为经济的运行提供各种支持，保证市场的高效率运行，也要通过合适的手段来干预经济活动，以控制市场失效，特别是市场对社会政治生活的侵蚀和破坏。国家履行这些经济职能的根本目的是为统治提供必要的资源，但是对于社会公众来说，则需要从经济运行和发展中获得福利。享受经济福利是现代公民权的重要组成部分，而福利制度以及福利国家就是在经济福利权不断扩大过程中建立和形成的，为公民的生存和发展提供了物质保证，保持了社会的相对平等，也缓和了阶级矛盾。经济的保障也加强了公民的安全感和对政治权力的依赖感，从而维护了合法性的存在。

经济福利作为国家政权运行的结果，是从三个方面维持国家和执政的合法性的。首先，经济福利的提供体现了国家政权汲取资源的能力。一个国家提供的经济福利越多，在很大程度上就说明该国家的经济发展水平更高，国家汲取资源和实现再分配的能力更强。资源的汲取为国家的运行和能力的提升提供了物质基础。其次，经济福利的提供保障了社会弱势群体的生存，避免了他们被排斥在社会正常生活之外，蜕化为社会的反对力量。维持统治对象体面的生活条件也是维护合法性的重要手段。最后，经济福利的提供有助于缓和市场失效产生的消极影响，并为经济运行提供必要的激励。现代国家提供的经济福利是非常多样的，不仅包括直接提供给公民个人的生活、医疗、教育、培训等福利，还包括就业、公共设施等间接福利。这些福利中的许多内容实际上是由国家替企业、市场承担的，因此降低了企业运行的成本，解决了市场在一些领域缺失产生的问题。

经济福利的提供应该是无差别的，要普惠到国家的各个公民，但是由于受到经济发展水平、经济发展均衡程度以及历史文化制度等因素的限制，福利的提供是有差别的。在许多国家，福利主要流向了城市，甚至是那些富裕的或者掌握特权的团体，扩大了本来就存在的城乡差别以及社会差别，并没有发挥经济福利保障社会公平的作用。此外，经济福利的提供还受到经济全球化的挑战，因为资本的自由流动开始影响国家的经济增长率、就业水平以及财政收入。没有经济增长和财政增长就无法维持一定水平的经济福利。对于各国政府来说，要留住本国资本或者吸收外国投资，就必须在许多方面做出让步，削减经济福利往往是其中最重要的内容，但福利数量的减少和质量的下降会侵蚀国家的合法性，特别会对福利国家意识形态产生冲击，使公民质疑国家的能力和作用。

第四，建构整体性政府。政府的整体性指的是政府组成部分之间相互负责、相互协调，以实现政府运行的一体化。国家权力的运用是通过多种主体完成的，政府是核心主体，但它由不同管辖层次的政府以及专门化的政府职能部门共同构成，是政府意志的具体实现者。在纵向关系上，政府可以划分为中央政府、地方政府和基层政府；在横向关系上，除了立法、行政和司法三大政府系统外，行政系统内部是由多个部门组成的，而立法、司法系统内部也可以分为不同的层次。这样，在现实政治中，政府内部关系是纵横交错的，既有纵向的命令—服从关系，也有横向的协调—配合关系，还有多维度的制衡—掣肘关系。复杂而多样的关系制约了政府整体性的形成。对于一个大国来说，政府间关系尤其复杂，政府整体性的实现更加艰巨，因为这些主体也有自身的利益，并非总是能够服从代表国家的中央政府的指令，以达成统一行动，从而使"局部"合法性顺利转化为"整体的"或"国家的"合法性，并通过整体的合法性来化解局部合法性危机。

作为国家主权的最高代表，中央（这是比中央政府更大的概念）毫无疑问是国家合法性的最终维持者，因为与其他层次的政府以及政府职能部门相比，它不仅享有主权，拥有全国资源、最终的政治决定权，还拥有道德资源。道德资源的运用使中央权力的行使具有了公正性和权威性。因此，不论是单一制国家还是联邦制国家都强调中央（或联邦）权力的至上性，中央是社会公正与政治正义的维护者。社会公正与政治正义正是现代国家合法性的核心价值。

当然，中央在建立整体性政府，维护国家合法性的过程中也会受到政府组成各部分的挑战，毕竟后者也有自身利益。从纵向上看，整体性政府的建设面临着两大类挑战。一类挑战是地方政府和基层政府对中央政令的执行；另一类挑战则是由于公众对国家政治的厌倦和不信任，转而投入地方政治和基层政治中。在一些地方，文化和宗教因素的存在推动了地方分裂的倾向。从横向上看，整体性政府建设面临的最大问题是不同部门之间的职责不清，相互推卸责任，加重了政府运行的官僚化。而在处理许多危机问题的时候，出现了"有组织的不负责任"现象。[①]

第五，塑造文化认同。现代国家要实现国民文化的同质化，使国土范围内的不同族群、宗教、地方、人群都能形成以国家为基本目标的统一认同，并能超越各自的认同，不使彼此间产生冲突。之所以需要建立统一的国家文化认同，根本原因是现代国家并非单一民族国家，而是多民族或种族组成的国家。当今世界上共有 3000 多个民族，但主权国家不过 200 多个。除索马里、朝鲜、博茨瓦纳和斯威士兰等少数几个国家外，几乎所有国家都是由多个族群组成的，其中 40% 的国家是由超过 5 个重要的族群组成的。[②]

国家的文化认同是在现代国家建构过程中被塑造出来的。统一的文字、完整的教育体系、历史的重新编写以及各种形式的宣传等是塑造文化认同的基本手段，并且成为国家公民社会化的重要内容。国家的强制力量是这些手段顺利实施的物质保障。在各种国家文化认同形式中，爱国主义是典型形式，表达了国民对于本国历史文化价值的热爱以及作为其成员的身份认同。文化认同也支撑了国民对本国政权的认可，尽管文化认同与政权认同并非统一的。

有学者提出，在文化认同的塑造过程中，实际上国家扮演着"殖民者"的角色，即通过建立起新的文化价值体系来替代传统的和各种地方性文化价值体系，实现国家权力的殖民化。[③] 在这个意义上，文化认同是与意识形态建构同步进行的，并且相互渗透，共同构成了葛兰西所说的"文化领导权"。但是，我们必须看到，在全球化时代，国家的文化认同面临两种挑战，即来自国内族群文化、地方文化认同的挑战和来自跨国文化、其他国家文化认同的挑战。虽然这些挑战基本上都停留在文化生活和日常生活层面上，并没有触及国家合法性的核心，但是也对国家塑造文化认同的手段、

---

① 杨雪冬：《"有组织地不负责任"与复合治理》，《学习时报》2004 年 12 月 20 日。
② 〔英〕罗宾·科恩、保罗·肯尼迪：《全球社会学》，文军等译，社会科学文献出版社，2001，第 507 页。
③ 2006 年 8 月与阿里夫·德里克的交谈。

方法以及曾经的历史提出了怀疑。国家必须为自己建立起更具有说服力和吸引力的国家文化体系，以维护自己的合法性。

第六，培养品格与能力。尽管现代国家有一套系统的制度结构，但是制度是依靠政治领袖和官员来实践的，后者是政治制度运行过程中的能动者，是国家合法性的具体体现者。对于普通公众来说，对国家以及各种制度的认识是从他们亲身接触到的政治家和官员开始的。这些政治人物的言行也是他们眼中的国家行为，代表着国家形象，因此政治人物的品格和能力也是维持国家合法性的重要因素。长期以来，一些研究合法性的学者都把韦伯提出的合法性三种理想类型简单地理解为合法性发展的三个历史阶段，从历史进化的观点来看待合法性类型的更替，因此很容易在讨论现代国家合法性的时候忽视个人的作用，从而直接造成了"只见制度，不见人"的局面，机械地理解国家合法性的维持。实际上，在其他学科中，对制度的研究从20世纪80年代以来就开始从设计和建设制度本身转向制度的强化和运行，并且越来越关注推动制度运行的实践者的能力。① 这无疑给我们理解个人在维持国家合法性中的作用提供了启发。

个人的品质和能力主要是从三个方面来支持合法性的。首先，具有出色品质和能力的政治领袖和官员能够有效地贯彻制度的效力，从而使制度运行更接近制度的精神和目的。其次，对于普通公众来说，具有出色品质和能力的政治人物更具有可信度，因此他们也更乐于服从后者的领导和指挥，从而降低了国家命令的服从成本。最后，具有出色品质和能力的政治领袖更具有凝聚力，在一定程度上弥补了制度本身的缺陷或不足。尤其在国家处于危机或制度运行停滞的时候，优秀的政治领袖往往能起到扭转危局的作用，赢得民众的信任。当然，在国家合法性的维持过程中，尽管个人能激活制度，但始终无法替代制度。对于政治人物来说，品格与能力同样重要。前者集中体现为政治人物也具有"人性"，尤其高于一般水平。对普通公众有感召力；后者则表现为他们能够有效地履行自己在政治系统中

---

① Peter Morgan, "Capacity Building: An Overview," cited from Merilee S. Grindle, *Getting Good Government: Capacity Building in the Public Sectors of Developing Countries*, Cambridge: Harvard University Press, 1997.

的职能，尤其能回应社会的需求。

第七，履行国际义务和责任。承担国际义务和责任并不是总能支持合法性的维持。在历史上，也有通过对外扩张和侵略来谋求国内合法性的许多案例，尽管这些扩张和侵略会被赋予各种貌似合理的理由，甚至被描绘为正义的行动。但是，随着国际社会的发展，各种国际体制的建立和完善，以对抗国际社会，放弃国际义务和责任来赢得国内合法性的可能性越来越小，国内合法性与国际合法性越来越重合在一起。国家的合法性也需要获得国际社会的认同与支持。

对于一个国家来说，所承担的国际义务和责任可以分为两个层次。在最低层次上，是维护国际和平。这要求国家遵守国际准则，维护地区安全和全球安全。在最高层次上，要在变动的世界中主动承担责任。这要求国家参与各种国际行动，并为国际行动提供必需的支持。当然，由于国家类型的不同，各国所承担的国际义务和责任也存在着差别，并且国家间利益的矛盾和冲突也直接影响着各国的意愿和行为取向。但是，不论如何，随着国家之间相互依存程度的加深，国际制度的完善和执行效力的提升，国家必须通过参与国际规则的制定、国家间的对话以及各种国际事务，来争取国际社会的理解和支持，以更有效地解决日益国际化的国内问题。

应该提醒的是，国家承担国际义务和责任，不仅要处理国家之间的关系，还要学会处理与日益强大的跨国非政府组织的关系。后者作为全球市民社会的雏形已经开始涉入各种领域，承担起被国家权力忽视或者无法完成的责任。一方面，它们在许多国家建立起分支组织，来影响所在国政府；另一方面，它们还拥有自己的舆论资源和联络网络，游说国际政府组织。它们正在通过网络来制约国家的行为。

上面归纳的维持合法性的七种要素说明了国家权力是动态运行的，因此合法性的维持也是多种因素支撑的，① 国家不是合法性的唯一对象，具体

---

① Robert Oppenheim, "Legitimating Rhetorics and Factual Economies," in Lynn White (ed.), *Legitimacy: Ambiguities of Political Success or Failure in East and Southeast Asia*. Singapore: World Scientific Publishing Co., p. 230.

的领导人或政策以及其他权力网络也可以拥有"合法性"。① 在一个多元化的现代社会，合法性的维持也必然是多元的，但是这些多元因素是以"人民主权"为核心的。如果背离这个核心，任何因素都不会发挥维持合法性的作用，反而会侵蚀国家和执政的合法性。

四 结论：消费文化、合理性和全球化的挑战

国家的合法性始终面临着不断涌现的新挑战，消费文化、管理的合理性以及全球化是其中最重要的内容。

消费文化的兴起对于国家合法性无疑是一种新的挑战。进入大众消费时代后，在市场的推动下，人们的社会经济文化需要被进一步细化，并得到相应的满足。而市场不断创造出来的新产品、新服务也在吸引着人们的更多关注，并成为他们构建新的认同的基础。消费行为挤占了政治参与的时间；消费的愉悦替代了政治的责任。在消费文化下，人们的行为呈现出两种基本趋向：一方面，人们的行为越来越个人化，他们日益关心自己的消费水平、身体状况以及独特性的表达；另一方面，人们的行为也越来越去政治化，表现出对政治生活的冷淡和疏远。对于国家合法性来说，这两种倾向都具有侵蚀作用。前者对国家的社会经济文化管理职能提出了更高的要求，迫使国家不断地提高管理的"理性化"水平；后者则对国家政治生活的运行方式提出了挑战，使得国家政治生活日益倚重大众媒体，政治人物的行动越来越迎合媒体的要求，出现了"媒体化"和"娱乐化"倾向。但无论"理性化"还是"媒体化""娱乐化"，对于国家的合法性来说，都存在着潜在的威胁，因为它们会导致合法性实现过程中各种支持性因素关系的错乱，甚至相互冲突。

哈贝马斯所分析的合法性危机在很大程度上是由国家管理的"理性化"或者国家的"合理性"导致的。他认为，国家为了保证生产的持续，获得

---

① Lynn T. White., "Introduction—Dimensions of Legitimacy," in Lynn White (ed.), *Legitimacy: Ambiguities of Political Success or Failure in East and Southeast Asia*. Singapore：World Scientific Publishing Co., p. 2.

大众的忠诚，把越来越多的预算用于公共支出，比如承担与生产直接相关的基础设施的建设费用（如交通系统、科技发展以及职业培训等），担负与生产间接相关的社会消费费用（如住宅建设、医疗、教育和社会保障等），负担社会福利，尤其是失业者的费用，以及承担私人生产造成的环境恶化的外部费用。哈贝马斯认为，这些变化使得国家同时承担着两种任务，一种是征税和合理地使用税收，以保证经济的正常运行，这体现为国家的合理性；另一种是随着国家行为的扩展，要论证各种行动的合理性，以获得合法性。① 这样，合理性对于合法性既可能起到支持作用，也可能削弱合法性，尤其是国家对社会经济生活的干预影响到整个统治系统的整合的时候，合法化危机就出现了，这就要求国家必须超越合理性，来寻求新的合法性来源。在哈贝马斯看来，合法性的持续获得来自社会文化系统的调整，以生产出新的认同，因为"不能随时用来满足行政系统要求的僵化的社会文化系统，是加剧合法化困境并导致合法化危机的唯一原因"。② 但是，"国家不能简单地接管文化系统，国家计划领域的膨胀实际上使得文化的自主性成了问题。'意义'是一种稀有资源，而现在变得更加稀有"。③这样，合理性的扩大引发了合法性的全面危机。

政治生活的"媒体化"和"娱乐化"同样也会侵蚀国家的合法性，这集中体现在两个方面。一方面，一些政治家可以通过媒体的宣传来引导社会公众，使公众对政治生活的参与单一化为对某些有个人魅力的政治家的追随和拥护，或者对某种情绪的附和，因此做出非理性选择。近年来，在一些国家选举中出现的"政治明星"和极右力量的上升不过是这种非理性选择的两个极端。另一方面，政治生活的"媒体化"和"娱乐化"也挫伤了社会公众的政治参与热情，使他们对政治采取冷漠态度和奉行"犬儒主义"，远离政治生活。各国投票率的下降在一定程度上反映着这种状况。当

---

① 〔德〕尤尔根·哈贝马斯：《合法化危机》，刘北成、曹卫东译，上海人民出版社，2000，第 84 页。

② 〔德〕尤尔根·哈贝马斯：《合法化危机》，刘北成、曹卫东译，上海人民出版社，2000，第 97 页。

③ 〔德〕尤尔根·哈贝马斯：《合法化危机》，刘北成、曹卫东译，上海人民出版社，2000，第 96 页。

然，我们还应该看到，在公众对国家政治生活采取疏远态度的同时，他们在日益回归到地方政治和社区政治以及生活政治之中，关注与自己直接相关的公共事务。尽管从理论上说，通过参与地方政治和社区政治培养出来的公共精神会转化为对国家政治的参与，但在现实生活中，也会产生相反的作用，人们开始怀疑国家权力。如果国家不能采取必要的改革，通过下放权力、支持公民参与来沟通国家政治与社区政治、地方政治以及生活政治的联系，那么国家存在的合法性必然受到根本性的挑战。

除了上述谈到的两种形式的挑战外，我们必须注意到全球化对国家合法性的挑战。现代国家虽然是独立主权国家，但不是孤立的、生活在国际体系之外的国家，因此必然与其他国家以及不断增加的国际活动主体发生越来越密切的联系，受到后者的约束。目前有三个变化值得注意。①居民的跨国流动。传统的国家理论是从静态上理解国家权力与居民关系的，认为统治者所针对的对象是定居在国界内的居民，只要满足他们的需要就能获得合法承认，而且定居在同一个地域中的居民也更容易形成共识。交往工具的发展以及经济社会交往范围的扩大削弱了国界对于人口流动的限制。不仅本国的公民通过经商、旅游、文化交流等渠道进行着频繁的跨国流动，而且侨居外国的本国同胞也开始回流，并试图影响母国的政治。在全球化时代，这些流动的群体具有很强的信息动员能力，会对国家权力合法性的理念基础提出怀疑和直接挑战。②经济全球化。经济全球化是以多种形式出现的，并且对于国家在经济领域的管理权以及管理能力提出了严峻挑战。各种关于"民族国家终结"的判断或理论所依据的就是国家已经无法管理全球化的经济。虽然这些判断夸大了事实，但也揭示了事实，因为在现代社会，国家能够管理好经济，使经济保持稳定的、公平的增长是国家权力具有合法性的重要支持。③国际主体的多元化以及治理的国际化。这不仅表现为国家数量的增加，还体现为国际政府间组织、非政府组织以及跨国公司的大量增加。这些主体推动了国家治理的国际化。治理的国际化集中体现在两个方面：一是国外力量介入国内治理，典型的是国际组织给一些国家提供物质援助以及政策建议；二是国际事务处理过程中的多主体参与，既有国际事务和问题处理过程的参与，也有固定化机制和组织的建立，后者的具体代表是区域性治理组织的出现，比如欧盟、东南亚联盟等。对于国家合法性来说，全球化带来的冲击是多方面的，集中体现在三个方面。首先，国家必须履行国际义务和责任，尤其要遵守国际规则，否则必然会受到国际社会的压力，影响国内治理；其次，国家必须要处理好具有国际影响的国内问题，避免这些问题升级为国际问题乃至全球问题；最后，国家必须处理好来自国际社会的各种信息，尤其是那些影响国家形象的消极信息，使国民能理性地看待自己的国家。

自 20 世纪 70 年代以来，关于合法性危机的讨论一直存在，聚焦在各国政府的身上。不断分化的社会公众以及新兴的社会团体用更加多元化的标准来衡量国家存在的理由，用更加多样的认同冲击着甚至替代着国家认同。然而，作为一种制度综合体，国家依然会存在下去，并且也在主动进行着调整，国家并没有"终结"。但是，这并非说继续合法性的讨论没有意义，因为国家政治生活依然是实现政治善的主要途径，人们需要在国家制度框架下来开展共同的政治生活，解决各种利益冲突，识别自己的同胞，并实现自己的自由和权利。

第十五章

在推进国家治理现代化中完善执政方式[*]

执政者及其执政方式在国家治理中发挥着关键的能动作用。比较而言，中国共产党对于中国的发展和治理来说，作用更为突出。[①] 中国共产党作为执政党，在历史发展过程中形成了富有特色的执政理念、风格和方式，虽然在社会主义建设和改革开放过程中，不断对其进行丰富和改进，但是总体上还带有鲜明的革命色彩，从革命党向执政党的转变任务艰巨。经过 30 多年改革开放，推进国家治理现代化，完善中国特色社会主义制度成为全面深化改革的总目标。要推进国家治理现代化，就必须依靠执政者及其执政方式的现代化。如果说中华人民共和国成立后的社会主义建设时期，中国共产党对执政方式进行了第一次现代化探索，改革开放后进行了第二次现代化探索，那么当下我们正进行第三次现代化探索。如何从当下中国正在变化的国情和中国未来发展的方向出发，推进第三次现代化，是我们面临的新挑战。

一 执政方式是国家治理的核心要素

每个国家都有自己一套国家治理体系。尽管体系间总有相似之处，但

---

[*] 本章主要内容发表在《北京行政学院学报》2016 年第 6 期。

[①] 习近平在纪念建党 95 周年讲话中说："中国产生了共产党，这是开天辟地的大事变。这一开天辟地的大事变，深刻改变了近代以后中华民族发展的方向和进程，深刻改变了中国人民和中华民族的前途和命运，深刻改变了世界发展的趋势和格局。"

是没有完全相同的。在各项差异中，关键性的差异是执政者在国家治理中的地位、发挥作用的方式以及具有的能力，因为执政者是国家治理中的首要能动者，直接掌握、控制和运用着国家权力，而国家权力相对于市场力量、社会力量具有强制性、垄断性、规范性、渗透性和全面覆盖性。执政者可以利用国家权力实现自己的执政理念、方略和目标，调整社会经济关系，进而巩固和提升执政的合法性。执政者与国家权力之间的关系构成了执政方式的基本内涵，因此，有学者认为，执政方式就是党控制和影响国家公共权力的体制、机制、途径、手段和方法的总称。① 而国家治理的绩效是执政方式合理性与执政能力的集中体现。

执政者往往是组织化的，即使在传统社会，国王、皇帝也要依靠一套完整的组织体系来实行专制统治。这套组织体系涉及执政者与执政对象、最高执政者与执政团队、各层级政权执政者之间以及执政者与社会精英等一系列关系，目的是把治理国家过程中人的因素与制度的作用更好结合起来，确保执政的长期性和稳定性。

近代以来，随着西方世界的兴起，其繁荣的经济、充满活力的社会以及以"船坚炮利"为支撑的对外扩张，使得西方的执政方式和治理国家的模式成为许多后发国家学习和模仿的对象。民族国家成为国家治理的基本载体和制度单位，为许多制度的实施和运行划定了地理边界。列宁曾说："民族国家对于整个西欧，甚至对于整个文明世界，都是资本主义时期典型的正常的国家形式。"② 启蒙运动之后，"人民主权"、"代议制"以及自由、民主、法治等理念逐渐上升为主流，被用来改造、重塑或者论证执政方式涉及的各种关系，尤其是执政者与执政对象之间的关系。

芬纳认为，现代国家的所有基本特征都源自西方，无一例外。这些特征包括：作为疆域组织基础的民族性原则，作为所有政治权威合法化基础的人民主权原则，世俗原则，社会的目的性，经济独立原则，公民权的概念。③ 这些现代特征在政治、经济、社会等领域中以不同形式的制度体现出来。在

① 张志明：《党的执政方式前沿问题研究》，中共中央党校讲稿（编号 2016 - 268）。
② 《列宁选集》第 2 卷，人民出版社，1995，第 371 页。
③ 〔英〕芬纳：《统治史》卷二，马百亮译，华东师范大学出版社，2014，第 451 页。

这些制度中，执政者的组织化典型形式就是政党，制度化、程序化、法治化、民主化既成为国家治理追求的价值，也是国家治理的基本形制。

政党是现代社会分工的产物，不同的利益诉求都追求组织化表达。政党是代表一定阶级、阶层和集团的利益，旨在执掌或参与国家政权以实现其政纲的政治组织。由于有共同的理念、一定规模的党员以及内部的组织纪律和管理，因此政党更容易克服集体行动中的"搭便车"现象，实现有效的政治行动，也更可能延长组织的寿命，扩大组织的规模和影响力，进而保证国家治理的稳定性和连续性。另外，政党的这些特点也符合"人民主权"原则下"代议制"所体现的间接民主要求，将国家与社会联系起来，提高民意表达的组织化程度，实现国家权力运行的民主化。

当然，由于各国历史传统、经济发展水平、社会阶级关系以及政治体制等的不同，政党产生时间、追求的价值理念以及具体组织方式存在较大的差别，但是政党由于其代表性、组织的有效性以及政治行动的"平民化"等特点，成为现代执政方式最普遍的体现者。第二次世界大战后，政党几乎成为各国普遍的政治现象，即使是军人执政的国家，也会组织自己的政党或者支持代表自己的政党，以体现执政的"文明化"。

许多后发现代化国家把更多的精力放在学习、模仿或者移植这些现代制度上，以为这些制度是西方国家取得发展成功的原因。而西方国家也自认为自己的治理模式和执政方式具有天然的优越性，既滋生出制度优越感，也热衷于向外输出制度，多党制就是其中之一。但越来越多的事实证明，西方国家认为的好制度"其实大多数都是发达国家经济发展的产物，而不是它们经济发展的原因"。①

尽管如马克思在 1867 年的《资本论》序言中所言，"工业发达的国家向工业较不发达的国家所显示的，只是后者未来的前景"，但是在现代国家制度建设实践中，作为上层建筑的执政方式与治理国家的模式无法摆脱经济基础以及社会历史文化条件的限制，必然呈现出多样性。简单照搬西方

---

① 张夏准：《富国陷阱：发达国家为何踢开梯子？》，肖炼等译，社会科学文献出版社，2009，第 130～131 页。

国家的政治制度更多的时候只会产生诸多的副作用，因为政治制度的持续有效运行不是由某种现代观念或者政治人物的个人意志决定的，更多地取决于其对社会经济环境的适应和对社会政治力量关系的调节。越来越多的事实表明，将制度现代性等同于西方化，将政治制度现代化等同于多党制、民主化，无论在理论上，还是实践上，都是片面和误导人的。在福山看来，"世界上许多国家难以实现西方自由民主的现代性"。① 21 世纪以来，随着第三波民主化的回潮，"阿拉伯之春"后产生的地区性动荡，以及 2008 年全球金融危机之后包括美国在内的多个西方发达国家社会问题的凸显、政治运行的停滞，政党在国家政治中的作用，其执政方式和能力的重要性更值得关注和思考。

二　中国共产党的执政方式是内生演化的

中国作为后发现代化国家，从 19 世纪 40 年代国门被打开以来，也面临着制度的选择。经过一个多世纪的社会政治动荡，各种政治势力的争斗，最终中国共产党人以自己明确的政治主张、丰富的政治实践和有效的政治策略胜出，赢得了民心，取得了全国政权，建立了中华人民共和国，从而成为执政党。这既是历史的选择，也是人民的选择。作为执政者，中国共产党虽然信仰了起源于西方的马克思主义，学习借鉴了苏俄的实践道路，但并没有教条遵循、简单照搬，而是将其进行了成功的本土转化，实现了理论和实践的中国化。在这个转化过程中，中国丰富的传统治国理政思想，百年来近代中国的激越变革、激荡发展都发挥了重要作用，从而形成了当代中国富有特色的国家治理模式和执政方式。

与绝大多数国家相比，中国的传统社会延续时间长，没有根本性断裂，加之历代执政者重视对前代执政经验进行总结，作为主流文化的儒法思想带有强烈的治乱倾向等原因，中国积累了丰富的治理国家的理念和知识。

---

① Francis Fukuyama, "The Imperative of State-building," *Journal of Democracy*, Volume 15, Number 2, 2004, pp. 17–31.

习近平在主持中央政治局第十八次集体学习时说："在漫长的历史进程中，中华民族创造了独树一帜的灿烂文化，积累了丰富的治国理政经验，其中既包括升平之世社会发展进步的成功经验，也有衰乱之世社会动荡的深刻教训。我国古代主张民为邦本、政得其民，礼法合治、德主刑辅，为政之要莫先于得人、治国先治吏，为政以德、正己修身，居安思危、改易更化，等等，这些都能给人们以重要启示。"①

政党政治是现代化的产物，中国共产党也是如此。它是按照列宁主义政党这一现代政党模式创建的，从形制上不仅与其他列宁主义政党有相似之处，甚至与西方发达国家政党以及许多发展中国家的政党也有不同程度的相仿。由于 20 世纪中国社会面临全面危机，社会革命成为克服危机的选择。② 在领导革命的过程中，中国共产党所处的环境异常艰险，必须从中国实际出发才能求得自身的生存和发展。经过不懈努力，中国共产党摸索出一条领导中国革命成功的道路，并创造性地实现了政党现代性的本土转化，在西方政党、列宁主义政党以及民族主义政党等类型之外开创出一种中国式的政党类型。

毛泽东在 1949 年中华人民共和国成立前夕的一篇文章中精辟地总结了共产党奋斗 28 年战胜敌人所依靠的"区别于前人的"三件"武器"，即"一个有纪律的，有马克思列宁主义的理论武装的，采取自我批评方法的，联系人民群众的党。一个由这样的党领导的军队。一个由这样的党领导的各革命阶级各革命派别的统一战线"。③ 他说的"前人"不仅包括了近代以来中国出现的各种政党，也包括了这些党所学习模仿的西方政党。

将中国共产党置于世界政党的坐标系里来认识，更凸显出其与其他类型政党的差别，也能更清晰地认识其在夺取政权的过程中形成的内在特点。扼要而言，与发达国家政党相比，中国共产党是革命性政党，夺取了政权，打破了旧的国家机器，按照自己的社会政治理念建立了新制度，将改造社

---

① 《习近平主持中央政治局集体学习时强调历史是最好的老师》，《人民日报》2014 年 10 月 14 日。
② 邹谠：《二十世纪中国政治》，牛津大学出版社，1994，第 6 页。
③ 《毛泽东选集》第七卷，人民出版社，1991，第 1480 页。

会作为历史使命；与许多后发国家的政党相比，中国共产党在革命过程中，通过局部建政执政，积累了较为丰富的执政经验；与苏东国家列宁主义政党相比，中国共产党具有更强的军事性，是通过独立自主的武装斗争取得政权的。[①] 革命立场、执政经验、军事斗争直接影响和塑造着共产党成为执政党的行动逻辑。

首先，革命是共产党的历史使命，从而改造和引领社会成为保持政党地位的基本路径。共产党将自己定位为工人阶级的先锋队，要带领无产阶级和中华民族求得解放，是各项事业的领导核心。中国的革命并不是旧式的，而是由掌握着先进理论，把握着历史规律的无产阶级政党领导的。毛泽东曾经说："自从中国人学会了马克思列宁主义以后，中国人在精神上就由被动转入主动。"[②] 与当时中国的其他政党相比，中共所坚持的理念更有道德说服力和感召力，制定和实施的纲领和政策更有可行性，更能获得社会大众的全面支持。引领社会依靠的是先进的理念和党员的出色行为，改造社会依靠的打破旧的生产关系，塑造新的阶级意识、民族意识和国家意识。只有引领社会才能将党与群众的关系保持在一个合理范围内，只有不断改造社会，进而不断地改造政党自身，才能使党的意志得以全面贯彻，持续获得群众的认可和支持。承担历史使命成为党论述合法性的基本出发点。

其次，军事斗争是获得执政地位的根本手段，从而军事化也成为保持组织行动力的基本方式。中国共产党夺取政权的过程是由建党—建军—建国三个环节组成的，军事斗争的成功使党的地位从局部割据逐渐转变为全国执政，也把军事化的组织方式延伸到执政实践之中。毛泽东曾经说，在中国无议会可以利用，无组织工人举行罢工的合法权利，共产党的"主要的斗争形势是战争，主要的组织形式是军队"。军事斗争也是一个提升组织能力的过程，因为"有了枪可以造党，还可以造干部、造学校、造文化、

① 陈明明教授根据中国共产党这些特点，将其称为"统治党"。参见陈明明《在革命与现代化之间——关于党治国家的一个观察与讨论》，复旦大学出版社，2015，第93页。
② 《毛泽东选集》第4卷，人民出版社，1991，第1516页。

造民众运动"。① 在中华人民共和国成立前夕，毛泽东指示，要把军队变为
"工作队"，迅速学会管理城市工作的方式和方法。② 军事化组织强调统一领
导，一切行动听指挥，保持"看齐"意识，采取信息层层传递方法，重视
保守秘密。这些特征和许多具体做法一直延续下来。

最后，群众工作是获得斗争资源的基本方式，从而动员和组织群众成
为提升政策效力的主要手段。毛泽东曾说，做群众工作，把群众组织起来，
是"一项本领"。③ 群众工作既是中国共产党取得军事成功的经验，也是在
局部执政的具体实践。中国共产党是在斗争的过程中不断成长壮大的，从
反抗国民党统治的武装割据，到延安十三年局部执政，再到各抗日根据地
的建设，始终处于敌强我弱、四面包围、资源紧缺的状态下，唯有获得周
围群众的支持和拥护，才能获得军事和政治斗争的资源，对抗强大的敌人。
要动员群众，就是要通过各种教育、斗争等方式唤醒他们的意识，维护他
们的根本利益，使他们坚定地跟党走。还要通过党的基层组织，农会、妇
女组织、青年组织、儿童团等各种群众性组织将他们有效组织起来，在党
组织的领导下，各群体相互教育、督促，提升了行动力。动员群众和组织
群众是相辅相成的，只重视动员，不重视组织，就会使自己成为群众运动
的"尾巴"；只重视组织，不给予动员，就会陷入"冒进"。取得执政地位
后，群众路线作为党的根本工作路线，不断得到强调，并作为坚持党的宗
旨，避免脱离群众、犯官僚主义错误的方式。

中国共产党在夺取政权过程中通过自己探索积累的成功经验不仅在党
内实现了制度化，而且深刻嵌入中华人民共和国成立后的国家治理体系构
建和运行之中。对于中国的国家治理体系而言，中国共产党不仅是执政党，
还是进行政治、思想和组织领导的领导党，从而大大丰富了执政内涵。党
的执政地位不仅是在一般意义上掌握和运用国家政权，还要掌控社会、经
济、文化等诸多领域；不仅体现在党员占据国家政权中的重要岗位，还要
持续吸纳社会各群体中的优秀分子；不仅体现在倡导和坚持某种政治理念，

---

① 《毛泽东选集》第 2 卷，人民出版社，1991，第 547 页。
② 《毛泽东选集》第 4 卷，人民出版社，1991，第 1405 页。
③ 《毛泽东选集》第 3 卷，人民出版社，1991，第 928 页。

还要将这种理念灌输到全社会，确定其主流地位。因此，中国共产党的执政方式与领导方式密不可分，并因为党的领导核心地位，执政方式更少受国家制度的规范，有更强的党的意志性。

三 国家治理体系中的执政方式现代化

政党是通过国家制度来实现其价值的。中国共产党夺取政权，带领人民创建了一整套有中国特色的现代国家治理体系，从一个国家制度之外的政党转变为国家制度框架内的政党，实现了领导党与执政党双重身份的重合，并由此身兼两种任务，作为领导党要不断推进国家制度的完善，而作为执政党又要遵循国家制度的规定。党的领导地位是历史确立的，也是当代中国制度的根本属性，因此，党的执政方式必然是在党领导国家制度完善的过程中改进的，党与国家的关系始终是改进党的执政方式的核心内容。

1949年通过政治协商会议实现民主建政后，对于这个新的国家来说，最为迫切的任务是设计一种现代的、为世界各国普遍接受的制度形式，实现国家政权产生和运行方式从军事化向常态化的转变。以宪法为依据的各项国家制度逐步建立起来。

国家制度一旦建立，就开启了执政方式现代化的第一次探索。共产党汲取国民党失败的教训和抗日根据地建政的经验，一开始就明确提出党执政而不是"代政"。邓小平在1941年谈到抗日根据地的政权建设时批评说，党包办一切，使得"群众认为政府是不中用的，一切要决定于共产党。于是要钱的是共产党，要粮的是共产党，政府一切法令都是共产党的法令，政府一切错误都是共产党的错误，政府没有威信，党也脱离了群众。这实在是最大的蠢笨"。[①]1951年11月，党中央在《关于在人民政府内建立党组和组建党委会的决定》中明确指出，"党政之间不是隶属关系，如果把党对国家的领导作用看作是党直接执掌政权——这是对党执政地位的错误理

---

① 《邓小平文选》第1卷，人民出版社，1994，第11页。

解"。

然而，在执政过程中如何发挥党的作用是一个新挑战。随着社会主义改造的加速完成，加快社会主义建设，实现现代化赶超成为党和国家的中心任务，党的执政方式越来越"领导方式化"，因为党在革命时期形成的集中、动员等工作方式更容易进行组织大规模的建设项目，而国家权力为这种工作方式提供了制度性保障。1953 年 3 月中央发布《中共中央关于加强中央人民政府系统各部门向中央请示报告及加强中央对政府工作领导的决定（草案）》，要求今后一切政府工作中的主要和重要的方针、政策、计划和重大事项，均须事先请示中央，并经过中央讨论和决定或批准后，始得执行。政府各部门对于中央的决议和指示的执行情况及工作中的重大问题，均须定期地和及时地向中央报告或请示，以便能取得中央经常的、直接的领导。1955 年，为了加强党的领导，各级党委对政府工作实行归口领导，从此各级党委开始设置与政府职能部门重叠的机构，党委不仅管路线、方针、干部，而且直接抓各种生产业务。有学者指出，在 1953～1957 年第一个"五年计划"期间，党的执政方式指导思想开始发生变化，由反对党政不分转变为支持和实施以党代政、党政不分。① 1958 年，毛泽东在谈到领导小组的时候更是明确地说，"大政方针和具体部署，都是一元化，党政不分"。②"文化大革命"期间，大规模的群众运动冲击国家机关，造成政府和公检法等国家机关普遍瘫痪，依靠军队维持秩序，既是以党代政的极端后果，也是对国家制度框架下党的执政方式的严重扭曲。

"文化大革命"结束后，国家政治生活秩序恢复。随着改革开放事业的开启，各项国家制度开始正常运行并陆续改革完善，党对执政方式开始了第二次现代化探索。这次探索的核心是通过下放权力来推动党政分开。邓小平 1980 年关于"党和国家领导制度的改革"的讲话，成为改革开放以来党的执政方式现代化的纲领性文件。他总结说："党成为全国的执政党，特别是生产资料私有制的社会主义改造基本完成以后，党的中心任务已经不

① 历有国：《论"一五计划"时期中国共产党执政方式指导思想的变化及其影响》，《江汉论坛》2007 年第 10 期，第 88～91 页。

② 转引自刘振华《党的执政能力建设》，江苏人民出版社，2004，第 208 页。

同于过去，社会主义建设的任务极为繁重复杂，权力过分集中，越来越不能适应社会主义事业的发展。"① 权力过分集中于个人或者少数人手中，必然产生官僚主义，破坏各种制度，影响党与政府、经济组织、群众团体之间的职权划分。因此要下放权力，通过宪法等法律保障和维护人民群众的各项权利，建立各级政府从上而下强有力的工作系统，明确党政分工，推动企事业单位的领导体制改革，在各级党委真正实行集体领导和个人分工负责相结合的制度，实行干部退休制度等。

然而，在实践过程中，"党政分开"的改革并没有完全达到党政职能分开的目标，权力过分集中无法监督的老问题并没有得到合理解决，党政一把手之间闹矛盾又产生了新的内耗。② 造成这种现象的根本原因在于实现经济社会"赶超型"发展既是国家现阶段的历史任务，也是党承担的历史使命。党必然主动介入各个领域的工作之中，必须在各项工作的完成中发挥领导核心作用，党的领导方式与执政方式在具体事务中无法简单地区分开来。

尽管如此，党对于改善执政方式、提高执政能力的认识更清晰了，主动性更强了，因为随着市场经济的发展、社会利益结构的变化调整以及国家各项制度的完善，党的执政环境发生了深刻的变化。市场经济的发展调动了个人和资本的积极性，形成了以利益为基础和纽带的对外交往环境。社会利益的分化产生了更多的阶层，造成了群众内部的多样化，形成了更多的利益诉求和价值诉求。以民主法治为基本原则，各项国家制度进一步完善。所有这些变化不仅带来了更多新的执政问题，而且增加了执政环境的复杂性，约束了执政的自主性。

1994 年，中共中央做出了《关于加强党的建设几个重大问题的决定》，提出党必须善于在改革开放新形势下认识自己、加强自己、提高自己。十五大报告明确提出了"不断提高领导水平和执政水平"。2001 年，江泽民在庆祝共产党成立八十周年的讲话中提出，要按照"总揽全局、协调各方"

---

① 《邓小平文选》第 2 卷，人民出版社，1994，第 329 页。
② 张志明：《党的执政方式前沿问题研究》，中共中央党校讲稿（编号 2016 - 268）。

的原则，改进党的领导方式和执政方式。一方面，要发挥人大、政府、政协以及人民团体等的职能作用；另一方面，要保证党的核心地位，发挥党组和担任领导职务的党员干部在这些机构中的作用。十六大报告提出依法治国是党领导人民治理国家的基本方略，任何组织和个人都不允许有超越宪法和法律的特权。规范党委与人大、政府、政协以及人民团体的关系，支持这些机构依法履行各自的职能，支持各方独立负责、协调一致地开展工作。

经过10年的探索，2004年，中共中央做出了《关于加强党的执政能力建设的决定》，对于如何在新形势下改善党的领导和执政方式，加强执政能力进行了系统论述，提出了科学执政、民主执政、依法执政的基本原则，以及党在各个领域体现执政党地位的制度设计和具体举措。十七大报告提出要坚定不移发展社会主义民主政治，使政治体制改革随着经济社会发展不断深化，与人民政治参与积极性不断提高相适应。执政方式要在人民民主、社会主义法治和党内民主推进过程中进行完善，要通过制度化、规范化、程序化、机制化来具体实现。

经过中华人民共和国成立以来的两次探索，执政党既深刻体会到以党代政的弊端，也清醒地认识到党政不能简单地分开，应该更加实事求是地面对在现有制度框架下，在当下历史发展阶段中，如何更好地为人民执政这个关键问题。2013年，党的十八届三中全会提出要推进国家治理体系和治理能力现代化，标志着党的执政方式现代化进入第三阶段。

首先，国家治理体系现代化的提出，明确了党与国家治理体系的关系。国家治理体系不是外在于执政党的，而是"党领导下"的管理国家的制度体系，包括经济、政治、文化、社会、生态文明和党的建设等各领域体制机制、法律法规安排。同样，党的体制机制、党内法规体系也不是外在于国家治理体系的，而是国家治理体系的有机组成部分。由此，才能构建系统完备、科学规范、运行有效的制度体系，使各方面制度更加成熟、更加定型。①

① 习近平关于《中共中央关于全面深化改革若干重大问题的决定》的说明。

其次，国家治理能力现代化的提出，发展了党的执政能力概念。国家治理能力是运用国家制度管理社会各方面事务的能力，包括改革发展稳定、内政外交国防、治党治国治军等各个方面。毫无疑问，执政党的能力是整个国家治理能力的核心，也是工作的重点，同时也要"提高国家机构履职能力，提高人民群众依法管理国家事务、经济社会文化事务、自身事务的能力"。因此，国家治理能力的提升是综合性、全面的，要依靠实现党、国家、社会各项事务治理制度化、规范化、程序化，尽快提高党和国家机关、企事业单位、人民团队、社会组织等的工作能力，国家治理体系才能更加有效运转。①

最后，党的执政方式现代化要尊重国家治理现代化的规律。国家治理现代化是现代化的具体形式，同样遵循着分工深化、合作深入、交往扩展、人的主体性提高的规律。因此，当下要继续完善党的执政方式，尤其应该重视五个方面的问题。

一是在坚持"总揽全局、协调各方"的执政格局前提下，遵循社会分工、政治分工的规律，着力提升"各方"的责任意识、协同理念和治理能力，在相应领域和问题上更有效地发挥"各方"的作用。同时，要充分发挥党的"领导地位"，推动"各方"之间的合作互动，提高制度的整体性，保持和延续集中力量办大事的制度优势。

二是在坚持科学执政、民主执政、依法执政的总原则下，探索符合时代特点、整体制度框架要求、有助于问题解决的机制策略和方法。这就需要鼓励地方部门积极主动地进行差异化创新探索，以实践的多样性激发制度活力，从而将这个总原则落到实处。

三是要通过体制机制建设减少和避免以党代政干政。社会事务越复杂，党越要保持"中立"的地位，推动和支持用民主法治的方法解决问题。坚持依法执政，积极推动法治国家、法治政府、法治社会的一体化建设。在党的意志贯彻中减少命令强制，重视引导教育。在具体问题的解决中减少

① 习近平：《切实把思想统一到党的十八届三中全会精神上来》，http://www.gov.cn/ldhd/2013-12/31/content_2557965.htm。

直接介入，克制过多使用政治手段，主动积极地发挥制度、法律的作用，在问题解决过程中提高政府、司法及其他国家机关的公信力。

四是要提高党的执政方式的精细化水平。既要保持集中力量办大事的优势，也要努力实现人民利益无小事的承诺。在国家治理体系完备的条件下，党的执政方式不能只停留在愿景引领、价值塑造、理念阐发上，还要通过具体有效的措施方法、工具手段将党的执政优势发挥出来，回应社会更高的、更多样的需求，体现党的现代化治理水平，从而使党的执政地位具体化、鲜活化。因此，要在执政理念的引领下，推动执政方式的具体化、精细化，通过执政效果体现执政理念。

五是要重视党的执政方式日常化。坚持群众路线就是要防止党高高在上，陷入官僚主义，使党始终融入在社会经济生活中。要根据城市化、网络化、多样化以及代际更替等社会生活变化的特点，主动改进领导人的言行、加强基层组织建设、发挥党员模范带头作用、督促国家机关提升管理和服务水平、引领公共参与，使党更为有效地嵌入人们变动中的日常生活中，将先锋队的作用落到实处、细处，让群众在具体政策和公共事件中真切感知到党的积极作用，在生活质量提升的同时增强社会信任。把群众工作的重点从动员社会转变到组织社会上来，根据社会利益多元化、社会自组织意识不断增强的客观条件，来创新组织社会的方法和组织形式，从而更有效地发挥党在国家与社会中的桥梁、纽带作用。

四　简要结论

如果说党的领导地位和执政地位得到宪法确认是体制性的，稳定不变的话，那么党的执政方式作为具体实践和策略方法则需要与时俱进，以适应变化的环境和党的中心工作的调整转移。中国共产党作为一个带有鲜明特色的现代政党，身兼领导党与执政党双重责任，继承着悠久的治国理政传统和鲜活的革命斗争经验，这使党在完善执政方式的过程中能够获得更丰富的资源，从而拥有更大的回旋空间和更多样的选择方案。在新的历史阶段，党要有更清醒的认知，平衡好发挥制度优势与克制制度缺陷的关系，要更加善于将政治、组织、思想的领导优势转变为科学执政、民主执政、依法执政的具体措施。在保持价值引领和道德感召的同时，党要更加重视执政实践中体制机制、方法手段、治理工具的创新和使用，既发挥治理体系中各个主体的作用，更要将党的影响扩散到社会生活的各个领域中。发挥这些优势，根本上需要执政党谦虚谨慎、善于学习、敢于修正自己，把自己坚持的价值理念与社会需要的治理结果更好地对接起来。正如习近平总书记在庆祝中国共产党成立 95 周年大会上告诫全党的那样，历史总是要前进的，历史从不等待一切犹豫者、观望者、懈怠者、软弱者。只有与历史同步伐、与时代同命运的人，才能赢得光明的未来。"面向未来，面对挑战，全党同志一定要不忘初心、继续前进。"①

---

① 习近平：《在庆祝中国共产党成立 95 周年大会上的讲话》，《人民日报》2016 年 7 月 2 日。

第十六章

构建与公共参与扩大相适应的乡镇治理机制[*]

乡镇是中国广大农村人口生产生活的主要场所，也是国家政权行使的最低行政层次，无论从人口规模上，还是在宪法意义上，都是基本的公共治理空间，也是中国社会主义政治文明建设的基础单位。

目前的乡镇治理改革，是在 30 多年改革开放背景下展开的。30 多年前，中国的改革从农村开始，取得了重大成就，为其他各项改革提供了稳定的基础。20 世纪 90 年代后，"三农"问题逐渐突出，并引起广泛关注。推动这些问题凸显的根本动力是广大农民权利意识和参与意识的增强。当权益受到冲击和损害时，他们开始积极行动起来，通过各种参与方式来维护自身权益。与不断高涨的农民参与要求相比，现有的乡镇管理体制虽然一直处于不断的调整过程中，但是相对滞后。有些地方的乡镇政权甚至成为产生问题、激化矛盾的根源，造成了广大农民对乡镇政权的不信任。这反过来又制约了乡镇政权的有效运行，并且将基层积累的矛盾转移到更高政权层级，使整个政权体系面临着"过度参与"的冲击。长此下去，整个国家的治理能力也将受到伤害。

因此，《中共中央关于推进农村改革发展若干重大问题的决定》提出，要完善与农民政治参与积极性不断提高相适应的乡镇治理机制，依法保障农民的知情权、参与权、表达权、监督权。面对不断高涨的农民政治参与

---

    *   本章的主要内容曾发表在《当代世界与社会主义》2010 年第 4 期。

积极性，乡镇治理改革要完成两个主要任务：一是要在新形势下把国家的管理继续有效地延伸到农村社会的基层，实现农村社会的有效治理；二是要使广大的农民真正参与到乡镇治理过程中，提高乡镇公共事务的民主治理水平，增强乡镇社区的凝聚力。

一　当前农村公共参与发展的基本特点

要准确全面地把握当前农村公共参与的特点，首先应该明确中国农村社会正在经历着快速现代化这个基本现状。经过 30 多年的改革开放，中国各地的农村都不同程度被卷入了城市化、市场化、工业化、信息化和全球化以及国家治理变革的进程中。在这些力量的推动下，传统意义的农村正在发生着深刻的变革。[①] 封闭的环境被打破，货币在社会经济生活中扮演着越来越重要的角色，农村内部社会阶层分化加快，村庄之间的差距在逐渐拉大，农村人口大幅度流动，因为年龄、健康等原因从城市返乡的农民工面临着重新开始生活的新问题，如从事农业生产的人口在减少，大家庭结构在逐渐解体，传统家庭保障机制在急剧弱化，个人的自由和权利意识明显增强，[②] 参与要求快速提高等。[③] 这些在发达国家经历数百年完成的变化在中国只用了短短的 30 多年时间就完成了。这无疑对于整个社会的文化心理、社会关系以及治理方式等提出了挑战。与此同时，国家对于农村的治理方式也在进行着调整。农业承包责任制的完善、村委会选举的普遍推行、农业税的取消和国家更加重视城乡协调发展等不过是众多措施中的一部分。这些措施一方面使国家向农村、农民让渡了更大的自我治理空间，另一方面又重构着国家与农民之间的联系纽带、方式以及互动的机制。

农村参与就是在这样一种快速变化的背景下展开的。目前，中国农村

---

① "当前，中国农村正在发生新的变革，农村社会结构快速变动，社会利益格局和农民思想观念深刻变化"，请参考中办、国办印发《关于加强和改进村民委员会选举工作的通知》。

② 赵树凯：《农民的政治：迷茫与断想》，《中国发展观察》2009 年第 8 期。

③ "假如有一场政治革命正在整个世界发生，那么它就可以称为参与激增"，参见〔美〕加布里埃尔·A. 阿尔蒙德、西德尼·维巴《公民文化》，徐湘林等译，华夏出版社，1989。

的公共参与主要有以下十个特点。

第一，农村的参与主体在结构上发生了重大变化。毫无疑问，农民是农村公共参与的主体。经过 30 多年的发展变化，这个群体已经产生了高度分化。收入、职业、生活的空间（包括城乡、地区）、流动性，乃至文化传统、习惯等成为这个群体分化的标准，原来高度同质化的阶级群体正在被分割为多个差异性明显的新群体。这些新的群体在分化的过程中形成了自己更清晰的利益和认同，政治意识明显增强，自发组织的能力也在提高。我们必须清醒地认识到，现在的农民既不是经典作家著作中处于"袋中的一个个马铃薯"状态的农民，也不是改革开放初期全心投入农业生产的农民，更不是田园诗里男耕女织怡然自得的农民。[1] 他们是在市场化、城市化、工业化、全球化和信息化进程中日益分化、具有高度流动性的群体。唯一的共同点也许是他们还通过户口、土地、家人、宗族等体制性或非体制性纽带与自己出生的农村保持着密切的联系。

特别值得注意的是，城乡差距的客观存在，造成了村庄资源和人才的净流出。由于村庄基础设施较差，农村大量结婚的青年选择在城市和乡镇中心购房居住；农村教育水平低下，很多家庭选择把孩子送到城市和乡镇中心小学上学；农村日常生活商品化的发展，使得村庄的资本再向城市转移。上学、参军、就业等途径均使得乡村的精英不断被城市所吸纳。农村正呈现资本和人才的双重空心化。[2]

第二，农民的参与态度和参与能力呈现两极分化。有一种观点认为当前农民参与冷漠、能力不足。[3] 这只看到了问题的一个方面。与整个农民群体日益分化相伴生的是不同群体在参与态度和能力上的分化。而现阶段的基本状态又是两极分化，即小部分群体参与积极，表达意见和维护利益的能力更强，另外很大部分的群体与农村公共生活疏离，缺乏足够的参与动力和必要的参与能力。性别、年龄、职业和经济收入等标准并不是区分这

---

① 〔法〕H. 孟德拉斯：《农民的终结》，李培林译，社会科学文献出版社，2005。

② 《社科院报告提出农村基层廉政建设面临四大挑战》，http://www.cyol.net/zqb/content/2009.../content_2527436.htm。

③ 吴理财：《中国农村治理体制：检讨与创新》，《调研世界》2008 年第 7 期。

两类群体的明显标准，但是我们可以把积极参与公共事务的人士简称为精英人士。这些精英人士有四个基本特征。①他们来源多样，因此不能被称为一个群体。这些人员包括：前任和现任村干部、有强烈参政愿望的富裕农民；在外打工返乡的年轻人；退伍军人；一些返乡的退休人士；有担任村干部传统的家庭；一些长期上访人员；长期操办村内婚丧嫁娶事务的威望人士等。②他们在公共问题上动员能力强。虽然这些人参与公共事务的动机差别很大，但是都具有很强的动员能力，既能够协调当地公共问题的解决，也能在当地引发公共问题。③他们的流动性强。这些人员多数已经不是以在本村种地为生，在中心镇、县城，甚至更大的城市里有另一份职业，甚至住所。但是与大量外出就业的农民工相比，他们更关心家乡的事务。④他们中的女性较少。这也反映了中国农村女性在公共参与中的基本状态。特别值得注意的是，农村人口特别是劳动力的高度流动性，造成了实际生活在农村的主要人口并不是最有参与动力和能力的群体，但又是最需要通过参与来伸张和维护自己利益的群体。

第三，农民参与的自组织化程度低。农民并不是没有组织，而是缺乏与其日益分化相适应的多样化的自主性组织。各国的政治发展经验表明，只有通过组织化的参与，才能整合参与者的利益，减轻快速增多的参与对政治秩序的压力，实现稳定的政治秩序。目前，农民的组织化有四个基本特点。①村委会、党领导下的群团组织构成了农民组织的主体。尽管这些正式组织是长期存在的合法基层组织，但由于把过多的精力用于完成党委、政府交付的任务，所以自治能力受到了很大的限制。在一些农村由于各种原因还出现了组织涣散、家族控制的局面。① ②以专业合作社为代表的经济性组织发展较快，而从事公共服务的社会性组织发展缓慢。③以家族、宗教等传统纽带为基础的农民组织在一些地方快速发展。这些组织的负责人多是有威望、辈分高的老人，具有很强的动员能力，但是他们的地位和作用还没有得到当地政权的积极肯定。④一些外来的社会组织在一些农村非

---

① 夏林福：《浅谈引发农村信访问题的原因及对策》，http://qzxf. zj001. net/show_hdr. php？ xname = RT79TU0&dname = TCH57V0&xpos = 14。

常活跃，但它们受到了资源、驻留时间有限以及与当地政府合作方式等因素的限制。

第四，农民参与的制度化渠道还不完善、通畅，存在结构性失衡。有序化的参与实质上就是为各种类型的公共参与提供所需要的渠道，并尽可能地实现制度化。目前农村公共参与的制度化渠道有两个突出特点：一是在领域分布上，制度化渠道集中在村委会选举、乡镇选举、村党支部选举等政治领域，社会领域的参与渠道明显不足，这很容易使一些社会问题政治化，使本来已经相对狭窄的参与渠道面对不断增多的参与诉求，显得更加拥挤；二是在结构上，通向上级党委和政府的纵向渠道不通畅，农民在村庄内部组织起来的横向渠道不充分。这样不仅造成了现有参与渠道结构性失衡，而且也难以有效地发挥非制度化渠道对制度化渠道的有力支持和补充作用。

第五，农民参与的目的多与权益维护有关，体现为较强的个性化和利益化特征。维护自身权益是目前农民参与的主要动机。虽然整个农民群体在现有制度结构中处于弱势地位，但是农民参与具有高度个体性。因为只有个别人或人群的利益受到了直接伤害，才会从被动的忍让转向积极的参与。但是，这种个体化的参与很难转化为规模更大的理性参与，并且会由于个体利益被过度"放大"而损害了村庄的整体利益，造成村庄内部的分裂。更严重的是，这些个体化参与很容易采取极端手段。与这种个体化权益导向的参与并存的是，公共福利导向的公共参与很难启动起来。许多农村无法在"一事一议"的公益项目上达成共识，[①] 村庄内部的公共品供给过度依靠上级政府，缺少自我投入和管理，质量严重下降。

第六，农民的公共参与方式单一。公共参与方式的单一性既反映了农村公共生活质量的下降，也说明了现有公共参与制度存在不足。公共参与方式单一主要体现为：其一，农民的公共参与以投票选举、参与村民（代表）会议等被动参与形式为主，农民以被告知信息、被组织讨论某一既定

---

① 丁丽丽：《关于山东省社会主义新农村建设情况的调研报告》，http://www.mof.gov.cn/nongyesi/zhengfuxinxi/bgtDiaoCheYanJiu_1_1_1_1_2/200807/t20080717_57866.html。

议题等方式参与乡村公共生活，其自主性缺乏制度性支持，很难主动发起公共议题、参与公共决策；其二，大量的公共参与还是动员型的。村党支部、村委会以及乡镇在其中发挥了主导作用，限制了农民自主性的发挥，造成了"一头冷，一头热"的极端现象，导致许多公共事务的解决主要依靠行政力量的干预，缺乏公共参与和协商合作，这使许多本该由农民自主解决的公共问题完全由基层政权承担起来，既增加了管理负担，也容易使自己成为公共矛盾的焦点。

第七，农村参与空间发生了较大调整。参与空间的变化主要体现在四个方面。①大规模的、较为频繁的乡镇合并、村庄合并大大改变了原来的村庄边界、乡镇边界，使得许多农民生活在新的行政区划中，而自然村落在衰败，空心化村庄在大幅度增加。②快速的城市化进程使得相当数量的农村进入城市管理范围，村委会转变为居民委员会，农民身份转变为居民身份。③快速的人口流动和包括网络在内的通信工具的发展，扩大了农民的交往空间。④农民生产生活的改变，拓展了他们的活动领域。这些变化的结果就是，农民的参与空间已经突破了传统意义上的村庄、乡镇边界，有了更多新的参与主体、互动关系，也有了更多的领域和内容。

第八，信息通信技术的发展为农村参与提供了新的手段。包括电视、电话、手机、网络在内的信息通信工具在农村快速普及，对于农村参与的发展具有革命性的作用。这体现在三个方面。①这些信息通信工具为保障广大农民的知情权提供了有力的物质支持，信息封闭不再可能。②利用这些通信工具，一些公共问题引起的集体行动更容易达成。这在一定程度上可以解释近年来一些群体性事件的频繁出现。③信息增多产生了信息竞争，为各种声音的表达提供了机会。这既有利于形成公共舆论，也会造成认识的混乱。对于一直掌握信息提供权的党委、政府来说，这是巨大的挑战。

第九，农村的发展中出现了一些新的参与领域。在这些新的领域目前存在诸多热点难点问题。① 它们主要包括：新农村建设以及其他统筹城乡发

---

① 中央农村工作领导小组办公室主任陈锡文在 2009 年 2 月的新闻发布会上提到，容易引发农民群体性事件的主要有四方面的问题：土地征用、环境污染、移民搬迁和集体资产的处置。

展项目如何执行，资金如何分配；部分地区出现的环境污染、环境退化问
题；农村的老龄化和养老问题；在家幼童问题；失地农民问题；长期积累
下来的债务问题；长期没有得到解决的上访案件等。在这些问题中，尤其
值得关注的是围绕新农村建设、城乡统筹发展产生的各类问题，因为这既
是各级地方政府工作的重点，也是大量资金的投入领域。有调查显示，与
各类补贴、救助、新农合等相关的公共资源配置领域正在成为腐败的新领
域，也是农村参与的焦点。①

第十，农村公共参与的极端行为存在不断增多的趋势。极端行为主要
表现为大规模上访，冲击公共机构，个别人员以自残、自杀的方式进行抗
议，黑恶势力操纵农村选举和其他公共活动等。尽管这些极端行为在发生
的地域、分布的领域方面存在不均衡性，但是从全国范围来看，总量不断
提高，大规模恶性事件也有增加的趋势。极端行为尽管也属于公共参与的
范畴，但与公共参与精神在本质上是背离的，它不仅会在公共参与中扩大
暴力的因素，而且会严重损害政府与民众之间的互信关系。从这个意义上
来说，有序的公共参与就是要减少乃至消除暴力因素在农村公共生活中的
影响。

二 当前乡镇管理机制的主要特点

当前乡镇管理机制的基本特征是：在结构上以乡镇党委、政府为核心，
参与主体以正式组织为主，相对单一；在功能上侧重执行上级命令，具有
较强动员能力和垂直控制能力；在管理领域上偏重经济增长和社会控制；
在管理工具方面重控制、规范和命令。简言之，处于国家与乡村交界面上

---

① 据最高人民检察院的最新数据，在 2008 年全国立案侦查的涉农职务犯罪案件犯罪嫌疑人
中，农村基层组织人员 4968 人，占 42.4%。其中，村党支部书记 1739 人，村委会主任
1111 人。目前，中国农村共有 62 万多个村党支部书记和村委会主任，2008 年被检察机关
立案侦查的涉嫌涉农职务犯罪的村党支部书记和村委会主任是村干部中的极少数，占
0.28% 和 0.18%。但值得注意的是，"腐败村干部"的绝对数为 2850 人，在整个涉嫌涉农
职务犯罪人员中所占的比例不容忽视（引自宋伟《专家：加快修订村委会组织法遏止"村
干部腐败"》，news. xinhuanet. com/politics/... /content_11364000. htm）。

的乡镇管理机制更侧重于国家的正式化管理，与直接面对和接触的日益多元化、高流动的乡村生活存在一定的疏离。

具体来说，当前的乡镇管理机制主要有以下特征。

第一，乡镇管理在结构上以乡镇党委、政府系统为主，其他部门相对退化。与上级党委、政府相比，乡镇党委、政府具有高度的混合性。党委与政府虽然在形式上进行分工，但是在运行中几乎完全重合在一起。近年来，各地探索的精简乡镇机构的改革，使这种党政重合现象更加明显，乡镇主要干部往往是身兼党政两职，甚至多职。这种职能结构的高度重合虽然有利于提高乡镇政权的运行效率，但是严重削弱了乡镇政权作为一级政权系统的完整性，也造成了其他法定机构的萎缩、功能的退化。比如，乡镇人民代表大会作为乡镇的最高民意机关，是政治参与的主要渠道，但是工作流于形式，失去了应有的功能和威信。再比如，乡镇的工会、妇女联合会、青年团等组织应该是相应群体公共参与的主要渠道，但是其在很多地方功能已经退化为政府的某个部门，甚至在一些地方完全停止活动。

第二，乡镇管理在功能上以执行上级命令为主，因此运行方式是中心工作压力型的。按照宪法和地方政府组织法，乡级政权的职能是"领导本乡的经济、文化和各项社会建设，做好公安、民政、司法、文教卫生、计划生育等工作"。但是对于乡镇来说，其运行的推动力来自上级党委、政府，围绕后者确定的中心工作运行。上级党委政府为了保证中心工作的有效完成，采用"压力型"的管理方法，将中心工作进行层层分解，各乡镇是主要的任务执行者。[①] 乡镇党委、政府然后又采用同样的方法在乡镇机构和村之间分解任务。这样，所有的正式组织、机构都被卷入党委、政府的中心工作中来了。然而，由于这些工作都是自上而下布置的，有着严格的时间限度和目标设定，所以在执行的过程中并没有给公共参与提供必要的空间与条件。

第三，乡镇管理机构的工作人员存在明显的"去乡镇化"趋势。乡镇管理机构直接面对农村，其工作人员应该熟悉和了解农村生活，这样才能

---

① 荣敬本等：《从压力型体制向民主合作体制的转变》，中央编译出版社，1998。

有利于基层政权与基层社会有效对接。近年来，乡镇工作人员的"去乡镇化"趋势值得重视。① 造成这种现象的主要原因如下。①乡镇工作人员的大幅度削减。首先被削减掉的是那些年龄偏大，但熟悉农村工作的工作人员。②乡镇主要领导流动过快，并且多数在县城居住，与任职乡镇的联系在减少。乡镇干部在居住上也向县城集中，许多乡镇政府周末成为"空城"。②③乡镇新录用人员虽然受过良好的教育，但多数并不熟悉农村生活和工作，更重要的是，基本上都来自其他乡镇，甚至其他县市。中国农村虽然在经历着快速的变革，但是"熟人社会"传统依然根深蒂固，正式制度的逐步完善虽然为农村工作的进行提供了保障，但是还需要熟悉农村生活的工作人员因地制宜地执行，并且采用"面对面"的方式来解决问题。这是乡镇与上级机构工作方式的根本差别。

第四，乡镇政权与村级组织的关系还没有理顺。根据村委会选举法，乡镇政府与村民选举产生的村委会在工作关系上是指导与被指导关系。根据中国共产党党章，乡镇党委与农村党支部是领导与被领导关系。村委会选举全面推行以来，不仅乡镇与村的关系，而且村委会和党支部之间的关系都出现了许多矛盾。这些矛盾都可以归结到乡镇政权与村级组织这个根本关系上。近年来，各地的实践经验是鼓励村党支部书记竞选村委会主任，吸收非党员的村主任入党，从而实现"一肩挑"。这样固然可以简化乡镇与村级组织的关系，但是会使二者关系完全变成上下级关系，这显然与推行村民自治这个政治战略的初衷相悖。而在实际运行中，乡镇与村级组织的关系很容易陷入两种极端：或者是乡镇对村级组织高度控制，或者是对其放松指导。无论哪种极端，都不利于有效地发挥村级组织参与乡镇治理的作用。

第五，乡镇政权与县级政权的关系没有得到足够的重视。这有两个重要原因。一个是乡镇政权作为一级政权的自主性在制度上已经被大大削弱了。比如乡镇作为一级财政单位已经名存实亡，乡镇的各项开支几乎都来

---

① 申端锋：《乡镇改革 5 年回头看》，《社会科学报》2007 年 12 月 20 日。

② 《四川调查称 76.2% 乡镇干部住在城市》，http://www.sina.com.cn。

自上级财政，主要职能机构是由其垂直上级管理的。另一个是许多县级党委、政府长期以来实际上采取的是"亲城市的战略"，不仅在资源投入上向县城、中心镇倾斜，而且对于乡镇工作、乡镇干部也没有给予应有的重视。这造成乡镇工作开展不力，一些问题累积下来，乡镇干部缺乏必要动力，人心不稳，这一原因应给予足够重视。

第六，乡镇政权对于发展农民自组织缺乏明确的认识。毫无疑问，对于农村各类自组织的发展缺乏明确的认识是体制性的。虽然民政部、农业部制定了一些关于建立农民组织的法律和政策，但是基本上都是针对建立农村专业化经济组织的，侧重于组织农村走市场，对组织农民自我管理公共事务的支持力度不大。对于许多乡镇干部来说，一方面并不了解这些法律规定，另一方面，也更重要的是，他们对待农民自组织的态度直接取决于上级县委、政府以及乡镇主要领导人的态度和认识。而这些决策者或者缺乏这方面的知识，或者无暇顾及此类问题，或者更重要的是，一些地方的领导担心发展农民自组织会对决策的执行产生制约，甚至会引发政治问题。这种认识也直接决定了在广大农村，外来的社会组织很难介入当地的生产生活中，帮助当地发展各类公共服务和公益事业。农民自组织发展的滞后强化了乡镇治理主体的单一化局面。

第七，乡镇辖区内的企业在乡镇管理中的积极作用正在减弱。乡镇、村办企业的发展曾经是中国农村经济发展和解决就业的重要力量。随着企业效益的下滑、企业的改制，乡镇和村已经从积极兴办企业转向了吸引外部投资。然而，这些以民营资本为主的企业与所处乡镇、村的社会联系纽带也被弱化甚至截断了。许多企业在经营上过度强调经济效益，忽视社会效益、环境效益，给所在地造成了较大的破坏。而乡镇政府为了获得眼前的税收，也放纵这些缺乏社会责任感的企业行为，不惜牺牲当地农民的利益。另一个值得重视的问题是，一些地方政府过度强调"富人治村"，支持这些企业家参与村级选举，造成当地贿选问题不断加重，破坏了整个村庄的风气。

第八，"条条部门"对乡镇管理的高度介入。就目前的乡镇来说，大量工作的展开，所需要的资源都来自"条条部门"。这些以项目方式开展的工作，主动权掌握在这些垂直管理的部门手里。在确定项目的时候，乡镇虽然有建议权，但是并不能主导这些项目的开展。因此，有相当数量的项目可能并不符合当地的要求。然而，因为这些部门控制着资源，乡镇还需要给予配合。所谓的"上面千条线、下面一根针"局面并没有改变。乡镇承担着落实这些"条条部门"任务的责任。更为重要的是，由于强调项目的绩效，这些部门往往愿意把资源投向少数条件好，能尽快出成效的乡镇和村庄，造成了资源投放的不公平，也为"条条部门"干预乡镇管理提供了条件。

第九，乡镇合并后给乡镇管理带来了诸多新问题。乡镇合并是各地乡镇改革的普遍做法。这固然有助于减少乡镇机构，推动乡镇经济的整合、发挥中心镇的辐射功能，但是也给乡镇管理带来了新的问题。突出的问题有三个：一是乡镇工作人员频繁调整，人心浮动；二是乡镇管理幅度增大，增加了精简后乡镇机构管理的困难；三是合并产生的土地、资产等问题需要相当一段时间进行清理。但主要领导的高流动性又造成了这些问题解决的中断，容易形成新的遗留问题。

三 以往乡镇管理体制改革的经验

改革伊始，乡镇管理体制改革就是中国改革的重要组成部分，既属于农村改革的核心范畴，也是政治行政改革必不可少的内容。因此，乡镇管理体制改革直接受到了农村改革和政治行政体制改革的规定限制，需服从这两大改革系统的要求。这是由乡镇在政治结构和行政系统中所处的位置和充当的角色决定的。一方面，乡镇是党和国家系统在农村延伸的终端；另一方面，它也是将广大农民的要求输入国家和党的系统的转换器。然而，面对农村的快速变化、国家与党的制度建设这两大力量，乡镇管理体制改革首先服从的是后者——自上而下的、整体的变革力量。这是我们理解和评价过去30多年来乡镇管理体制改革的基本出发点。

从这个基本点出发，我们可以清晰地看到，过去30多年的乡镇管理体制改革一直是围绕着党和国家的制度建设这个核心任务推进的。转变乡镇职能、赋予乡镇政权更大的自主性，加强对乡镇的控制、提高其执行上级命令的能力以及不重视乡镇、放松乡镇管理体制改革成为整个政治行政系统对待乡镇管理体制的三种基本态度。这三种态度在过去 30 多年里都以不同的方式出现过，并且在不同的历史阶段成为主流。

改革开放初期，乡镇管理体制改革被寄予了厚望。原因有以下几点：一是农村改革取得了显著的成就，对于乡镇改革提出了新要求；二是整个改革思路强调放权，充分发挥基层和社会的积极性、创造性。1982 年宪法对乡镇的地位、职能的明确规定以及随后的一系列制度和政策调整，都在努力赋予乡镇政权更大的自主性，使其成为完善的一级政权。在这方面的典型是 1986 年 9 月中共中央、国务院联合下发的《关于加强农村基层政权建设工作的通知》（即 22 号文件）。该通知指出，要"简政放权，健全和完善乡政府的职能"，"切实搞好乡政权的自身建设"。"各地要尽快把乡一级财政建立起来"，"调动基层聚财的积极性，加速乡村建设"。在接下来的县乡综合改革中，理顺乡镇与县的关系，县要适当下放权力给乡镇也是改革的重要内容。

然而，进入 20 世纪 90 年代以后，随着国家现代化任务的增多，这种放权给乡镇，提高乡镇自主性和功能完整性的改革思路在实践中逐渐被放弃了。要完成日益增多的现代化任务，各级国家政权必须动员起来，乡镇政权承担起更多的超出其能力范围的任务。要督促这些任务的完成，县级政权就必须加强对乡镇的控制。这样做的直接后果是乡镇自主性的全面丧失和功能的单一化。乡镇政权完全成为执行县级政权以及其他上级部门命令和要求的机构。"压力型体制"对这种县乡关系进行了形象的描述，"收粮收款、刮宫流产"则是乡镇功能单一化的生动写照。乡镇与农民的关系开始恶化，乡镇政权的公共形象大幅度滑坡，其存在的合理性受到了广泛质疑，甚至出现了取消乡镇的主张。

面对这些质疑，一些地方为了控制乡镇政权侵犯农民利益的行为，更加强化了对乡镇的控制，尤其是财政权，乡镇财政名存实亡。这种方法又直接应用于乡镇与村委会的财政关系上，"村财乡管"成为流行做法，村民委员会的自主性也受到了影响。另外，由于乡镇承担着超出其能力的任务，所以改革以来一直倡导的精简机构、转变职能并没有得到真正的落实，乡镇反而成了县级政权精简机构和人员的出口。①

2000 年后在全国普遍推行的农村税费改革是对乡镇管理现状的直接回应，这使乡镇改革切实地回归到转变政府职能、精简结构、压缩财政供养人员的方向上。随后的各项改革虽然减轻了乡镇承担的任务，减少了乡镇与村、农民的直接接触，但是并没有回到改革之初确定的扩大乡镇自主权、完善乡镇职能的战略上。撤并乡镇、党政干部交叉任职、财政上收等改革措施在缩小乡镇政权规模的同时，也进一步将其变成了县级政权的执行机构，尤其是党政高度统一的办事机构。在精简改革的过程中，许多乡镇的工作无法正常进行，乡镇与农村的联系出现了断裂。②

在这个时期，一些地方在改革乡镇党政干部选举方法，扩大党员和群众参与方面做了许多尝试，创新了选举方法，比如"公推公选""两推一选"等。③ 这些方法已经在全国许多地方得到了推广，但并没有实现制度化，也没有对现有的选举法修改产生实质性影响。

总的来说，30 多年的乡镇管理体制改革基本上完成了党和国家制度建设所赋予的使命，有效地执行了上级的要求和命令，保证了农村社会秩序的稳定。但是改革过程中的一些教训还是值得汲取的。

第一，乡镇管理体制改革不能脱离现有的法律框架进行。宪法和地方组织法对于乡镇的职能、机构等有明确的规定。乡镇是国家政权结构中最低层次的政权体系，承担着辖区内的各项管理职能，④ 并且有较为完整的机构设置。长期以来的乡镇管理体制改革过于关注政府体制改革，忽视了党委、人大等体制的改革；过于强调执行上级部门命令的职能部门的改革，忽视了能够整合和表达民意的相关机构的改革。这种不平衡的改革在许多时候实际上忽视甚至违背了现有的法律规定。在许多地方的改革中个别领导的政治意图压倒了法律规定，随意性过大，缺乏稳定性和严肃性。

---

① 吴理财：《当前乡镇改革的几种模式》，http://www.ccrs.org.cn/show_166.aspx。
② 张新光：《论中国乡镇改革 25 年》，《中国行政管理》2005 年第 10 期。
③ 杨雪冬、赛奇：《从竞争性选拔到竞争性选举》，《经济社会体制比较》2004 年第 2 期。
④ 2006 年 3 月，吴知论在中国新农村建设：乡村治理与乡镇政府改革国际研讨会上的发言。

第二，乡镇管理体制改革要顺应广大农民参与的要求。乡镇是直接面对农民和农村的基层政权，来自他们的要求和呼声不仅是改革的动力，还是制定改革方案的依据。要客观全面地看待广大农民的参与要求，既不能忽视他们的要求，也不能将他们的要求简单化。一些地方的乡镇改革往往做不到这两点。有的地方在改革过程中完全脱离当地实际，有的地方虽然强调要重视农民的要求，但并不具体分析是什么样的要求，应该优先满足哪些要求。不能顺应广大农民参与要求的改革是不可持续的。

第三，乡镇管理体制改革不能只强调加强对乡镇的垂直控制。以往的许多改革都是以加强对乡镇的控制为目的的，这样做的主要理由是乡镇对自己的行为缺乏控制，容易滥用国家权威，形成预算软约束。这种理由是成立的。但是对于乡镇政权的控制不能只来自上级，还应该来自当地群众。上级的过度控制不仅会限制乡镇积极性的有效发挥，还会迫使乡镇由于只关注上级要求而忽视了当地群众的利益，最后使乡镇成为国家意志与民众要求冲突的主要区域。

第四，乡镇管理体制改革不能只强调成本—收益原则。精简机构和人员一直是乡镇管理体制改革的重要内容。尤其是 2000 年后，各地的改革似乎把精简机构和人员作为了唯一内容。毫无疑问，在农村税费改革、地方财政从农村获得的收入减少这个背景下，这是必然的选择，也容易较快见到成效。但是，许多地方的经验已经表明，虽然这种做法减少了财政开支，但是也造成了乡镇管理的混乱，乡镇工作人员的不稳定以及乡镇承担的职能难以有效履行等问题。相对于财政开支增长来说，这些问题显然具有更广泛而深远的影响。乡镇管理能力的下降也会带来或诱发更多的治理问题。乡镇作为基层国家政权的意义也会削弱。

第五，乡镇管理体制改革不能过度追求一致性。过度的一致性就是"一刀切"。在许多地方，村庄合并、撤乡并镇、精简机构人员等改革措施由于过于强调全县"一盘棋"，已经产生了许多负面作用。改革对象的差异性在增大，利益关系也更为复杂。采取简单甚至粗暴的做法，虽然能够暂时取得效果，但是必然会带来更大的隐患。比如精简机构造成了一些公共服务无法提供，精减人员造成了干部队伍内部的对立冲突，制造了潜在的信访群体。乡镇面对着的是日益多样化的农村，改革的根本目的应该是使国家的命令能够更容易被接受，提供的服务更能有效传达到农民和农村。

第六，乡镇管理体制改革不能把乡镇看作负担，甚至在体制上"妖魔化"。在21世纪初关于乡镇未来的讨论中，将乡镇改为县的派出机构或者取消乡镇受到了许多学者和官员的推崇。这种观点只看到了现有乡镇管理体制存在的问题，并没有从宏观体制上认识到乡镇对于我们这么一个大国治理的意义。随着国家提供的各种公共服务的增多，乡镇的作用不仅不应该削弱，反而需要加强。乡镇是将国家意志和服务传达到广大农村的触角，也是维持当地社会基本秩序的核心力量，联通民意与国家的主要渠道。在城乡统筹这个战略背景下，乡镇的这个功能将更为突出。

四 改革乡镇治理机制，适应并推动公共参与

《中共中央关于推进农村改革发展若干重大问题的决定》提出，要完善与农民政治参与积极性不断提高相适应的乡镇治理机制。这个充满新意的表述提出了两个值得我们思考的命题。一是要高度重视农民的政治参与要求。农民是农村政治生活的主体，有自己的政治诉求，需要相应的制度渠道。二是要改革乡镇治理机制。乡镇治理机制不是乡镇管理体制，乡镇治理不能等同于乡镇党委和政府对乡镇事务的协调、管理和控制。乡镇治理机制是与乡镇事务有关的多主体参与、互动、达成有效公共行动所需的平台、渠道、方法、手段等正式和非正式制度的组合。日益多元化的农民与政权关系是这种多元结构中的核心关系，建立政权与农民良性互动的乡镇治理机制是改革的必然选择。

改革乡镇治理机制，应该从以下十个方面着手。

第一，要尊重现有的法律框架，扩大有序的公共参与，提高乡镇治理的法治化水平。要充分发挥宪法和地方组织法、村委会组织法等法律在乡镇治理改革中的作用，依法理顺乡镇改革中的各种关系，相关组织机构要树立法律赋予的权威，履行相关职能。比如要强化乡镇人大的作用，发挥村民代表大会、村民大会的作用。要为各种类型的公共参与提供合法而通

畅的渠道，从而使各种新兴的力量能够被纳入乡镇治理的总体结构之中。

第二，要提高乡镇治理的透明度和参与度。乡镇是地理边界较小的行政单位，带有强烈的"熟人社会"特征。这是提高乡镇治理的透明度和参与度的有利条件，也是乡镇党政机构运行必须掌握的基本原则。在村级，要进一步推动村务公开、财务监督、群众评议等村级治理改革；在乡镇，要逐步提高乡镇预算和重大公共工程设计过程的参与性、执行过程的透明度。乡镇政府要严格执行《政府信息公开条例》。大力推动乡镇党委和农村党支部的党内民主改革，扩大普通党员和普通群众对党内生活的参与。

第三，要进一步提高乡镇党政机构的"基层化"水平。乡镇党政机构是党和国家的基层组织，贴近基层、服务基层是对其的基本要求。要把农村工作真正确立为乡镇党政机构的中心工作；要选派热爱、熟悉农村工作、有能力的干部担任乡镇党政领导；对于新录用工作人员，要提高其对本乡本土的熟悉程度和热爱程度；要注意不拘一格地从农村干部中选拔优秀分子，充实到乡镇公务员队伍中。

第四，要支持组织化参与的发展，推动社会自治的发展。组织化参与是党政机构"基层化"的有力支持，有助于分担后者作为乡镇治理主导力量承担的任务。要充分发挥现有的正式组织的作用，提高它们整合、表达意见及平等协商解决问题的能力；强化党支部、共青团、妇联作为党的基层阵地的作用，使它们能够适应农村社会的多样化和组织化要求；除了要继续支持和引导农村专业化经济组织的发展外，还要推动农村社会管理和社会服务领域中自组织的发展；要通过恰当的方式支持农村非正式组织的发展，发挥它们解决农村公共问题、组织公共品提供的独特作用；要为各种外部社会组织的进入提供适宜的环境，扩大解决农村公共问题所需资源的供应渠道；要严厉打击农村黑恶势力，防止其通过组织化活动对农民正当参与活动的干扰和破坏，避免公共参与被少数人控制。

这里特别要强调的是，推动组织化参与，并不是简单地建立新组织，而是要在充分发挥现有各类组织的作用前提下，根据参与需要来支持新组织的建立。尤其要尽量避免建立与现有组织平行的组织，或者替代性组织。这不仅会造成组织资源的浪费，也会造成组织之间的恶性竞争。

第五，为农民的主动参与提供有效的制度渠道，加快相关制度建设。新形势下的农民不是乡镇管理的对象，也不仅仅是公共服务的对象，而是维持乡镇秩序、推动乡村发展的主体力量之一。比如，在乡镇人大或政府设立民情接待室；降低召集村民会议的门槛；降低"一事一议"的门槛；在乡镇一级为农民提供制度化的法律援助服务。要为公众参与提供制度化渠道，疏导非正常诉求给乡村秩序带来的压力，提高农民的参与效能感，加强农民对乡镇政权的认同意识，并最终推动乡村的理性发展。

第六，要高度重视将农村精英吸纳到乡镇公共治理过程中，发挥他们的积极作用。虽然由于快速的人口流动，许多精英脱离了农村，进入了城市，但是农村中依然有许多有威信、掌握资源的人士。他们是农村治理的重要力量。发挥他们的积极作用，并不意味着让他们都进入村委会、党支部，甚至被录用为乡镇工作人员，而是要给他们更多参与乡镇治理的机会和平台，使他们在农村社会中而不是乡镇机构中发挥作用。

第七，要高度重视解决乡镇治理中存在的热点难点问题。根据最高人民检察院2009年的报告，在乡镇治理中，有八类容易滋生腐败，引起关注的问题。它们是：农村村镇建设、道路交通建设、农田水利建设、广播电视"村村通"、电网改造、饮水工程、沼气利用等农村基础设施建设；涉及"三农"的财政性建设资金、粮农补贴专项资金、政策性银行贷款、扶贫开发资金等支农惠农资金分配、审批、管理和发放；天然林保护、退耕还林、退牧还草、环境污染治理、风沙源治理、水土保持和水源保护等工程项目；农村医疗卫生、社会保障、基础教育等农村公共服务事业；农村土地开发征用及征地补偿款管理、矿产等资源开发；涉及抢险、救灾、防汛、优抚、移民、救济以及社会捐助公益事业的款物使用；乡镇综合配套改革、土地和林权制度改革、社会保障制度改革等各项农村改革；乡镇政权、农村自治组织选举等。① 在这些领域，不仅要加强相应的管理，更要进一步扩大公共参与。通过保证相关利益主体的知情权、参与权，从根本上杜绝腐败。

第八，要加强对乡镇、村干部以及广大农民的培训，使他们充分认识

---

① 《最高检将深入查办破坏乡镇选举等涉农犯罪》，中国新闻网，2008年5月8日。

公共参与对乡镇治理改善的意义，掌握必要的参与工具、方法和技能。对于干部来说，要把培训的重点放在如何把党的"群众工作方法"与现实的农村变化结合起来，并学会使用新的参与工具和方法来组织公共参与；对于广大农民来说，培训的重点是清楚自己的参与权利和义务，了解有序参与的渠道、方法和手段。要鼓励一些有经验的社会组织参与到培训中，为培训提供必要的技术和知识支持。

第九，要充分认识到信息通信技术在组织参与、扩大参与和提高参与效能中的作用。虽然农村与城市之间存在信息差距，但是电视、手机、网络已经在悄悄改变农村生活。不能将这些信息通信技术在农村公共生活中的作用只局限在"宣传"层次，将其只看作党和国家法律自上而下进行政策宣传的工具，要充分认识到这些技术已经成为农民维护自身权益，组织集体行动的便利而有效的工具。因此，要充分关注这些信息通信技术为乡镇公共参与提供的新平台、新渠道，有效发挥已经建立的各种远程教育网络的作用，使更多的农民成为使用者。乡镇党政机构不仅要在常规的公共参与活动中发挥主导作用，也要在这些新的公共领域中发挥引导与协调作用。

第十，要改革现有乡镇党政机构的评估标准，从侧重乡镇管理向强调乡镇治理转变。乡镇治理与乡镇管理的根本区别在于，它强调公共事务的解决需要多主体参与。法治、责任、回应、透明、授权、合作、民主等是治理过程中遵循的基本理念，也应该成为评价乡镇党政机构运行的标准。这些标准可以具体化为：乡镇党政机构、村民自治机构运行的透明度、参与度；它们对当地公共需求的回应性、责任性以及执行上级政权命令的有效性；当地群众和各类社会组织参与公共事务的积极性；建立自治组织的自主性；自我管理的能力；各类治理主体的合作水平以及他们对乡镇政权、乡镇社区的认同感。

后 记

　　全球化是一面无盲区的镜子，照出了各国治理的困窘与优长。我是在研究全球化的过程中逐渐认识到全球化作为一种坐标系具有的认知价值的。传统的比较研究，侧重于水平的比较、标准先行，并常常陷入中西二元比较定式中，得出非此即彼、人优我差的结论。这对于认识中国这样一个复杂的变革大国来说，越来越显出了局限性。从全球的角度来进行比较，会看到中国、西方发达国家以及其他各国处于同样的时空之中，同样面临全球化、风险社会等一系列共同的问题和挑战。治理危机是普遍性的，但各国应对危机的效果有赖于制度整体性的调整和回应。

　　本书收入的各篇文章就是在这样的思路下逐渐完成的。虽然笔者并非一开始就有意而为，但是随着视野的开阔、研究的深入，开始有意识地将全球化背景、风险社会冲击、制度的整体绩效、中国制度的内在优势和不足等概念串联起来，力图更贴近中国这个大国的治理变革现实，并把握其变动的规律和逻辑。

　　这些文章的完成得益于我所在的中央编译局的长期支持，有的是局基金课题资助完成的成果。我尤其感谢国内学界同人和一些重要学术刊物的编辑，谢谢他们的支持和厚爱。他们有中央编译局陈家刚、陈雪莲、丁开杰、朱昔群，中国政法大学蔡拓，南开大学吴志成，《中国人民大学学报》武京闽，马克思主义与现实杂志社苑洁，上海社会科学杂志社李申，《华中师范大学学报》王敬尧，天津社会科学杂志社赵景来，《北京行政学院学报》马占稳，当代世界与社会主义杂志社王瑾、彭萍萍，国家行政学院出版社杨海洋等。

　　当代中国的国家治理变革，不断产生新的议题，需要我们从理论、历史、实践等多个角度和层次给予关注和研究。本书只是笔者多年研究的阶段性总结，希望在今后的研究中，能够产生更有理论深度和历史厚度的成果。

2017 年初春记于望竹堂

图书在版编目（CIP）数据

国家治理的逻辑／杨雪冬著. -- 北京：社会科学
文献出版社，2017.12（2019.1 重印）
ISBN 978 - 7 - 5201 - 1779 - 1

Ⅰ.①国…　Ⅱ.①杨…　Ⅲ.①国家 - 行政管理 - 研究
- 中国　Ⅳ.①D630.1

中国版本图书馆 CIP 数据核字（2017）第 279434 号

国家治理的逻辑

著　　者／杨雪冬

出 版 人／谢寿光
项目统筹／曹义恒
责任编辑／刘　荣　吕霞云

出　　版／社会科学文献出版社·社会政法分社（010）59367156
　　　　　地址：北京市北三环中路甲 29 号院华龙大厦　邮编：100029
　　　　　网址：www. ssap. com. cn
发　　行／市场营销中心（010）59367081　59367083
印　　装／三河市龙林印务有限公司

规　　格／开　本：787mm × 1092mm　1/16
　　　　　印　张：20.75　字　数：314 千字
版　　次／2017 年 12 月第 1 版　2019 年 1 月第 2 次印刷
书　　号／ISBN 978 - 7 - 5201 - 1779 - 1
定　　价／89.00 元

本书如有印装质量问题，请与读者服务中心（010 - 59367028）联系